SV

Bibliothek Suhrkamp

Warum Lesen
Mindestens 24 Gründe

Herausgegeben und mit einer
Nachbemerkung von
Katharina Raabe und Frank Wegner

Suhrkamp Verlag

2. Auflage 2020

Erste Auflage 2020
Originalausgabe
© Suhrkamp Verlag Berlin 2020
Gestaltung und Satz: Pauline Altmann, Berlin
Druck: Pustet, Regensburg
Printed in Germany
ISBN 978-3-518-07399-5

Warum Lesen
Mindestens 24 Gründe

Für Raimund Fellinger

Inhalt

01

Clemens J. Setz
Der Fall des Henry Bemis

Bekanntlich kam nach *The Twilight Zone* (1959 bis 1964) kein vernünftiges Fernsehen mehr. Eine der besten und bekanntesten Folgen nennt sich *Time Enough at Last* und handelt von dem kauzigen Bankangestellten Henry Bemis. Henry liebt Bücher. Den ganzen Tag sitzt er da, mit der Nase in einem Buch, glücklich und aufgehoben in den Fiktionen. Seine Frau hasst ihn dafür. Sie übermalt in einem Buch die Zeilen seiner liebsten Gedichte mit schwarzer Tinte. Auch sein Chef in der Bank sieht es nicht gern, wenn Henry während der Mittagspause in einem Buch blättert. Also schließt sich Henry eines Mittags im Tresorraum ein, um endlich ungestört in *David Copperfield* lesen zu können. Als er wieder herauskommt, muss er feststellen, dass die ganze Welt von einer Bombe zerstört worden ist. Mehrere Tage lang irrt er durch die Straßen, ruft nach Überlebenden, doch er findet nur Ruinen und Abfall. Das ist kein Leben mehr. Henry beschließt, sich umzubringen.

Gerade als er sich den Revolver an die Schläfe setzt, entdeckt er in der Ferne die umgestürzte Eingangssäule der Public Library. Er eilt hin – und tatsächlich, überall liegen Bücher verstreut: Dickens, Shelley, Keats, es sind alle da! Alle Bücher dieser Welt! Er wird sie lesen, er wird sie alle lesen! Jetzt, da die ganze Menschheit bei der Explosion getötet worden ist, hat er endlich genug Zeit! Auf den Stufen der Bibliothek liegt ein Buch im Staub. Der Zuschauer kann nicht erkennen, welches es ist, denn nichts steht auf dem Umschlag. Henry bückt sich nach dem Buch. Und da, ach, fällt ihm natürlich seine Brille vom Gesicht und die Gläser zerbrechen. Er kann nichts mehr erkennen, nichts mehr lesen. Er ist verloren.

Frechheit. Einfach so eine Figur zu erfinden und sie dann so zu bestrafen. Aber gut, es ist eine Parabel, da ist das fast immer so. Henry Bemis sollte vor den Gefahren der Abkapselung warnen. Und vielleicht auch davor, den eigenen geheimsten und innigsten Wunsch wirklich erfüllt sehen zu wollen. Der Fehler dieses Schutzpatrons aller Lesebesessenen, so könnte man denken, ist nicht das Missgeschick mit der zerbrochenen Brille, sondern das Sich-Einsperren im Tresorraum. Er hätte mit seinen Mitmenschen sterben sollen.

Aber auch das erscheint unfair. Was will uns dieses

Gleichnis nun eigentlich mitteilen? Es geht vielleicht um die Technologie und deren zweifelhafte Überlebensfähigkeit im Angesicht vorhersehbarer Katastrophen. Wir alle werden zu Henry Bemis, wenn unsere Bücher und Schriften nur noch in der Cloud existieren. Ein koronaler Massenauswurf der Sonne, so wie etwa das Carrington-Ereignis 1859, als die meisten damals gerade frisch in den USA installierten Telegraphenstationen in Flammen aufgingen, würde genügen – alle neueren Bücher und Schriften wären sozusagen über Nacht unerreichbar geworden, ein Mythos, eine rasch verblassende Erinnerung.

Aber meine eigenen Deutungen dieser Folge, die ich viele Male im Leben gesehen habe, gehen inzwischen noch in eine andere, etwas spekulativere Richtung. Ich denke nämlich gern über das Buch nach, das Henry im letzten Augenblick, bevor ihm die Brille herunterfällt, von der Treppenstufe der verwüsteten Public Library aufheben will. Welches Buch ist es?

Es ist seltsam, aber manchmal denke ich: Ja, das war genau das Buch, vor dem man ihn bewahren musste. Die Götter mussten eingreifen, um Schlimmeres zu verhindern. Denn ich stelle mir vor, dass es natürlich gerade seine eigene Geschichte ist, die in diesem Buch beschrieben steht. Die gesammelten Skripts von *Twilight Zone* oder so, mit ihm an prominenter Stelle. Aber genau in dem Moment fällt die Brille runter. Und der arme Henry Bemis ist gerettet.

Wir alle stehen in irgendeinem Buch. Ich zum Beispiel stehe ganz am Anfang von Gertrude Steins *The Making of Americans*: »Once an angry man dragged his father along the ground through his own orchard. ›Stop!‹ cried the groaning old man at last, ›Stop! I did not drag my father beyond this tree.‹« Auch Louie, die Tochter der Familie Pollit in Christina Steads genialem Roman (mit dem etwas misstönenden und völlig falsche Befürchtungen aufspannenden Titel) *The Man who Loved Children* bin ich. Außerdem der Luftballon in Alfred Polgars gleichnamiger Skizze. Und in *The Other Celia* von Theodore Sturgeon bin ich sogar beide Hauptfiguren, Slim und Celia, der spannerhaft herumstöbernde Kind-Mann und die genügsame, aus einer Art Ektoplasma bestehende Außerirdische, eine seltene Konstellation. Der Schulterreiter in Günter Eichs Erzählung *Nathanael* bin ich ebenfalls, aber nur in gewissen Momenten. Dagegen komme ich in Franz Kafkas Erzählungen und Romanen, in den Werken von Bachmann und Frisch, von Goetz und Bernhard und Werner Schwab kein einziges Mal vor. Es erstaunt mich selbst. Ebenso wenig bei den Giganten: bei Tolstoi und Márquez und Edna O'Brien, bei Thomas Mann, Peter Handke und Joyce Carol Oates, bei Isaac Bashevis Singer und Brigitte Kronauer – nichts. Auch nirgends bei Arno Schmidt, bei Kenzaburo Oe, bei Christa Reinig. Nicht einmal eine kleine Statistenrolle in *Axolotl* von Julio Cortázar habe ich, man kann gern nachsehen.

Was wäre aus Henry Bemis geworden, wenn er als letzter Mensch auf der Erde einfach immer weiter gelesen hätte? Nach und nach hätte er, glaube ich, da es ja keine Anderen mehr gäbe und er also die gesamte Menschheit im Alleingang vertreten müsste, sich in ausnahmslos allen Werken wiedergefunden, in endlosen Variationen gespiegelt bis in die geringste Nebenfigur hinein. Die Weltseele hätte sich in ihm zusammengeballt und haarklein ausdifferenziert wie die Farbe Braun im fetten Feldhasen von Albrecht Dürer.

Am Ende sollte man Bücher vielleicht nur lesen, solange man noch Menschen um sich hat. Denn Menschen, egal wie lose sie mit uns verbunden sind, besänftigen die Fiktionen. Deren Macht bleibt aushaltbar und ihre Kenntnis unserer Seelen eine Wohltat. Aber ohne Menschheit? Da werden die Fiktionen monströs. Da wissen sie plötzlich zu viel über dich, über mich. Da ballen sie uns zu etwas zusammen, was nur noch Ausdehnung und keinen Inhalt mehr besitzt. Da werden sie Gott.

Drum wirf, liebe Leserin, solltest du je in eine ähnlich verlockende Falle geraten, die Brille besser fort. Es gibt noch anderes zu tun, jenseits der Menschen.

02

Katja Petrowskaja

Tausendundein Buch

Das Buch duftete nach frischer Druckerschwärze, war angenehm zu halten und hatte etwas »Domestiziertes« an sich: *Der blaue Vogel* von Maurice Maeterlinck, illustriert mit zarten Aquarellen von Walerij Traugot. Die waren so »leicht«. Wenn ich das Buch aufschlug, staunte ich jedes Mal, dass sie immer noch da waren und sich nicht mit einem Hauch verflüchtigt hatten. Es wurde zu einem meiner Lieblingsbücher, als ich sieben oder acht Jahre alt war und noch nicht ahnen konnte, dass ich ein symbolistisches Drama las. Das Buch bestätigte etwas, was ich längst wusste und was jedes Kind weiß: dass alle Gegenstände eine Seele haben – aber nur nachts. Brot und Wasser, Milch und Feuer, sogar Uhren haben eine Seele und können sprechen. Seit ich dieses Buch gelesen hatte, glaubte ich, dass alles, was in Büchern steht, wirklich existiert – eine paradoxe Schlussfolgerung aus diesem symbolistischen Erbe.

Zwei Kinder, Mytyl und Tyltyl, suchen nach einem blauen Vogel, der Glück bringen soll und Heilung für ihre kranke Nachbarin. Sie gelangen in den Palast der Zukunft und sehen dort ungeborene Kinder, die auf ihre Geburt warten; zwei sind ineinander verliebt und müssen bald getrennt werden, da das eine erst Jahrzehnte später als das andere geboren werden soll. Dieses Nicht-Treffen, dieses Nicht-Wiedersehen hat mich damals erschüttert; vielleicht war es eine Vorahnung dessen, was sich einmal als Unvereinbarkeit der Liebe mit Raum und Zeit erweisen würde. Hier begriff ich auch zum ersten Mal, dass es ein Wunder war, zu den eigenen Eltern gelangt und in seiner eigenen Familie geboren zu sein.

Am Ende des Stückes finden Mytyl und Tyltyl ein Vöglein zu Hause, es ist blau genug, um die Nachbarin zu heilen. Aber es fliegt davon, und die beiden wenden sich ans Publikum und bitten um Hilfe beim Fangen, denn dieser Vogel soll ja Glück bringen. Ich war noch viele Jahre lang davon überzeugt, dass ich verpflichtet bin, nach Vögeln zu suchen, die in anderen Büchern leben und Glück bringen können. Sie flogen von einem Text in den anderen, von Jacques Prévert zu Alexander Puschkin, der einem Vögelchen die Freiheit schenkt, und weiter zum Vogelfänger von Eduard Bagrizkij. Ich war von Vögeln besessen. Am Ende meiner Kindheit habe ich ihn gefunden: einen blau-schwarzen Vogel, in unserem Hof auf dem Dach eines Transformator-Häuschens. Er war schwer krank. Meine beiden Freundinnen und ich pflegten ihn, aus reinem Mitleid, und auch ich bekam eine rätselhafte Krankheit.

So fiel ich monatelang aus dem Leben – aus der »6-Tage-Schulwoche« und ihrem strikten Zeitkorsett. Ich lag im Krankenhaus. Ob es der blaue Vogel war, wussten auch die Ärzte nicht. Viele Bekannte kamen zu Besuch, verdächtig viele. Ich glaube, sie dachten, ich müsste sterben. Ich nahm einen großen Stapel Bücher mit ins Krankenhaus und las. Und nicht nur die Bücher sind mir in Erinnerung geblieben, sondern auch diese Unge-störtheit, diese epische Kontinuität des Lesens. Ich hatte eine merkwürdige Mischung von Büchern ausgewählt: sowjetische Kinderklassik, amerikanische Science-Fiction (war schon Clifford Simak dabei?). Ich erinnere mich, wie ich die »Geschichte von dem Gespensterschiff« von Wilhelm Hauff las, das Buch lag auf dem Bett und ich stand auf den Knien, von Angst gefesselt. Dadurch, dass die Toten-Geister lebendig wurden, habe ich plötzlich die Realität des Todes erfasst. Erst heute wird mir klar, dass Hauff mich stärker erschütterte als der Tod meiner Großmutter einige Jahre zuvor oder eher: ihren Tod habe ich erst in jenem Moment wahrgenommen. Ein erschre-ckender Befund. Vielleicht habe ich durch das Lesen auch verstanden, dass ich selbst in Gefahr war. Vor vielen

Jahren stieß ich in Stuttgart zufällig auf das Grab von Wilhelm Hauff, und vielleicht bin ich in diesem Jahrhundert die Einzige, die frische Tränen über ihm vergossen hat, in Dankbarkeit für das Mutabor, den Kleinen Muck und das Gespensterschiff.

Das Hauptbuch dieser Krankheit aber war gelb und hatte schwarze orientalische Verzierungen: *Tausendundeine Nacht.* Obwohl es eine Ausgabe für Kinder war, erinnere ich mich an explizit erotische Szenen, die ich kaum verstand; aber ich erkannte, wie verschachtelt die Erzählungen waren, wie schwindelerregend, dass die Menschen aus der einen Geschichte in der anderen auftauchten, als hätten sie mehrere Leben. Mir scheint, damals ist etwas passiert: Als hätte ich lesend einen anderen Lebensraum betreten. Der Tod flackerte am Rande des Erzählens, blieb an der Schwelle, traute sich nicht hereinzukommen, solange Scheherazade von Karawanen und dem bösen Wesir, von den Liebenden, den Dschinnen und dem Kreislauf der Gnade erzählte. Ob das bereits eine metaphysische Erfahrung war, ein Austritt aus der Realität, die endlose Entfaltung der Welten, worüber ich viel später bei Julio Cortázar las und was ich in den Bibliothekslabyrinthen von Jorge Luis Borges fand?

Lange Zeit las ich nur Märchen, Märchen aus der ganzen Welt, mein Vater hatte Kinderliteratur gesammelt: armenische, kirgisische, ukrainische, tschuktschische, afrikanische mit all diesen schlauen bösen Tieren, afghanische, kurdische, italienische und natürlich die skandinavischen. Die Welt war bunt, aber die konkrete Geographie so unerreichbar wie meine Träume. Die indischen Märchen endeten mit der Wendung »und er ging in den Wald, um sich selbst zu begreifen«. Wo dieser Wald lag, konnte mir niemand sagen. Trotz der Unzugänglichkeit der realen Orte waren diese Welten nah, nicht fremd, in meiner Hand und meiner Sprache. Viele Märchen fingen damit an, dass die kleine Welt nicht in Ordnung war, dass irgendetwas fehlte oder erworben werden musste, und man ging auf die Suche, in die große weite Welt hinaus, um später zurückzukehren. Oft fand man das, was man gesucht hatte, bei sich zu Hause, und manchmal kam man zu spät zurück wie Peer Gynt.

Meine Märchenwelt war auch draußen, in dem riesigen Hof zwischen den sowjetischen Plattenbauten meiner Kindheit. Klettern, Schaukeln, Verstecken, Ballspielen, Gummitwist, wann immer Schule und Eltern es zuließen. Doch plötzlich konnte ich keinen Ball mehr fangen, er verschwand Richtung Mond, und auch die Erde war nicht mehr stabil: Myopie, Kurzsichtigkeit. Der anfangs nur leichte Sehverlust hat mich mit einer kräftigen Flutwelle aus dem Hof nach Hause ins Bibliothekszimmer gespült. Ich habe zuerst gar nicht verstanden, dass ich – wie alle in meiner Familie auch – kurzsichtig wurde. Doch dann dachte ich, das gehöre wohl zum Erwachsenwerden dazu.

Allmählich trat die Welt da draußen zurück, wurde vage und nebelig. Vielleicht war es »ehrlich«, die Sehkraft zu verlieren, denn die äußere Welt war trügerisch und unzuverlässig, so schien es mir, mit ihren großen Buchstaben der Parteislogans und den Lügen der Lehrer, vor denen man sich nicht verstecken konnte. Die Myopie war mein Tribut.

So strandete ich in unserer »Bibliothek«, unserem Familienlandsitz im siebten Stock. Wir waren umringt von Büchern, sie standen überall, in der gesamten Wohnung, sie schützten die Wände und sie schützten uns, sie wurden zu unserem Harnisch. Nur ihnen konnte ich vertrauen. Ich sah sie und sie sahen mich. Sie waren greifbar, ich wurde von ihnen ergriffen. Kurzsichtigkeit heißt auf Russisch »Nah-Händigkeit«. Man musste nur die Hand ausstrecken, um die Bücher zu streicheln, zu domestizieren, handzahm zu machen. Körperlich, taktil, wechselseitig.

Als ich dreizehn war und schon *Kabale und Liebe* von Schiller im Herzen trug und Puschkins *Eugen Onegin* auch, wurde ich in einem dunklen Hinterhof im Zentrum Kiews von zwei Jungs abgefangen. Sie drückten mich an die Wand und fragten schweratmend: »Na, hast du schon Achmatowa gelesen?« So etwas hatte nicht in meinen Büchern gestanden. Mir war sofort klar, dass sie nicht eine Zeile von Achmatowa gelesen hatten. Zumindest damals hatten Bücher noch einen unmittelbaren Einfluss auf die

Menschen, und wer Achmatowa las, konnte kein Mädchen überfallen. Die Jungs hatten die verfemten Werke in meiner Gestik erahnt, vielleicht haben sie etwas an mir erkannt auf der Suche nach neuer Lektüre.

Damals ging alles, was man las, ohne Umwege ins Blut. Die Formel der Liebe, der Ehrenkodex, die Vorstellung von Freundschaft und Bruderschaft – alles entstand aus Büchernahrung. Die Realität selbst war zweitrangig, da man sie sowieso nicht verändern konnte. Das Lesen formte die DNA und machte aus uns eine komplett ausgedachte Spezies, die nicht aus Biographien bestand, sondern aus gelesenen Büchern.

Ich war davon überzeugt, es läge in meiner Macht, über meinen Charakter und mein Schicksal selbst zu entscheiden: Werde ich zu einer empfindlichen Mimose wie bei Tschechow oder zu einem Helden von Jack London, zu einer starken Frau wie bei Turgenjew, die sich mit schwächeren Männern umgibt, oder zu einem Schurken bei Stendhal? Die ganze Literatur wurde für mich und viele andere Leser um mich herum zum Bildungsroman, zu einer Farbpalette, und ich kann nur darüber staunen, welche Hybridwesen daraus entstanden sind.

Erst viel später, im Literaturwissenschaftsstudium, habe ich gelernt, wie durch französische Romane, Schillers Dramen oder Werke von Rousseau Empfindungsweisen und Haltungen geformt wurden. Diese altmodische Beziehung, die das Gelesene mit der eigenen Seele einging, schien in meiner Kindheit noch unmittelbar zu wirken. Als ich siebzehn war, hat mich eine Freundin dazu gedrängt, Nietzsche zu lesen, »sofort, sonst wird es zu spät!« Mein Körper sei dabei, fertig zu werden, meinte sie, und dann würde alles Gelesene zu Wissen, zur »Theorie« und nicht mehr zu Blut und Organik. Literatur ersetzte sogar die Herkunft, und wenn ich ernsthaft über Psychoanalyse oder Familienaufstellung nachdenke, dann wird Alice im Wunderland zu meiner Zwillingsschwester, Anna Karenina zu meiner Großmutter, Jeanne d'Arc zu meiner Mutter – wer aber ist dann mein Vater?

Die Menschen im Dunstkreis meiner Eltern bildeten in den letzten Jahrzehnten der Sowjetunion eine große Lesergemeinschaft. Man wehrte sich gegen die ideologischen Lügen durch das Lesen, man bestimmte das eigene Leben und Verhalten durch Lektüre, man flüchtete auch in die Welt der Bücher. Der Mensch als Leser war wichtiger als seine Herkunft, sein Beruf oder sein Status. Das Lesen war das Territorium der Freiheit, Gleichheit und Brüderlichkeit – und es galt: ich lese, also bin ich. Auch dass ich den Glauben an das Buch heute idealisiere, spricht nicht nur für Nostalgie, sondern vor allem dafür, dass ich selbst dieses Territorium nie verlassen habe.

Die Bibliothek, in der ich aufgewachsen bin, hat mein Vater zusammengetragen. Ich erinnere mich, wie sich der Fokus über die Jahre wandelte, von einem Buch zum

KATJA PETROWSKAJA

nächsten, von Regal zu Regal, von Zimmer zu Zimmer. Wie bei der Entwicklung einer Fotografie in einer Dunkelkammer: die Bücher waren immer da, aber sie traten in ihren Umrissen erst allmählich hervor.

Wir hatten einen Schrank nur mit Erstausgaben: Poesie des frühen 20. Jahrhunderts. In der sowjetischen Realität erschien mir das wie ein Zauberschrank. Auf anderen Bücherregalen stand die gesamte russische Klassik, und die fast komplette Sekundärliteratur zu Puschkin füllte zwei Zeiss-Schränke. Es gab eine Sammlung mit Werken über die Antike, es gab Tamisdat, russische Bücher, die im Ausland verlegt wurden, und die auf dünnem Papier nachgedruckten Ausgaben des Samisdat. Und schließlich die Bücher aus der Zeit vor der Oktoberrevolution und dem Ersten Weltkrieg. Die kamen mir vor wie Splitter aus einer alten Welt. Vor allem drei dieser Bücher sind mir in Erinnerung geblieben: drei »Wale«, die eine Verbindung mit der Vergangenheit bildeten.

Der erste »Wal« war eine gebundene Sammlung von Exemplaren der Zeitung *Sewernaja ptschela*, (»Die nördliche Biene«) von 1837. Dort fand ich einen Nachruf auf Puschkin, kurz und in kleiner Schrift gedruckt, als wäre sein Tod etwas ganz Unbedeutendes gewesen. Dabei war Puschkin für uns das Urbild der Dichter, ich konnte mich mit diesem längst vergangenen Ereignis – dem Tod des Dichters – nicht versöhnen. Seine Aktualität verwunderte mich – als hätte dieser Tod keine Verjährungsfrist.

Der zweite war eine sorgfältig gebundene Manu-
skriptkopie: Leo Tolstois *Bekenntnis*. Wegen dieses Textes
war sein Autor von der Kirche exkommuniziert worden.
Es handelt sich um eine verbotene Kopie in tadelloser
kalligraphischer Handschrift, von einem Schreiber am
Ende des 19. Jahrhunderts angefertigt. Diese Abschrift
entstammte der spirituellen Praxis der Mönche, die die
Heilige Schrift kopierten, wenn es sich in diesem Fall
auch um apokryphe oder sogar häretische Texte handelte.
Zugleich entsprach das Buch merkwürdigerweise auch
bereits dem Samisdat unserer Zeiten.

Der dritte »Wal« war das Buch *Italienische Bilder*
(1912–1913) von Pawel Muratow. Es war für mich die
letzte Liebe aus der Bibliothek meiner Eltern, ein ma-
gisches Relikt aus alten Zeiten. Das Buch erzählte von
dem Land, das Gogol »Heimat meiner Seele« nannte, es
enthielt ein Kapitel über Carlo Gozzi und Reproduk-
tionen von Pietro Longhi und Giotto. Wir hatten zwei
Bände, von einem war der Einband abgerissen. Das war
ungewöhnlich, weil mein Vater beschädigte Bücher immer restaurierte. Mir schien aber, dass dieser abgerissene
Buchrücken ein historisches Zeugnis ablegen sollte.

Der Band trug einen Stempel vom »Kiewer Institut für
Adelstöchter«. Dieses Institut war nach der Revolution
aufgelöst worden, die Geheimdienste übernahmen das
Gebäude, und in den zwanziger und dreißiger Jahren er-
schoss man dort Tausende Menschen. Jahre später wurde

KATJA PETROWSKAJA

das Gebäude zum »Oktoberpalast für Kultur«, in dem ich als Kind fast zehn Jahre lang gesungen und getanzt habe. Das Buch mit dem Stempel fiel mir in die Hände, als ich gerade mit den Kursen aufhörte, als hätte mir die Bibliothek der Adelstöchter ein Abschiedsgeschenk gemacht, an allen Kriegen, Revolutionen und am Terror vorbei.

Seine Anwesenheit in unserer Wohnung hat die Optik meiner Welt stark verändert. Vielleicht war es das konkrete Gefühl der Berührung mit den dahingegangenen Menschen. Das Buch wurde von jungen Frauen gelesen, die nach Italien fuhren. Haben die Zerstörer des Instituts das Buch gelesen? Und sein nächster Leser, ist er erschossen worden? Welche Gewalt trägt die Geschichte dieses zauberhaften Buches in sich, das nun in meiner Bibliothek steht? Über das Gefühl der Verluste und tragischen historischen Brüche hinaus ist das Buch zum Sinnbild der Schönheit geworden, zu meinem persönlichen Fahrschein in die Welt der Ästhetik.

Ich habe meine Eltern und meine Bibliothek mit 16 Jahren verlassen, aber noch heute hat ein banaler Besuch zu Hause etwas Märchenhaftes, auch wenn ich nicht das nach Hause bringe, für dessen Suche ich von zu Hause aufgebrochen war.

Ja, wir waren belesen, aber die Generation meines Vaters, eine vom Lesen besessene Generation, ist dennoch für uns immer unerreichbar gewesen. Sie waren Wunderkinder des Lesens, schon früh verschlangen sie ganze

Bibliotheken. Ob das am Krieg lag? An den sozialen Umständen? Daran, dass ihnen in den Nachkriegsjahren die Welt »verschlossen« blieb? Mein Vater und manche seiner Freunde stammten aus nicht-religiösen jüdischen Familien, oft aus sehr armen und nicht besonders gebildeten, die aber eine Art Bildungskult betrieben. Dieser Kult der Eltern ist zur Realität ihrer Kinder geworden. Ihr Lesen hatte etwas von der Natürlichkeit, mit der Tiere nach Nahrung suchen; zugleich war es von der Leidenschaft einer spirituellen Suche beseelt. Jahrhundertelang hatten Juden »das Buch«, studiert, die Thora, doch in den Zeiten nach der Revolution und der Verbannung der Religion verwandelte sich das Volk des Buches in ein Volk der Bücher, vieler Bücher. Eine Religiosität, die in ihrer ursprünglichen Form verschwand, lebte im Gefühl der Ehrfurcht weiter, setzte sich im Empfinden für die Einmaligkeit der Begegnung mit dem Buch fort, in einer seltsamen Dankbarkeit. Das Lesen wurde zum Kult.

Diese Welt als atheistisch zu beschreiben wäre gewagt. Man glaubte an das Wort, das Wort hatte übermenschliche Kräfte, die nicht nur unsere Seelen, sondern auch die Obrigkeiten beherrschten. Die Macht fürchtete Bücher, sie verbot und verbannte sie und mit ihnen die Autoren und oft auch ihre Leser, denn über die freien Leser hatte sie keine Kontrolle. In der späteren Sowjetzeit gab es zahlreiche Prozesse gegen Schriftsteller, Dichter oder Intellektuelle, die vom System als Bedrohung wahrgenommen wurden. So kam es, dass mein Vater, der kein aktiver Dissident war, für viele Jahre verurteilt wurde: dafür, dass er ein Leser war. Leser eines kleinen grünen Buches mit Gedichten eines in Ungnade gefallenen Schriftstellers. Als Leser und Bewahrer wurde er vom Staat als Gefahr wahrgenommen. Dafür wurde er zwar nicht wie einst Dostojewski zum Tode verurteilt. Es waren mildere Zeiten: er wurde nur mit dem sozialen Tod bestraft.

Mein Vater, 1932 in Kiew geboren, hat sich das Lesen selbst beigebracht, sehr früh, mit den Zeitungen, die mein Großvater las. Als er 1940 eingeschult wurde, hatte er bereits sämtliche Werke von Jules Verne, Washington Irving, Puschkin und Alexandre Dumas gelesen. Mein Großvater las selbst nicht viel, aber er kaufte Bücher, und damals gab es viele alte Bücher im freien Verkauf – man ahnt erst jetzt, in Folge welcher Katastrophen.

Bevor die Deutschen 1941 die Ukraine und Kiew überfallen hatten, wurden mein neunjähriger Vater und seine Familie evakuiert, nach Taschkent, dann nach Aschchabad und nach Barnaul. In jeder dieser Städte hat er sich noch als Kind und dann als Teenager in den Stadt- und Bezirksbibliotheken angemeldet und diese fast komplett »durchgelesen«. Und dabei hat er sich nicht nur die gesamte Weltliteratur erlesen. Eines Tages stößt er auf ein Buch, das sein ganzes Leben verändern wird. Warum gerade dieses, bleibt rätselhaft. In Barnaul, Tausende

Kilometer von Kiew entfernt, entdeckt mein Vater ein Werk über die Theorie des literarischen Übersetzens: *Die hohe Kunst*, verfasst von dem Literaturkritiker und Märchenautor Kornej Tschukowski. Obwohl es sehr literaturwissenschaftlich anmutete, war das Buch in fröhlicher Missachtung der akademischen Gepflogenheiten geschrieben. Das hat meinem zwölfjährigen Vater – ganz unvorhersehbar – die Möglichkeit eröffnet, langsam und allmählich zu einer eigenen Freiheit zu gelangen. Das Lesen dieses Buches bezeichnet er bis heute als einen »Durchbruch zu sich selbst«. Das Buch zeigte ihm, dass man sich nicht verstellen musste, kein Genre oder keine Richtung bedienen musste, wenn man schreiben wollte. Man darf bleiben, wer man ist auf der Suche nach dem eigenen Ausdruck. Irgendwann später hat er selbst ein Buch über Tschukowski geschrieben, hat über Kinderliteratur geforscht und auch über das Phänomen der Übersetzung, in deren Entschlüsselungs- und Vermittlungsarbeit er die wichtigste Funktion der Kultur sieht.

Das Herz unserer Bibliothek ist jedoch etwas anderes: ein schmales Büchlein, zwischen hellem und dunklem Malachitgrün changierend und mit einer Galaxie weißer Farbspritzer überzogen. Der Umschlag ist abgewetzt und zerknickt. Kleines Format, die mit Schreibmaschine beschriebenen Seiten sind am Rücken zusammengeleimt. Wenn ich heute dieses grüne Büchlein in die Hand nehme, wird mir unheimlich. Mein Vater hat es sich 1955 selbst gebastelt, noch vor der Verbreitung des Samisdat. Es enthielt veröffentlichte und unveröffentlichte Gedichte von Boris Pasternak, die später im *Doktor Schiwago* erschienen sind. Ein Freund meines Vaters hatte sie aus Moskau mitgebracht. Mein Vater war damals dreiundzwanzig, hatte sich eine Schreibmaschine ausgeliehen und die Gedichte nach seinem literarischen Geschmack ausgewählt, angeordnet und gebunden. Verblüffenderweise wählte Pasternak zwei Jahre später fast dieselben Gedichte für seinen *Doktor Schiwago* aus.

1957 erschien der Roman in Italien, und ein Jahr später wurde Pasternak mit dem Literaturnobelpreis ausgezeichnet. In der Sowjetunion startete eine Kampagne gegen ihn, das ganze Volk wurde aufgefordert, Pasternak zu verfluchen, die Zeitungen wimmelten von Hetzartikeln. So wurde der berühmte Satz geboren, der heute so absurd wie komisch klingt, aber damals ganze Biographien zerbrochen hat: »Ich habe Pasternak nicht gelesen, aber ich verurteile ...« Im Grunde war es ein Krieg der Nicht-Leser gegen die Leser oder noch eher ein Krieg um die Oberhoheit. In allen großen Städten des Landes begann die Jagd auf Pasternaks Leser und sogar auf seine potenziellen Leser. Irgendjemand denunzierte meinen Vater, und so erschien in einer der wichtigsten Kiewer Tageszeitungen ein Artikel unter der Überschrift »Das Ende der Literatur-Kaschemme«. In diesem Artikel wurden alle Andersdenkenden der Stadt in einen

Topf geworfen – Dichter und Studenten, Übersetzer und Professoren, Prostituierte und ein Schwarzhändler. Von manchen hatte mein Vater nicht einmal gehört. Und diese Gruppe soll sich bei ihm zu Hause hinter dunklen Vorhängen getroffen haben. In Wirklichkeit wohnte mein Vater in einer winzigen Wohnung mit seinen strengen Eltern zusammen, rechtgläubigen Kommunisten. Die »Literatur-Kaschemme« war ein reines Hirngespinst des KGB, aber der Zeitungsartikel führte dazu, dass alle darin Erwähnten dramatische Konsequenzen für ihre Karriere zu spüren bekamen oder gänzlich ihre Arbeit verloren. Mein Vater wurde in dem Artikel als »Anstifter« genannt, weil er das grüne Büchlein von Pasternak besaß, das bei einer kurz darauf erfolgten Haussuchung beschlagnahmt und erst Jahre später zurückgegeben wurde. Pasternak bezeichnete man als den »Spiritus Mentor« meines Vaters. Ein Jahr danach wurde mein Vater in derselben Zeitung als »Schmarotzer« stigmatisiert und mit fabrizierten Leserbriefen aufgefordert, physische Arbeit für die Stadt zu leisten. Fast dreißig Jahre lang, bis zum Ende der Sowjetunion, konnte er in seiner Heimatstadt keine Anstellung mehr finden – wegen dieses grünen Büchleins, oder besser gesagt: weil eine Weltmacht sich vor seinem grünen Büchlein fürchtete.

03 Andreas Reckwitz

Kleine Genealogie des Lesens als kulturelle Praxis

Lesen ist eine sozial-kulturelle Praktik. Obwohl immer nur das einzelne Individuum liest, es sich also zweifellos um eine solitäre Aktivität handelt, ist Lesen zugleich eine durch und durch sozial-kulturelle Angelegenheit. Es folgt bestimmten erlernten Mustern der Aufmerksamkeit, des Verhaltens und der Kognition. Das Lesen als Praxis, als eine bestimmte ›Kulturtechnik‹, bewirkt, dass sich im lesenden Individuum mit der Zeit bestimmte Kompetenzen einschreiben.[1] Es bildet sich ein ›Lesesubjekt‹ mit höchst voraussetzungsreichen kognitiven Eigenschaften aus. Sind diese Fähigkeiten einmal antrainiert, sind sie gleichsam Teil des Habitus geworden, greift man doch auch auf sie zurück, wenn man gerade nicht liest. Mit anderen Worten: Die Kompetenzen des Lesesubjekts prägen dessen Haltung zur Welt und seinen Umgang mit dieser insgesamt. Die Praxis des Lesens ist somit nicht nur ein Thema der Mediensoziologie, sondern der Gesellschafts- und Kulturtheorie insgesamt.

Was tut man, wenn man liest? Was sind die Eigenschaften dieser Praxis? Lesen als Praxis zu verstehen lenkt den Blick nicht allein auf das, *was* gelesen, sondern auch und gerade darauf, *wie* gelesen wird. Die Antwort auf diese Frage ist alles andere als trivial: Den ungewöhnlichen Prozess, in dem sich die Markierungen auf Papier im Kopf der Individuen in komplexe argumentative Strukturen oder lebhaft empfundene Geschichten verwandeln, gilt es genau nachzuvollziehen. Dabei ist Lesen nicht gleich Lesen: Es gibt Kulturen des Vorlesens und des Stilllesens, es gibt Kulturen des extrem langsamen Entzifferns und jene des Querlesens. Bücherlesen und Smartphonelesen sind offenkundig nicht das Gleiche, aber auch die soziale Verwendungsweise des Lesens – in der Freizeit, in der Wissenschaft, im Unternehmen oder der Verwaltung – kann sehr unterschiedlich sein.

Die Kultur- und Mediengeschichte hat sich ausführlich mit der genauen Form der Lesepraxis und ihrem Strukturwandel beschäftigt. Man kann generell fünf historische Phasen unterscheiden: 1. die lange Phase der Mündlichkeitskulturen; 2. die Entstehung der Schrift und die Ansätze einer traditionalen Schriftlichkeitskultur; 3. der Beginn der Moderne als emphatische, auf dem Lesen beruhende Bildungskultur; 4. das Aufkommen der audiovisuellen Massenmedien; schließlich 5. die digitale Revolution. Meine These ist, dass jene spezifisch moderne Praktik des Lesens, wie sie sich im 18. Jahrhundert mit dem Beginn der Moderne im westlichen Bürgertum ausgebildet hat und die über 200 Jahre kulturell dominant gewesen ist, mit der digitalen Revolution durch eine veränderte Lesepraxis abgelöst wird: Es findet eine Veralltäglichung und zugleich Ausdünnung des Lesens statt. Das *hyper reading* wird zur neuen dominanten kulturellen Praxis. Die offene Frage ist, inwiefern sich das *deep reading* gewissermaßen als eine neue *gegenkulturelle* Praxis positionieren lässt.

Die historisch orientierte Medientheorie, etwa bei Walter Ong und Jack Goody, hat die generellen Unterschiede zwischen Mündlichkeits- und Schriftlichkeitsgesellschaften herausgearbeitet.[2] In den Gesellschaften der Mündlichkeit (welche 98 % der Geschichte des Homo sapiens sapiens ausmachten) ist sprachliche Kommunikation durchgängig mit den Notwendigkeiten der Handlungspraxis verquickt. Sie hat einen dialogischen Charakter. Da es keinen schriftlichen Gedächtnisspeicher gibt, basiert sie auf Wiederholung und Redundanz. Mit der Entwicklung der Schrift in Mesopotamien, Ägypten, China, Indien und Europa ergibt sich ein epochaler Bruch. Die Schriftsprache liefert den traditionalen Gesellschaften, etwa jenen der europäischen Antike oder des europäischen Mittelalters, einen Wissensspeicher, auf den man über Generationen hinweg zurückgreifen kann. Da die Sprache von der Gedächtnisfunktion entlastet ist, wird es in den schriftlichen Texten möglich, Neues auszuprobieren und gewissermaßen von Wiederholung auf Innovation umzuschalten. Zentral ist, dass die Praxis des Lesens das Subjekt nun im Nachvollzug komplexer Argumentationen und Narrationen schult – sei es religiöser, philosophischer oder literarischer Art –, deren Nachvollzug nicht nur Stunden, sondern Tage erfordert. Sie ermöglicht dem Subjekt auch qua Reflexion eine systematische Distanzierung vom bisher Selbstverständlichen.

In den traditionalen Schriftkulturen ist die Praxis des Lesens in seiner gesellschaftlichen Wirkung freilich eng begrenzt: Vor der Entwicklung des Buchdrucks sind Schriftstücke rar. Nur eine winzige – adelige, administrative und klerikale – Minderheit ist lese- und schreibkundig. In den Adelskulturen behält die geschliffene Mündlichkeit gegenüber der Schriftlichkeit ein Primat, etwa in der antiken Rhetorik. Teilweise sind die Schriftsprachen nicht die mündlich gesprochenen Sprachen (Latein, Sanskrit), was die Wirkung auf die Alltagspraxis hemmt. Schließlich ist auch die Praxis des Lesens in den traditionalen Kulturen häufig ein äußerst langsames, intensives Wort-für-Wortlesen, das nicht auf die Bewältigung großer Textmengen ausgerichtet ist.

Der nächste, folgenreiche Bruch in der Transformation der Praktiken des Lesens findet in der europäischen

Neuzeit mit der Entwicklung des Buchdrucks statt. Er hängt eng mit dem Aufstieg des bürgerlichen Lesepublikums im 18. Jahrhundert und mit der Alphabetisierung der europäischen und nordamerikanischen Bevölkerung im 19. Jahrhundert zusammen. Dies ist die Entstehung einer *modernen* Lesepraxis und Schriftkultur, wie sie vielen auch zu Beginn des 21. Jahrhunderts noch vertraut ist. Medientheoretiker wie Friedrich Kittler in *Aufschreibesysteme 1800/1900*, in anderer Weise aber etwa auch Jürgen Habermas in *Strukturwandel der Öffentlichkeit* haben die Konsequenzen dieser »Gutenberg-Galaxie« (McLuhan) herausgearbeitet.[3]

Vor allem drei Merkmale lassen sich nennen: Erstens ist die Relevanz des Lesens (von Büchern, Zeitungen, Zeitschriften) nun eng mit den aufklärerischen Idealen der Bildung und der Mündigkeit verknüpft. Erst als lesendes soll das Subjekt zu einem weltkundigen Subjekt werden, das informiert ist, Zusammenhänge begreift, aber auch Empathie und Empfindungsfähigkeit entwickelt. Die Moderne geht grundsätzlich von einer »Lesbarkeit der Welt« (Blumenberg) aus: Die Welt lässt sich in ihren Zusammenhängen kognitiv begreifen, und das Lesen von nicht-fiktionalen und fiktionalen Texten erscheint dafür ein unabdingbarer Modus zu sein. Die Welt soll im modernen Verständnis objektiviert, das heißt zu einem Gegenstand der Beobachtung und Reflexion werden, und die Texte sind Instrumente dieser Objektivierung. Zugleich sind diese selbst objektivierte Entitäten, zu denen man im Lesen auf kritische Distanz gehen kann. Sie liefern die Voraussetzung für die Ausbildung einer modernen politischen und kulturellen Öffentlichkeit, deren Debatten in der Regel im Medium der Schriftlichkeit erfolgen.

Zweitens ist das moderne Lesen als Praxis ein extensiv-hermeneutisches und ein konzentriertes Lesen.[4] Im Vergleich zum traditionalen Lesen ist es zügiger und auf die Erfassung umfangreicher argumentativer und narrativer Sinnzusammenhänge, mithin auf umfangreiche *plots* ausgerichtet. Zum Modell wird nun der stille, fokussierte Leser (in der Bibliothek, im Lesezimmer etc.), der keine Ablenkung zulässt und dessen Aufmerksamkeit entsprechend geschult ist. Erst mit dieser Aufmerksamkeitsfokussierung wird eine Immersion in den Text möglich, die im mentalen Strom der Lesenden eine argumentative oder narrative ›eigene Welt‹ lebendig werden lässt. Später wird man dies *deep reading* nennen.[5] Die modernen Leserinnen können nun auf ein schier grenzenloses Universum der Bücher zurückgreifen, was Ende des 18. Jahrhunderts die kulturkritische Rede von der ›Lesesucht‹ entstehen lässt.

Drittens ist für das moderne Lesen zentral, dass durch das Lesen eine ›Innenwelt‹ des Subjekts gefördert wird, das heißt mentale, aber auch leibliche Akte intensiviert werden: Reflexion, Erinnerung, Imagination, Selbstbefragung, emotionale Reaktionen. Das Lesen ermöglicht

ANDREAS RECKWITZ

dem Subjekt damit eine Psychologisierung doppelter Art: ein Training im Verständnis der psychischen Welt der Anderen (die in den Büchern zum Thema wird) und der eigenen ›inneren‹ Welt. Moderne Subjektideale der Selbstverantwortung und Selbstentfaltung setzen entsprechend Leser voraus, die sich in der Ausbildung ihrer Innenwelt trainiert haben.

Die moderne Lesepraxis, die sich im 18. Jahrhundert institutionalisiert hat, ist, vermittelt über die Bildungsinstitutionen, bis in die Gegenwart präsent. Allerdings vollziehen sich im 20. Jahrhundert zwei weitere Brüche. Der erste Bruch wird durch die Verbreitung der audiovisuellen Massenmedien, des Rundfunks, der Schallplatte, des Kinofilms und des Fernsehens markiert, wie ihn Medientheoretiker wie Marshall McLuhan thematisiert haben.[6] Dieser Bruch fällt zusammen mit der Transformation der Gesellschaft von der bürgerlichen Moderne zur organisierten, industriellen Moderne, die nach 1900 stattfindet. Grundsätzlich gilt: Mit der Entstehung einer urbanen und medialen Massenkultur, die zugleich eine Unterhaltungs- und Zerstreuungskultur ist, gerät die bürgerliche Kultur des Lesens und der Bildung gesamtgesellschaftlich in eine Defensive. Aus dem historischen Blick zurück muss man jedoch differenzieren. Die audiovisuelle Massenkultur löste die Lesekultur zunächst *nicht* ab, vielmehr haben sich beide zueinander *parallel* entwickelt.

Diese Parallelität wurde erstens dadurch ermöglicht, dass beide Medientechnologien und Praktiken zunächst getrennt voneinander und überschneidungsfrei existierten. Wenn man liest, nutzt man nicht die Massenmedien und umgekehrt. Auf die gesamte Lebenspraxis bezogen hieß dies für große Teile des 20. Jahrhunderts aber: Das eine schließt das andere nicht aus, man kann das *deep reading* lernen und trotzdem von Zeit zu Zeit ins Kino gehen. Zweitens wies die audiovisuelle Kultur des Rundfunks, des Kinos und des Fernsehens – trotz aller Differenzen – eine wichtige Parallele zur Buchkultur auf: Indem *beide* dem Rezipienten *geschlossene* Zeichensequenzen (ein Buch, ein Film, eine Sendung etc.) bieten, denen es von Anfang bis Ende zu folgen gilt, setzen beide eine Konzentration der Aufmerksamkeit voraus. Drittens schließlich gab es zunächst eine gewisse soziale, klassenförmige Differenzierung zwischen Buch und Massenmedien: Die bildungsorientierten Schichten, die durch die Bildungsexpansion der 1960er Jahre wuchsen, waren generell im 20. Jahrhundert weiterhin stark buch- und leseorientiert, während die Angestellten und Arbeiter eher die Massenmedien frequentierten. Zugleich gab es auch bei letzteren – vor allem unter dem Einfluss der sozialistischen Weltanschauung – durchaus eine Lesemotivation. Alle drei Faktoren zusammengenommen haben bewirkt, dass trotz des Siegeszugs der Massenmedien in der industriellen Moderne bis in die 1990er hinein

ANDREAS RECKWITZ

die moderne Lesepraxis des *deep reading* weiterhin recht robust war und keineswegs verdrängt wurde.

Dies ändert sich mit der digitalen Revolution in einschneidender Weise. Dieser Einschnitt ist in letzter Zeit von Autorinnen wie Maryanne Wolf oder Naomi S. Baron ausführlich thematisiert worden.[7] Entscheidend ist, dass die digitalen Technologien keineswegs bedeuten, dass ›nicht mehr gelesen wird‹, sondern dass nun *anders* gelesen wird, das heißt, dass sich das Lesen als Praktik und damit auch deren Subjektivierungseffekte wandeln. Vereinfacht gesagt, verläuft der Wandel vom *deep reading* zum *hyper reading*. Mit der digitalen Revolution, dem Computer, dem Internet und den mobilen Endgeräten wie dem Smartphone wälzt sich das Mensch-Welt-Verhältnis medientechnologisch tiefgreifend um. Die Merkmale der neuen Medialität sind bekannt: Die digitalen Medien nehmen nach Art eines Hypermediums die alten Medien der Schrift und die von Bild und Ton in sich auf. Sie alle sind digitalisierbar. Im Internet werden textuelle und visuell-auditive Elemente daher untrennbar miteinander verknüpft. Dies bedeutet auf der Ebene der Rezeptionspraktiken jedoch: Praktiken des Lesens, des Betrachtens und des Hörens sind nun nicht mehr voneinander separiert, sondern ständig miteinander verwoben. Kurz gesagt: Auf Facebook, Instagram oder einem Newsfeed liest man Texte und Nachrichten, schaut Videos und Fotos und nebenher wird ein Computerspiel gespielt. Das digitale Subjekt übt sich damit im Multitasking, wobei das Lesen nur eine Aktivität unter mehreren ist.

Zweitens führen die digitalen Medientechnologien zu einer Aktivierung des Subjekts als User: Dieses ist nicht nur Rezipient – so wie es die klassische Leserin oder Betrachterin war –, sondern immer auch Produzent und Entscheider. Die digitalen Medien sind interaktive Medien, in denen so auch eine ständige Verquickung von Lesen und Schreiben (in der Regel von Kurznachrichten oder kurzen Kommentaren) stattfindet. Hinzu kommt, dass das Internet die Form eines Hypertextes annimmt, in dem die Elemente miteinander vernetzt sind: Liest man beispielsweise einen Text, kann man leicht zu Wikipedia springen, um etwas nachzuschlagen; teilweise sind unmittelbar Hyperlinks gesetzt. Ständig muss der User daher Entscheidungen treffen, welchem Element er sich als Nächstes widmet. In der digitalen Welt ist die Grundkonstellation daher drittens jene einer Überfülle von Reizen und Offerten, die um die Aufmerksamkeit des Users wetteifern. Das Internet hat die grundsätzliche Struktur einer Aufmerksamkeitsökonomie: Der User ist ein Konsument, dessen Aufmerksamkeit angesichts der Überfülle der Möglichkeiten zu einer knappen Ressource wird.

Die Digitalisierung verändert somit die Praxis des Lesens. Wie empirische Untersuchungen zeigen, hat es bei den *Digital Natives* häufig nicht mehr die Form des

ANDREAS RECKWITZ

deep reading, sondern des *hyper reading*.[8] Beim Lesen geht es nun nicht mehr um die *Immersion* in einen Text, sondern um den zügigen Erwerb von *Informationen*. Texte werden daher nicht nur äußerst schnell gelesen, sondern häufig ›quergelesen‹, das heißt auf der Suche nach Kerninformationen stichprobenartig zur Kenntnis genommen. Es ist nicht nur ein kulturkritischer Topos, sondern ein messbarer Tatbestand, dass die Aufmerksamkeitsspanne, in der die Leser konzentriert einem Text folgen, kleiner wird. Umgekehrt wird der Wunsch nach Abwechslung stärker, der Wunsch, auf immer neue und andere Weise stimuliert zu werden. Das Lesen auf einem Smartphone oder Tablet, das beständig andere mediale Offerten bietet, fördert diese Haltung.

Für die Praxis des Lesens in der digitalen Kultur ist damit eine paradoxe Doppelstruktur kennzeichnend: Einerseits findet eine *Ausweitung* des Lesens statt, das heißt, eine Integration von Texten in die Alltagswelt in einem Maße, wie es für die Kulturgeschichte einzigartig ist. Die ständige Verfügbarkeit der Smartphones und die Social-Media-Plattformen führen dazu, dass die Subjekte immer wieder kurze Lesesequenzen (und im Übrigen auch Schreibsequenzen) in ihren Alltag integrieren. Während die Theoretiker der audiovisuellen Medienrevolution den Niedergang des Lesens und den Siegeszug des Bildes prophezeiten, erweist sich dies mit der digitalen Revolution als ein vorschnelles Urteil: Gelesen wird in enormem Umfang. Auf der anderen Seite findet aber eine *Ausdünnung* des Lesens statt: Das *hyper reading* ist ›flacher‹ und auf schnelle Information aus, die Aufmerksamkeit flüchtiger. Mediensoziologen weisen daher darauf hin, dass die Genres der klassischen Moderne – die langen Romane und philosophischen Traktate – gar nicht mehr zum spätmodernen Lesesubjekt ›passen‹, das sich daher auch häufig von ihnen abwendet: Sie erscheinen langweilig und langatmig, unnötig kompliziert.[9]

Was bedeutet das für die Zukunft? Zwei Szenarien sind möglich: Man kann die Transformation vom *deep reading* zum *hyper reading* als einen weiteren Schritt im Modernisierungsprozess des Lesens deuten. Von den traditionalen über die modernen zu den spätmodernen Gesellschaften findet gewissermaßen eine Beschleunigung des Lesetempos und eine immer stärkere Ausweitung des Lesens in die Gesellschaft statt. Diese Verbreitung geht mit einer Entzauberung von Buchkultur, Bildung und Lesepraxis einher. Ein solches modernisierungstheoretisches Szenario beruht auf der Vorstellung eines linearen Prozesses und einer Ablösung alter durch neue Praktiken. Ein zweites Szenario folgt einem anderen geschichtstheoretischen Schema: Im historischen Prozess werden zwar bestimmte kulturelle Formationen dominant, aber in Opposition zu ihnen bilden sich in der Moderne regelmäßig Gegenkulturen aus, die auf kulturelle Unzufriedenheiten reagieren. Hinzu kommt:

ANDREAS RECKWITZ

Der historische Prozess bedeutet selten eine einfache Ablösung alter durch neue Strukturen. Die alten Strukturen bestehen vielmehr häufig weiter, sie überlagern sich mit den neuen oder bleiben als teilweise recht lebendige Relikte vorhanden – bis sie möglicherweise unter neuen Umständen revitalisiert werden.[10]

Was die Zukunft des Lesens angeht, ist solch ein Szenario jenseits der Vorstellung einer linearen Entwicklung gut möglich. In diesem verschwindet das *deep reading* als kulturelle Praxis nicht, sondern nimmt vielmehr den Charakter einer gegenkulturellen Praxis an, welches sich von der dominanten Kultur des *hyper reading* absetzt. Denn das *deep reading* verspricht den Lesesubjekten Befriedigung und Reflexion, welche ihnen das ›flache‹ *hyper reading* nicht zu bieten vermag. Es ist vor diesem Hintergrund interessant, dass die Medientheoretikerin Maryanne Wolf von der spätmodernen Kultur offensiv fordert, neben dem unvermeidlichen *hyper reading* das *deep reading* gewissermaßen als konkurrierende Praxis zu kultivieren.[11] Denn nur das *deep reading* ermöglicht den Lesesubjekten Selbstreflexion durch komplexe Argumentationen und die Immersion in ›andere Welten‹, sei es fiktionaler oder nicht-fiktionaler Art. Es verschafft der Leserin ›Aha-Effekte‹ des Lesens und eine libidinöse Orientierung am Text, die das an bloßer Information orientierte *hyper reading* nicht zu bieten vermag.

Ist die Revitalisierung des *deep reading* die Forderung

eines Bildungsbürgertums, das auf verlorenem Posten steht? Das ist nicht ausgeschlossen, man könnte es jedoch auch anders sehen: Beim *deep reading* handelt es sich – um die Terminologie von Raymond Williams zu verwenden[12] – nicht um eine bloße *residual culture*, das heißt um ein Überbleibsel der Vergangenheit, sondern um eine *emergent culture*, den Ausdruck einer Gegenkultur mit Aussicht auf Expansion in der Zukunft, oder anders: um eine *residual culture*, die sich in eine *emergent culture* verwandelt. Die Revitalisierung des *deep reading* als gegenkulturelle Praxis steht nämlich offenbar in einer Reihe mit anderen Phänomenen der spätmodernen Kultur, in denen sich an verschiedenen Orten die Unzufriedenheit mit einer allgegenwärtigen Aufmerksamkeitsökonomie und Vernetzung, mit deren Flüchtigkeit und Inauthentizität ausdrückt.

Die Forderung nach ›Entnetzung‹, das heißt einer bewussten temporären Pause von der Endloskommunikation der digitalen Netze; die Bewegung des Slowfood, das heißt einer regionalen, sorgfältig zubereiteten Küche, die dem Fastfood entgegensteht; die Beliebtheit der Serien, deren Folgen häufig ›am Stück‹ geschaut werden und somit Aufmerksamkeitsfokussierung und Ablenkungsfreiheit über Stunden hinweg voraussetzen; schließlich die Renaissance der Vinyl-Langspielplatte, welche ein konzentriertes Hörerlebnis erfordert[13] – dies alles sind Phänomene der spätmodernen Kultur seit den

ANDREAS RECKWITZ

2010er Jahren, die als Versuche gewertet werden können, Räume der Immersion im Alltag zu schaffen, in denen Aufmerksamkeit konzentriert wird. Nur in diesen erscheinen entsprechende ästhetische oder intellektuelle Aha-Erlebnisse möglich. Man könnte eine Bewegung des bewussten *deep reading* in diesen Zusammenhang einordnen.[14] Dieses wäre dann kein Disziplinierungsinstrument von Bildungsinstitutionen, die das Subjekt gegen seinen Willen zur Konzentration zwingen wollen, sondern eine Technologie des Selbst, mit der die Individuen bewusst ihre Erfahrungsmöglichkeiten steigern und intensivieren. In dieser Hinsicht dementiert das *deep reading* die spätmoderne Gesellschaft der Singularitäten mit ihren Wünschen nach Authentizität, Intensität und Selbstentfaltung freilich nicht, es perpetuiert sie letztendlich.[15]

04

Friederike Mayröcker

kannst du mir die Welt erklären?

Friederike Mayröcker :

nach Recherchen v.FM : das zu lesende das zu lauschende : zuweilen
lese ich in deinen Augen, sie ist mein Jahrgang, sieht aus wie
Puppe in Park. Sagte die Ärztin zu mir "schreiben werden Sie länger können als lesen", es gab kaum jemanden der mir vorgelesen
hat in der Kindheit : sie hatten alle keine Zeit, usw., im Bücherkasten der Eltern standen 3 Bände Goethe (hinter Glas) und die
gute Erde v.Pearl S.Buck = Lieblingslektüre der Mutter ....
immer im Fenster gegenüber ich glaube v.blauer Farbe wie einer
v.mir geschriebener Gedichtband ich meine er könnte v.mir sein
aber niemand der darin liest,

                         wäre ich Vögelchen würde ich mir wünschen
                         lesen zu können, tröste mich aber damit
                         fliegen zu können, vielleicht sei das
                         Fliegen ja schöner als das Lesen?
                         am ersten Schultag wurde ich gefragt ob
                         ich schon lesen könne? was ich bejahte.

ein Buch ist eine blaue Nelke ich kann die Farbe der Nelke lesen,
du hast mir eine verwelkte Nelke in eines der Bücher gelegt die
ich geschrieben habe : obwohl verwelkt duftete sie noch ein wenig,
man betört uns und man verführt uns, wenn wir lesen, wenn ein
verblasztes Wort in einem Buch,

                         wir wollen keine FABEL lesen eher
                         Marxismus, der Rosenverkäufer nämlich,
                         ich habe viel in den Werken des Jacques
                         Derrida gelesen, hätte ich nicht lesen
                         gelernt wie unglücklich wäre ich jetzt,

Elisabeth v.Samsonow schreibt einen Essay über "Stofftiere" in welchen
Text ich mich selig einlasse, kannst du mir die Welt erklären? ein
Salatblättchen : HERZIG : auf dem Küchenboden, wollte mit dir, feine
Amsel, zu Tisch sitzen weil sonst niemand da, willst mir vorlesen =
vorsingen dass ich dahinschmelze, ich im Staubmantel = stabat mater,
in solcher Andacht,

                                                   18.1o.2o19

über das Lesen oder,
für Matthias F.,: der Belesene

Friederike Mayröcker:

nach Recherchen v. FM : das zu lesende das zu lauschende : zuweilen lese ich in deinen Augen, sie ist mein Jahrgang, sieht aus wie Puppe in Park. Sagte die Ärztin zu mir
»schreiben werden Sie länger können als lesen«, es gab
kaum jemanden der mir vorgelesen hat in der Kindheit :
sie hatten alle keine Zeit, usw., im Bücherkasten der Eltern standen 3 Bände Goethe (hinter Glas) und die gute
Erde v. Pearl S. Buck = Lieblingslektüre der Mutter.......
immer im Fenster gegenüber ich glaube v. blauer Farbe
wie einer v. mir geschriebener Gedichtband ich meine er
könnte v. mir sein aber niemand der darin liest,

> wäre ich Vögelchen würde ich mir wünschen
> lesen zu können, tröste mich aber damit
> fliegen zu können, vielleicht sei das
> Fliegen ja schöner als das Lesen?
> am ersten Schultag wurde ich gefragt ob
> ich schon lesen könne? was ich bejahte.

ein Buch ist eine blaue Nelke ich kann die Farbe der
Nelke lesen, du hast mir eine verwelkte Nelke in eines
der Bücher gelegt die ich geschrieben habe : obwohl verwelkt duftete sie noch ein wenig, man betört uns und
man verführt uns, wenn wir lesen, wenn ein verblasztes
Wort in einem Buch,

wir wollen keine FABEL lesen eher
Narzismus, der Rosenverkäufer nämlich,
ich habe viel in den Werken des Jacques
Derrida gelesen, hätte ich nicht lesen
gelernt wie unglücklich wäre ich jetzt,

Elisabeth v. Samsonow schreibt einen Essay über »Stofftiere« in welchen Text ich mich selig einlasse, <u>kannst du
mir die Welt erklären</u>? ein Salatblättchen: HERZIG:
auf dem Küchenboden, wollte mit dir, feine Amsel, zu
Tisch sitzen weil sonst niemand da, willst mir vorlesen =
vorsingen dasz ich dahinschmelze, ich im Staubmantel =
stabat mater, in solcher Andacht,

18.10.2019

über das Lesen oder,
<u>für Matthias F.,: der Belesene</u>

05

Marcel Beyer

Lesen im Kaninchenbau

In einer fremdsprachigen Umgebung (oder einer latent fremdsprachigen, oder einer grenzsprachigen Umgebung) tauchen die Namen aus der Kindheit wieder auf. Sie sind dem inneren Ohr präsent, so wie ich sie damals mit dem Ohr aufnahm, da sie mir vorgelesen wurden, als mir die Welt der Schrift noch verschlossen war, eine fremdsprachige, bald nur noch latent fremdsprachige Umgebung, in der ich mich nach und nach zurechtfinden sollte. Es sind eigentümliche Namen, immer eigentümlich gebliebene Namen, die ich, selbst wenn ich sie im Laufe der Jahre unzählige Male vor Augen gehabt habe, jedesmal wieder nachschlagen muß, sofern ich, ein Leben lang das Kind, das auf seine Einschulung wartet, wissen will, wie man sie schreibt. Hatifnatten oder Hattifnatten. Peter Schlehmil oder Peter Schlemihl. Moby Dick oder Moby-Dick.

Möglich, die Stadt Basel, wo mir dies an einem Oktober-vormittag in den Sinn kommt und ich mir einige jener Namen auf einer Karteikarte notiere, während ich in der Gerbergasse vor einem Café sitze, in der Sonne, umgeben von anders getönten Stimmen und ich mit meiner Sprache allein – möglich also, Basel liegt nicht weit entfernt von Babel. Oder von Belgrad, wo ich, in einem anderen Oktober, *Alice im Wunderland* wiedergelesen habe.

Lesen, das hieß für mich zunächst viele Jahre: Hören. Hören, was meine Mutter mir vorlas, hören, was mein Vater mir vorlas, hören, was abwechselnd meine Mutter und mein Vater vorlasen, wenn wir, unsere kleine, in sich geschlossene Welt Familie, unsere Welt ohne Fernseher, im Wohnzimmer zusammensaßen. Hören, was die nach und nach vertraut werdenden fremden Stimmen sagten oder erzählten oder vorlasen, wenn das Tonbandgerät lief, das mein Vater ursprünglich ins Haus gebracht hat-te, um englische und französische Vokabeln zu lernen. Doch dann erzählte jemand von einem Kapitän Ahab, dessen Figur wie selbstverständlich mit dem holzbeinigen Plastikpiraten verschmolz, der durch das Westerndorf in meinem Kinderzimmer geisterte, tok tok tok, ein Mann kommt nach Deutschland. Jener Einarmige in unserem Viertel, vor dem wir Kinder schreiend davonliefen, muß ein Verwandter dieses Kapitän Ahab gewesen sein. Denn wir lebten in Deutschland, und wir lebten am Meer, und in unserer Nachbarschaft war nichts weniger verwunderlich als ein Mann, der nach langer Abwesenheit zu seiner Familie zurückkehrt, wenn er ein halbes Jahr zur See gefahren ist, bis ans andere Ende der Welt, um nach dem Weißen Wal zu jagen.

Biber und Murmeltier, Snorkfräulein und Schnupfe-rich, Schlemihl, Ishmael oder Ismael. Die wunderlichen Namen haben früh zu mir gefunden, denn früh schon haben meine Eltern mich aus den Fängen des deutschen Trivialrealismus gerettet, ohne darauf auch nur einen Gedanken verschwenden zu müssen. Im Grunde bin ich dank ihrer von Gelassenheit und Neugier geprägten Erziehung zum Lesen nicht einmal in die Gefahr geraten, der verhängnisvolle deutsche Trivialrealismus in seiner tristen Pappigkeit, seiner entschiedenen Schlaffheit, seiner bösen Kraft, dem Leser alle Luft zum Atmen zu nehmen, könnte mich aus der Sphäre der Literatur verscheuchen, kaum daß ich begonnen hatte, sie auf eigene Faust zu erkunden. Daß Literatur etwas sein müsse, dem jegliches Leuchten, jegliches Geheimnis ausgetrieben worden ist, wäre meinen Eltern so wenig in den Sinn gekommen wie einem Kaninchen die Vorstellung, Heu dürfe auf keinen Fall verheißungsvoll süß und herb und fein duften. Ins Heu sollte man sich, wie Hölderlin, werfen wollen. Man sollte sich darin wälzen. Ein paar Halme Heu im Haar tun jedem Leser gut. Deutscher Magerquark dagegen macht keinen besonders erfreulichen Eindruck, wenn er ins Haupthaar eingerieben wird.

MARCEL BEYER

Für meine Eltern war Literatur nicht Flucht aus der Welt, Literatur war Welterweiterung. Die öde, enge, triviale deutsche Realität kannten sie, zwei Nachkriegskinder, nur zu gut. Doch sie hatten Glück. Die Literatur als Gegengift zum eigenen Lebensumfeld trat ihnen aus eben diesem Lebensumfeld entgegen, in der Grimm-Stadt, der Märchen-Stadt, der Erzählstadt Kassel, wo sie ihre Jugend verbrachten. Wem mit dem Teufel paktierende Väter, sadistische Stiefmütter und vergiftete Apfelbutzen nicht fremd sind, der kann sich getröstet fühlen, wenn er liest, er ist damit nicht allein. Lesen war auch eine Form von Rettung. So habe ich lesen gelernt.

Namen, Formeln, Zaubersprüche, die wir aus der Literatur kannten, gehörten in unserer Familie zum Alltagsvokabular, sie waren Ausrufe, Kommentare, Parolen. Ins Gespräch eingestreut wiesen sie darauf hin, daß unsere Welt zu einem guten Teil aus Sprache gemacht ist, daß uns die Welt in verlockender Weise vertraut-unvertraut sein kann, daß die Welt verwandelbar ist. Wir werden den Boden unter den Füßen nicht verlieren, solange wir uns vor Wörtern nicht fürchten, die wir nicht verstehen. Den Boden unter den Füßen verliert man in dem Augenblick, da man keine Zaubersprüche mehr kennt. Auch *Kannitverstan* kann ein Lasso sein, mit dem sich die Welt einfangen läßt. Ohne sie zu erdrosseln.

Als irgendwann ein altes Fernsehgerät im Wohnzimmer unserer kleinen Welt Familie angeschlossen wurde, lernte ich, unsere Familienwörter existierten nicht nur in den Büchern, sie waren auch draußen in der Welt bekannt, weit weg, an unerreichbaren Orten. Daß sie dort eine andere Bedeutung hatten, andere Phänomene bezeichneten, erschreckte mich nicht. Eines Abends wurde in einer Musiksendung eine Band namens *Uriah Heep* angekündigt, und Uriah Heep kannte ich ja, aus *David Copperfield* von Charles Dickens.

So verwandelt sich *Kannitverstan* von einem Lasso in ein Seil, an dem ich mich in den Kaninchenbau hinunterlassen kann. Hinab geht es, hinab, leichthin von Silbe zu Silbe: »Kann-«, »Kan-«, »kann«. Nie wieder ist mir eine Geschichte so natürlich vorgekommen wie *Alice im Wunderland*. Natürlich möchte man nicht auf einer Wiese liegen und sich furchtbar langweilen, weil man noch nicht lesen kann. Natürlich folgt man einem weißen Kaninchen, das einen Blick auf seine Taschenuhr wirft und dann davonläuft. Natürlich kann Alice verstehen, was das weiße Kaninchen vor sich hin murmelt, natürlich kann sie sich von einer Falschen Suppenschildkröte eine Geschichte erzählen lassen, natürlich unterhält sie sich mit einer unentwegt aus dem Nichts auftauchenden und wieder im Nichts verschwindenden Grinsekatze. Sie muß nur geduldig abwarten, bis deren Mund und Ohren sichtbar sind. Wenn der Nobelpreisträger Konrad Lorenz nüchtern von sich behauptet: *Er redete mit dem Vieh, den*

Vögeln und den Fischen, warum sollte dies nicht ebenso für ein Mädchen namens Alice gelten, das immerhin vierundzwanzig Jahre lang nebenan gewohnt hat? Zusammen mit Gertrude Stein, wie sich von allein versteht. Was ist daran absurd, unrealistisch, unsinnig, verrückt, völlig aus der Luft gegriffen – man müßte eben nur einmal einen Moment lang aufhören zu plappern und darüber nachdenken, was ›Sprache‹, was ›Reden‹ heißt. Wie Konrad Lorenz auch würde Alice sich auf völlig natürliche Weise mit einem Weißen Wal unterhalten. Aber natürlich weiß deutscher Magerquark nichts von einem Weißen Wal.

Sehr, sehr lange habe ich gebraucht, um herauszufinden, warum mir jenes »*kumi ori*« vertraut war, das ich 1983 in den *Gesammelten Werken* von Paul Celan entdeckte, ohne zu begreifen, daß es sich dabei um eine Wiederentdeckung handelte. »Erhebe dich, leuchte«: Seinerzeit hätte ich vielleicht noch eher vom Hebräischen ins Englische geraten können, wo mir das »*kumi ori*« als »rise and shine« im von Bibelverweisen und Zitaten aus dem Alten Testament geprägten Reggae geläufig war, als daß mir eingefallen wäre, woher ich »*kumi ori*« eben nicht auf deutsch oder auf englisch, sondern als es selbst, als hebräische Beschwörungsformel kannte. Meine eigene, verschüttete Lesespur wurde genaugenommen erst in jenen Tagen wieder freigelegt, als ich die Bibliothek meiner Mutter auflöste, in der auch meine Kinderbücher gesammelt waren. Nachdem ihre Bücher in der vorherigen Wohnung mehrere Jahre lang in Umzugskartons verpackt herumgestanden hatten, ohne daß meine Mutter mehr als einen flüchtigen Blick in ihre dem Auge so gut wie verborgene Bibliothek geworfen hätte (in einer Bücherkiste obenauf ein handgeschriebener Zettel mit der Frage: »wirklich nur Bücher?«), war ich nach ihrem neuerlichen – und letzten – Umzug in eine eigene Wohnung bald daran gegangen, die Bibliothek im neuen Arbeitszimmer wieder aufzustellen, in der Hoffnung, damit würde ein neuer Lebensabschnitt beginnen, würden die Lebensgeister wieder geweckt. Dies alles hast du gelesen, dies alles hast du dir im Laufe deines Lebens erarbeitet – dies ist die von dir eroberte Welt. Nachdem alle Bücher in die Regale einsortiert waren, setzte sich meine Mutter an ihren leeren Schreibtisch, schaute, staunte, freute sich, machte eine anerkennende Bemerkung. Und betrat das Zimmer danach nie wieder.

Alles verschüttet. Ich mußte einsehen, meiner Mutter war die Fähigkeit, war die Überlebenstechnik, der Welt in ihren Zusammenhängen Herr zu werden, indem man sie in Textzusammenhängen erfaßt, schon lange abhanden gekommen. Unter dieser niederschmetternden Erkenntnis löste ich einige Monate später – Schlammbrocken schluckend, Sprache – ihre Bibliothek, die sich in Nichts aufgelöst hatte, wieder auf: Keine Buchstaben mehr, die sich mit anderen Buchstaben verbinden, keine Wörter

mehr, die sich mit anderen Wörtern verbinden, keine
Sätze mehr, die sich mit anderen Sätzen verbinden, keine
Texte mehr, die sich mit anderen Texten verbinden, keine
Bücher mehr, die sich mit anderen Büchern verbinden.
Und doch verband sich etwas, wurden zwei weit voneinander entfernt liegende Enden verbunden, während
ich Buch um Buch in die Hand nahm, um es aus seinem
Zusammenhang zu lösen. Über fünfzig war ich, als ich
verstand, ich kannte das »*kumi ori*«, auf das ich als Ju-
gendlicher in Paul Celans *Gesammelten Werken* gestoßen
war, aus dem Kinderbuch *Wir pfeifen auf den Gurkenkö-
nig* von Christine Nöstlinger. 1983 hatten kaum mehr als
zehn Jahre zwischen diesen grundverschiedenen Lektüren
gelegen. Noch einmal fünfunddreißig Jahre brauchte
ich, um im einen »*kumi ori*« das andere »Kumi-Ori« zu
erkennen. Und ja, Christine Nöstlinger hatte es, wie ich,
in Paul Celans Gedicht »Du sei wie du« gefunden.

In den Kaninchenbau fallen – und sich erheben. Sich
in der Dunkelheit wiederfinden – und leuchten. Welche
Qualen man aber aussteht, wenn man ein Leben lang
gewohnt war, sich selbst aus eigener Kraft im Fallen auf-
zufangen, indem man liest, und wenn man früh gelernt
hat, in einer völlig unbekannten Gegend einem Weg-
weiser zu folgen, gleich welchem, weil man in der einen
Richtung so gut wie in der anderen auf den Hutmacher,
den Schnapphasen und die am Tisch vor sich hin schla-
fende Haselmaus treffen wird – welche Qualen man also

aussteht, wenn man spürt, daß einem diese Fähigkeiten abhandengekommen sind, möchte ich mir nicht ausmalen. Wie gehen Menschen, die nicht lesen, mit solchen schwarzen Löchern, mit solchen sich unterschiedslos dahinschlängelnden Pfaden um, auf die doch jeder Mensch im Leben stößt, auch ohne einem weißen Kaninchen mit Westentasche zu folgen, auch ohne ihm in die Hecke hinterherzukriechen? Welchen Schrecken bietet das Leben, wenn man sich in den Kaninchenbau nicht lesend fallen lassen kann? Das entzieht sich meiner Vorstellungskraft.

Ich habe einige Minuten gezögert und meiner Mutter gut zugeredet und begonnen, einen Espresso zu kochen, als werde die Welt sich binnen weniger Augenblicke wieder in die gewohnte Welt zurückverwandeln, sofern man nur die gewohnten Bewegungen ruhig und konzentriert ausführt, wie man es immer tut, doch dann habe ich, gegen ihren Willen, den Notarzt gerufen, der sie umgehend in die Klinik einweisen ließ. Am Abend sehe ich sie dort in einem Dreibettzimmer im Bett am Fenster liegen, ein wenig stabilisiert, wie mir scheint. Ob ihr aber bewußt ist, wo genau sie sich im Moment befindet, ob ihr bewußt ist, daß sie nicht mehr in ihrem Schlafzimmer im Bett liegt wie gewohnt, ob sie überhaupt noch eine annähernd klare Vorstellung von Raum und Räumlichkeiten hat, wüßte ich nicht zu sagen. Ein wenig ungeduldig bittet sie mich, ich solle den Fernseher ausschalten. Meinen Hinweis, die beiden anderen Damen im Zimmer wollten die laufende

Quizsendung aber sehen, ignoriert sie, wie sie die beiden anderen Damen ignoriert. Sie wendet sich demonstrativ ab und schaut aus dem Fenster. Dann fordert sie mich – mit einer Gereiztheit, die Angst verrät – dazu auf, den Vorhang zu schließen: »Sonst schaue ich die ganze Nacht in ein schwarzes Loch, und das will ich nicht.«

Ein Jahr darauf – sie liegt noch immer im Bett, nur steht dieses Bett nicht mehr zu Hause und auch nicht mehr in einem Klinikzimmer, es steht im Heim – meint meine Mutter an einem recht ausgeglichenen Mainachmittag zu mir: »Ich bin satt … satt wie ein dickes Kind … und liege hier faul rum.« Sie wirkt zufrieden, und ich spüre die Freude, die sie an dieser Formulierung hat. Vielleicht auch schon einfach daran, daß es ihr fließend gelingt, einen zusammenhängenden Satz zu bilden. Im nächsten Moment ergänzt sie: »Ich überlege gerade – gibt es das nicht im Märchen: das dicke Kind?« Nein, von einem dicken Kind in einem Märchen weiß ich nichts. Es wird die letzte Erinnerung ans Lesen, wird der letzte in die Welt der Literatur reichende Faden sein, von dem ich meine Mutter sprechen höre. In welchen literarischen Sphären sie sich – dösend, schlafend, die Zimmerdecke betrachtend – bewegt, wenn sie allein ist, allein mit sich, weiß ich nicht. »Das dicke Kind« aber ist der Titel einer Erzählung von Marie Luise Kaschnitz, in der eben jenes dicke Kind, ein Mädchen von ungefähr zwölf Jahren, das einen altmodischen, haarigen Lodenmantel trägt, wie aus dem Nichts in der Wohnung der Erzählerin auftaucht, bei einer Frau, die den Kindern aus der Nachbarschaft Bücher zum Lesen ausleiht. Doch dieses Kind, eine »Raupe«, ein »Fettkloß«, eine »seltsame Kröte«, will kein Buch lesen, es will nur Butterbrote in sich hineinstopfen. »Ich bleibe im Bett, sagte das Kind. Ich habe Angst.« Eine entsetzliche Geschichte. Meine Mutter wird sie 1977 gelesen haben, in der von Benno von Wiese herausgegebenen Anthologie *Deutschland erzählt. Von Arthur Schnitzler bis Uwe Johnson.* Ich finde den Band im Regal, wo ich ihn vor nicht langer Zeit neben den anderen Bänden dieser Reihe eingeordnet habe, als ich die Bibliothek meiner Mutter auflöse. Darin ein Lesezeichen, eingelegt am Anfang von Hans Henny Jahnns *Ein Knabe weint.*

Abgesehen von einigen *Mumintal*-Bänden, *Alice im Wunderland* und den Gedichten von Paul Celan habe ich keines der Bücher, die mir an einem Oktobermorgen im Straßencafé an der Gerbergasse in Basel in Erinnerung kommen, weil sie die Namen und Formeln enthalten, von denen ich lebe, je wiedergelesen, je überhaupt gelesen. Keinen *Moby-Dick*, kein *Draußen vor der Tür*, keinen *David Copperfield*, keine *Rheinmärchen*, nicht einmal Hebels kurze Kalendergeschichte *Kannitverstan.*

Der Seemann fährt zur See, und der Seemann kehrt nach Hause zurück. Das Meer ist da.

Kumi ori. Erhebe dich. Leuchte.

MARCEL BEYER

06 Eva Illouz
Dreimal Lesen

Von Anfang an hat der Roman den Akt des Lesens zu einem seiner bevorzugten Themen gemacht, die Lektüre ist eines seiner bedeutenden Sujets. *Don Quijote*, der wohl erste große Roman des westlichen Kanons, erzählte die Abenteuer eines Mannes, dessen exzessive Lektüre von Ritterromanen seinen Realitätssinn trübte und ihn glauben ließ, die ganze Welt um ihn herum sei das Terrain für seine extravaganten chevaleresken Abenteuer. Don Quijote ist der Mann, der zu viel liest und das, was er liest, zu ernst nimmt. So verwandelt sich ihm die Welt in ein einziges Buch von Romanzen, Jungfern in Not und Windmühlen. Das kleinbürgerliche und weibliche Äquivalent zu Don Quijote ist, weitaus tragischer, Emma Bovary.

Als Heranwachsende liest Emma heimlich Romane

und entwickelt, wie Don Quijote, sehr genaue Vorstellungen von der Liebe und einem erhabenen Leben.

»Da [in den Romanen] gab's nur Liebschaften, Liebhaber, Liebhaberinnen, verfolgte Damen, die in einsamen Lusthäuschen ohnmächtig, Kutscher, die auf allen Poststationen ermordet, Pferde, die auf jeder Seite zuschanden geritten wurden, Waldesdunkel, Herzensqual, Schwüre, Schluchzer, Tränen und Küsse, Nachen im Mondenschein, Nachtigallen im Gehölz, *Herren* so tapfer wie Löwen, so sanft wie Lämmer, so tugendhaft wie keiner ist, stets wohlgekleidet, und deren Zähren fließen wie aus Krügen. Sechs Monate lang machte sich die fünfzehnjährige Emma die Hände schmutzig am Staub der alten Lesekabinette. Mit Walter Scott entflammte sie dann für Historisches, träumte von Truhen, Wachstuben und Minnesängern. Gern hätte sie auf einem alten Rittergut gelebt wie jene Burgherrinnen mit den langen Korsagen, die ihre Tage unter dem Dreipass der Spitzbogenfenster verbrachten, den Ellbogen aufs Gemäuer, das Kinn in die Hand gestützt, und spähten, ob aus weiter Ferne ein Reiter mit weißer Feder herangaloppierte auf schwarzem Ross.«[1]

Flaubert beschreibt Emmas buchgeprägte Phantasie als ausgesprochen modern: Emmas Einbildungskraft ist hochstrukturiert, ein Tagträumen, das von klaren, leuchtenden und wiederkehrenden Bildern lebt. Ihre Sehnsucht

EVA ILLOUZ

ist sowohl sprachlich, in Form von Erzählplots und -sequenzen, als auch durch bildliche Vorstellungen strukturiert: Mondschein, pastorale Landschaft, leidenschaftliche Umarmungen. Genuin modern ist die Liebe hier dadurch, dass sie sich in erster Linie als ein vorweggenommenes Gefühl darstellt, das durch Lektüre erworben wird: Sie umfasst gut einstudierte emotionale und kulturelle Szenarien, die die Sehnsucht sowohl nach einem Gefühl als auch nach dem mit ihm verbundenen guten Leben prägen. Ihren ersten Ehebruch erlebt Emma Bovary folglich ausschließlich nach dem Vorbild der literarischen Genres, die ihre Phantasie in Beschlag genommen haben:

»Immer wieder sagte sie: ›Ich hab einen Geliebten! einen Geliebten!‹ […] Sie stand vor etwas Wunderbarem, und alles verhieß Leidenschaft, Ekstase, Verzückung; blauschimmernde Unermesslichkeit war um sie herum, die Gipfel des Empfindens funkelten vor ihren Gedanken, und das gewöhnliche Leben zeigte sich nur ganz ferne, tief unten, im Dunkel, am Fuß dieser Höhen.

Nun dachte sie an die Heldinnen all der gelesenen Bücher, und die holde Heerschar dieser Ehebrecherinnen sang in ihrer Erinnerung mit schwesterlichen Stimmen, die sie verzauberten. Sie selbst wurde gleichsam ein Teil dieser *Phantasien* und *verwirklichte die endlose Träumerei ihrer Jugend*, denn sie erkannte sich in jenem Bild der liebenden Frau, die sie maßlos beneidet hatte. […]

[J]etzt triumphierte sie, und die so lang unterdrückte Liebe brach hervor wie ein fröhlich sprudelnder Quell. Sie labte sich ohne Gewissenspein, ohne Furcht, ohne Zweifel.«[2]

Diese Phantasietätigkeit beeinflusst in ihrer Vorwegnahme die Gefühle, die Emma in ihrem Leben als verheiratete Frau enttäuschen und dazu ermutigen wird, sich in Léon und Rodolphe zu verlieben. *Madame Bovary* war einer der ersten Romane, der das Verhältnis von Lektüre, Phantasie und dem häuslichen Leben der Frau problematisierte. Obwohl Don Quijote weitaus mehr phantasiert und tagträumt als Emma, stellen seine romantischen Phantasien weder seine Pflichten als Vater oder Ehemann in Frage, noch gefährden sie eine häusliche Sphäre oder Einheit. Anders als Don Quijote ist Emma in erster Linie die Frau eines braven und unbedeutenden Provinzarztes, und ihre Tagträume – die ihr Seelenleben wesentlich bestimmen – verbinden sich zu einem gleichermaßen emotionalen und sozialen Aufstiegsprojekt: »Das häusliche Mittelmaß trieb sie in Träumereien von Luxus, die eheliche Zuneigung in ehebrecherische Begierden.«[3] Die Lektüre regt eine Phantasie an, die sowohl privat/emotional als auch sozial/ökonomisch ist. Ihren Hintergrund bildet die Massentechnologie des Buchdrucks, die das Lesen institutionalisiert und Liebesromane erschwinglich gemacht hatte; im 19. Jahrhundert lasen die Frauen aus der Mittelschicht alle begierig Liebesgeschichten und konsumierten durch diese Lektüre ihre eigenen Wünsche und Sehnsüchte.

Die Phantasie beeinflusst und formt die Gegenwart gerade dadurch, dass sie die in ihr liegenden Möglichkeiten – wie sie sein könnte oder sollte – kognitiv immer deutlicher hervortreten lässt. Wie der Erzähler in *Madame Bovary* betont, hat diese romantische Einbildungskraft zwei Effekte: Sie macht die Liebe zu einer vorwegnehmenden Emotion – einem Gefühl also, das empfunden und geträumt wird, bevor es sich wirklich einstellt; diese vorwegnehmende Emotion wiederum prägt die Bewertung der Gegenwart, weil sie dazu führt, dass sich reale und fiktive Gefühle gegenseitig überlagern und ersetzen. So denkt Emma an Léon, ihren ersten Liebhaber:

»Beim Schreiben [von Liebesbriefen] jedoch sah sie einen anderen Mann, ein Phantom, entsprungen aus ihren brennendsten Erinnerungen, ihren schönsten Lektüren, ihren wildesten Begierden; und er wurde zuletzt so wahrhaftig und greifbar, dass sie verzückt erbebte, ohne sein Bild freilich glasklar zu erkennen, so sehr verlor er sich, einem Gotte gleich, im Überfluss seiner Attribute.«[4]

Emmas Phantasie macht Léon zu einer Figur, die zwischen Realität und Fiktion angesiedelt ist, und verwandelt die Realität ihrer eigenen Gefühle in einen Probedurchlauf imaginärer kultureller Stereotypen und Drehbücher.

Emma kann nicht zwischen ihrer Liebe und ihren Bildern der Liebe unterscheiden. Wie in einer Vorwegnahme postmoderner Klagen scheint ihre Liebe einzig in der Wiederholung leerer Zeichen zu bestehen, die ihrerseits von der seinerzeit entstehenden Kulturindustrie wiederholt werden. Im Gegensatz zu Hobbes' und Sartres Behauptung, dass die Imagination sehr viel weniger lebhaft ist als ihr realer Gegenstand, besitzt ihre Fantasie weit mehr Lebendigkeit und Wirklichkeit als ihr tägliches Leben. Tatsächlich ist es ihr Alltag, der eine blasse, kaum wahrnehmbare Kopie des imaginären Originals zu sein scheint, ein Prolegomenon zu Baudrillards Befürchtung, das Reale sei auf seine Simulationen reduziert worden. In der Moderne greift die Aktivität der Einbildungskraft auf das Verhältnis zum Realen über, entleert dieses und verwandelt es in ein fades Abbild der im Kopf ausgelebten Szenarien. Emmas Form des Lesens möchte ich als *typisierendes Lesen* bezeichnen: Sie erlernt Formeln oder Schablonen von Emotionen; sie lernt, wie die Dinge *sein sollten*, und sie verwendet diese Schablonen, um ihre innere und äußere Welt zu verstehen. Ironischerweise sind viele Romane in dem performativen Selbstwiderspruch gefangen, das Lesen als Gefahr für Geist und Seele darzustellen, und damit weit entfernt von dem deutschen Bildungsideal des 19. Jahrhunderts, dem zufolge die Literatur zur Charakterbildung beitragen kann.

Ein anderer Roman, der unmittelbar im Dialog mit

Madame Bovary steht, zeigt uns, dass das Lesen auch das Gegenteil bewirken, nämlich das Selbst in einer Weise formen kann, die sich nur mit dem Bildungsgedanken vergleichen lässt. Diese zweite Art der Lektüre nenne ich *Lesen als Bildung.*

Schon die trockenste Zusammenfassung von *Stoner* zeigt den genuin modernen Charakter des Romans: Er handelt von einem gescheiterten Leben. Dieses Leben, von dem John Williams erzählt, scheitert nicht wie bei Emma Bovary daran, dass es voller Kitsch ist, sondern deshalb, weil seine Hauptfigur eine Entscheidung treffen muss, die sie um das bringen wird, was wir als die wichtigste Dimension unseres Lebens empfinden, die Liebe. In unsentimentaler Prosa entfaltet der Roman die gewöhnliche Geschichte eines Mannes namens William Stoner. Er schildert seine gescheiterte Ehe, seine ohnmächtige Liebe zu seiner Tochter Grace, seine Entscheidung für eine Karriere als Universitätsdozent, die Engherzigkeit der akademischen Ränkespiele, seine außereheliche Affäre, die zur Liebe seines Lebens wird, und schließlich seine Entscheidung, in seiner miserablen Ehe zu bleiben und diese Liebe aufzugeben.

Stoner unterhält nicht nur einen engen Dialog mit dem Roman, der den Aufstieg der literarischen Moderne markiert, *Madame Bovary*, er ist geradezu sein Spiegelbild. Die Ähnlichkeiten zwischen beiden Romanen, die den

Namen der Hauptfigur im Titel tragen, sind unübersehbar und alles andere als zufällig. Emma Bovary und William Stoner treten ins Leben, indem sie Bücher entdecken, Emma als Heranwachsende, Stoner als Student an der Universität; beide heiraten scheinbar sozial passende Partner und führen eine unglückliche Ehe; beide haben eine einzige Tochter, die von ihrer Mutter vernachlässigt wird; beide lernen die große Liebe nur außerhalb ihrer Ehe kennen; beide erwägen, ihren Ehepartner zu verlassen; beide enden in einem Leben voller Kompromisse und Elend, Stoner durch seine eigene Entscheidung und Emma notgedrungen; beide werden letztlich durch eine bornierte provinzielle Umgebung gebrochen. Und nicht nur thematisch gleichen sich die beiden Romane, sondern auch in ihrem neutralen, scheinbar objektiven und ironischen Stil. Selbst Flauberts berühmte Zeitsprünge und zeitliche Ellipsen setzt Williams sehr wirkungsvoll ein (»Über zwanzig Jahre lang sollten die beiden Männer nicht mehr miteinander reden«[5]). Die Besonderheit dieses ausgesprochen Flaubert'schen Romans liegt allerdings in seinem deutlichen Unterschied zu Flaubert. Madame Bovary ist eine hohle Figur ohne ein Zentrum, das man in Ermangelung eines besseren Wortes als ihr eigenes bezeichnen könnte. Stoner hingegen ist eine Figur, die ich als weberianisch bezeichnen würde und deren Leben durch einen Beruf im Sinne einer Berufung bestimmt ist, die sie in Büchern und im Lesen von Büchern erkennt –

EVA ILLOUZ

von dort strahlt das Zentrum ihres Seins aus, von dort werden ihre Entscheidungen geprägt und wird die Handlung des Romans vorangetrieben.

Stoners Innenleben ist durch etwas strukturiert, was Charles Taylor »starke Bewertungen« nennt. Eigentlich soll Stoner Farmer werden wie sein Vater, doch findet er eine Berufung, die ihn von dem vorgesehenen sozialen Weg abbringt. Im Zuge seines Studiums eröffnet sich ihm ein Leben des Lernens, der Literatur und der Liebe zu Büchern. Während Don Quijote und Emma Bovary Bücher in typisierender und austauschbarer Weise als romantische Formeln lesen, erschließen sich Stoner Bücher durch ihre Einzigartigkeit: Sie werden von singulären Menschen geschrieben, handeln von höchst singulären Gestalten und helfen ihm, seine eigene Einzigartigkeit zu entdecken.

»Vor ihm gingen Tristan und Isolde *die schoene Minne*; Paolo und Francesca wirbelten durch die glühende Dämmerung; Helena und der strahlende Paris traten aus dem Zwielicht, die Mienen bitter angesichts der Folgen ihres Tuns. *Und er war auf eine Weise bei ihnen, wie er nie bei seinen Mitmenschen sein konnte*, die von Seminar zu Seminar eilten, ihre Heimstatt in einer großen Universität Columbias fanden und unbekümmert im tiefsten Missouri lebten.«[6]

Stoner findet seinen Weg zu den Büchern als Erwachsener, nicht als Heranwachsender; er liest sie an der Universität, nicht im Kloster wie Emma, er liest sie nicht, um Träumen nachzuhängen, sondern verbindet mit ihnen ein Lernprojekt; er liest, um einen Beruf zu erlangen, nicht, um sich eine eheliche Zukunft auszumalen. Selbst wenn die Figuren in beiden Fällen lernen, sich ihr künftiges Leben vorzustellen und zu antizipieren, sehen wir die zutiefst geschlechtsspezifische Natur des Lesens: Emma dienen Bücher dazu, ihr Gefühlsleben als ein passives vorwegzunehmen (sie wartet auf einen Mann, der sie aus ihrer Tristesse erlösen wird); Stoner dienen Bücher dazu, einen Beruf zu erlernen und in der Welt aktiv zu sein. Die jeweilige Herangehensweise an Bücher bringt eine völlig andere Einstellung zur Liebe mit sich. Emma liest Bücher formelhaft, also aus einem im Voraus bekannten Grund und Zweck, nämlich um die wiederholte Lust einer phantasmagorischen Liebe zu erleben, einer, bei der am Ende alles gut wird und der Mann die Frau rettet. Emma sehnt sich nach etwas, für das sie viele vorgefertigte Worte hat. Weil Stoner Bücher nicht so liest, verliebt er sich auch auf eine Weise, die der von Madame Bovary oder Don Quijote entgegengesetzt ist. Er hat kein vorgegebenes Bild von der Liebe. Im Unterschied zu Emma, deren Gefühle bereitstehen und die nur darauf wartet, eine Figur zu finden, die ihren Part in den inneren Schauspielen übernimmt, welche sie im Geist einstudiert hat, erkennt

EVA ILLOUZ

er seine romantischen Gefühle für eine Doktorandin zunächst nicht:

»Nur langsam wurde er sich seiner Gefühle für Katherine Driscoll bewusst. Immer öfter ertappte er sich dabei, dass er einen Vorwand suchte, nachmittags zu ihrer Wohnung zu gehen; ihm fiel der Titel eines Buches, eines Artikels ein, und er notierte ihn, achtete dann aber darauf, Katherine Driscoll auf den Fluren von Jesse Hall nicht über den Weg zu laufen, damit er am Nachmittag zu ihr gehen und ihr den Titel nennen, eine Tasse Kaffee trinken und mit ihr plaudern konnte.«[7]

Seine Gefühle für diese Frau beginnen als intellektuelle Bewunderung seiner Studentin, nicht als Erfüllung einer bestehenden Erwartung. Im Seminarraum hat er sie gar nicht bemerkt, weil er nicht auf die Liebe gewartet hat, so wie Emma das tut. Tatsächlich lernt er sie auf dieselbe Weise wahrzunehmen und zu lieben, wie er erwachsen geworden ist: durch Lektüre. Sie tritt ihm ins Bewusstsein, nachdem er eine literaturwissenschaftliche Arbeit von ihr gelesen hat, an der er die Einzigartigkeit und Stärke ihres Geistes entdeckt und bewundert. Seine Liebe geht mithin über vorgefertigte Erwartungen hinaus; er verliebt sich nicht in sie, wie die meisten Männer es tun würden, anhand eines vorgefertigten Bildes, wie eine attraktive Frau aussieht. Lange Zeit handelt er vielmehr, ohne seine

Gefühle beim Namen zu nennen. Liebe, sagt der Erzähler ausdrücklich, ist ein Prozess, durch den man einen anderen Menschen kennenlernt. Denn das Lesen nach Stoners Art ist der langsame, zögerliche Prozess, Namen für die eigenen Erfahrungen zu finden. Das Lesen hilft hier, das Gegenteil von Emma zu erreichen: Es benennt und bestimmt die Realität nicht im Voraus, sondern hilft, die Einzigartigkeit von Ereignissen und Menschen zu sehen, es hilft, ihre Namen langsam zu finden.

Sartres Autobiographie *Die Wörter* eröffnet noch eine dritte Perspektive auf das Lesen, die ich *Lesen als das Leben selbst* nennen möchte. Das Buch ist in zwei Teile untergliedert, »Lesen« und »Schreiben«. Lesen ist für Sartre, wie für Emma und Stoner, *der* entscheidende Akt seiner Existenz. Wie er es formuliert, wird er sein Leben auf dieselbe Weise beenden, wie er es begonnen hat: inmitten von Büchern. Als Kind begegnet Jean-Paul Büchern in der imposanten Bibliothek seines Großvaters. Er kann noch nicht lesen, verehrt die Bücher aber bereits als leblose, sich dem Blick darbietende Objekte, die er wie kostbare Gegenstände behandelt. Mit dem intuitiven Verständnis seiner sozialen Klasse spürt er, dass der »Wohlstand [seiner] Familie von ihnen abhing«[8] (eine Behauptung, der sich jede Soziologin anschließen würde). Dies saugt er aus dem Respekt und der Bewunderung auf, mit der sein Großvater Bücher behandelt;

EVA ILLOUZ

der Mann, der sonst so ungeschickt ist, zeigt sich im Umgang mit seinen Büchern vollkommen gewandt. Die Bücher seiner Großmutter sind anders: Sie stehen nicht in einer Bibliothek, sondern werden aus der örtlichen Leihbücherei ausgeliehen und liegen nachts neben dem Bett. Sie liest sie auch in ihrem Ohrensessel, mit einem »wollüstigen Lächeln« auf den Lippen.[9] Bald schon verlangt es den kleinen Jean-Paul nach eigenen Büchern, und wenn er ein Kinderbuch bekommt, beginnt er ein Ritual der Aneignung: Er riecht an dem Buch und betastet es. Als seine Mutter ihm Geschichten vorliest, staunt er darüber, dass gewöhnliche kleine Leute wie Holzfäller Größe annehmen können, nämlich jene, die noble Wörter und wohlgeformte Sätze ihnen verleihen. Sobald er im zarten Kindesalter zu lesen lernt, eröffnet sich ihm die Welt, die seines eigenen Bewusstseins. In einer erstaunlichen Formulierung vergleicht sich Sartre mit den Juden. Den Antisemiten zufolge hätten diese kein Verständnis für die Natur, und wenn dem so sei, dann sei er jüdischer als die Juden. Denn die Bücher waren seine Vögel, seine Nester, seine Haustiere, sein Stall und seine Landschaft, wie es weiter heißt. Jüdischen Kindern brachte man ab dem Alter von drei Jahren bei, die Buchstaben der Thora zu entziffern, und das moralische Ideal der Juden bestand darin, ein Schriftgelehrter, ein gelehrter Mann zu werden und nicht, sich durch körperliche Tapferkeit und Naturkenntnis auszuzeichnen. Wie die Juden begriff Sartre die

Realität der Welt durch Bücher und nicht durch Natur oder Erfahrung. Mehr noch: Das echte Leben, das Leben selbst würde sich nicht in den langen Diskussionen finden lassen, die seine Großeltern mit ihren Gästen führten, sondern in den Büchern, die ein Spiegel des Lebens waren, so gewaltig, so komplex und so reich wie dieses selbst. Bücher machten ihn zum Helden:

»Ich entdecke den Herzog, steige vom Pferd, gebe ihm durch eine stumme Lippenbewegung zu verstehen, daß ich ihn für einen Bastard halte. Er läßt seine Reiter auf mich los, meine wackeren Musketiere bilden einen Schutzwall aus Stahl; von Zeit zu Zeit durchbohre ich eine Brust. Gleich danach aber vollzog ich eine Umkehrung und wurde zum Lanzenreiter, dem man den Schädel gespalten hat, ich fiel zu Boden und starb auf dem Teppich. Dann zog ich mich vorsichtig aus der Leiche zurück, stand auf, um meine Rolle als fahrender Ritter weiterzuspielen. Ich belebte alle Gestalten: als Ritter ohrfeigte ich den Herzog; eine jähe Wendung: ich empfing als Herzog die Ohrfeige. Aber die Bösen verkörperte ich immer nur kurze Zeit und war stets ungeduldig, wieder zur Hauptrolle zurückzukehren, zu mir selbst. Ich war unbesiegbar und triumphierte über alle. Aber wie in meinen nächtlichen Erzählungen vertagte ich meinen Triumph, weil ich Angst hatte vor der Trübnis, die auf ihn folgen würde.

EVA ILLOUZ

Ich schütze eine junge Grafentochter vor dem leiblichen Bruder des Königs. Welch ein Gemetzel! Allein meine Mutter hat eine neue Seite begonnen, auf das Allegro folgt jetzt ein zartes Adagio; ich mache rasch Schluß mit der Schlächterei und wende mich meinem Schützling zu. Sie liebt mich, die Musik sagt es. Und ich liebe sie auch, vielleicht: ein liebendes und langsames Herz richtet sich in mir ein. Was macht man, wenn man liebt? Ich nahm ihren Arm, ich ging mit ihr über eine Wiese: das konnte nicht genügen. Die eilends herbeigerufenen Strolche und Reiter zogen mich aus der Klemme. Sie stürzten sich auf uns, hundert gegen einen; ich tötete neunzig, die zehn anderen entführten das Grafenkind.

Nun ist der Augenblick gekommen, wo ich meine düsteren Jahre erleben muß. Die Frau, die mich liebt, ist gefangen, alle Polizisten des Königreichs sind mir auf den Fersen, ich bin der Geächtete, der Gejagte, der Elende, mir bleibt mein Gewissen und mein Schwert. Niedergeschlagen ging ich im Zimmer hin und her und erfüllte mich mit Chopins passionierter Traurigkeit. Manchmal blätterte ich in meinem Leben und übersprang zwei oder drei Jahre, um mich zu vergewissern, daß alles gut ausgehen werde, daß ich meinen Titel zurückerhalten würde, meine Güter, meine fast unberührte Braut, und daß mich der König um Verzeihung bitten werde. Gleich darauf aber sprang ich wieder zurück, um mich zwei oder drei Jahre zurückzuversetzen, zurück ins Unglück. Dieser

Augenblick gefiel mir ganz besonders: die Fiktion verschmolz mit der Wahrheit. Als trostloser Vagabund, der auf der Suche nach Gerechtigkeit ist, glich ich wie ein Bruder dem unbeschäftigten Kind, das mit sich selbst zu tun hat, einen Lebensgrund sucht und sich als gelebte Musik im Arbeitszimmer seines Großvaters herumtreibt. Ohne die Rolle aufzugeben, nutzte ich die Ähnlichkeit aus, um ein Amalgam unserer Schicksale herzustellen. Des Endsieges gewiß, sah ich in meinen Unbilden den sichersten Weg zu ihm hin; durch meine Verächtlichkeit hindurch erblickte ich den künftigen Ruhm, dessen Voraussetzung sie zu bilden hatte.«[10]

Und doch, so schreibt er mit nicht wenig Selbstironie, konnte er sehen, dass in manchen Büchern Väter ihre Söhne, Brüder ihre Schwestern töten, eine Praxis, die er als Kind nicht für so weitverbreitet gehalten hätte, nur um zu begreifen, dass Bücher in Wirklichkeit natürlich nicht das wirkliche Leben widerspiegeln. Die Bücher werfen mithin für das Kind Jean-Paul endlose Fragen auf, denn ihre Figuren und Handlungen sind andere als die, die er für gewöhnlich miterlebt. Dass Soldaten ihre Schwestern töten können, versetzt ihn in Rage. Die Gefühle des Kindes sind real und stark, die Tatsachen aber verlangen nach einer Klärung. So enthalten die Romane viel Wissen, das er sich allein durch Lektüre nicht erschließen kann. Ohne die Welt fehlt ihm faktisch der Schlüssel, um zu verstehen,

EVA ILLOUZ

warum die Romanfiguren so handelten, wie sie handelten. Die Lektüre erlaubt es ihm, die »Dichtigkeit der Welt« zu entdecken und zu berühren: Sie war ein Akt der Klärung und der Verwirrung zugleich. Romane sind die Welt, aber ohne die Welt, die immer jenseits und außerhalb von ihnen liegt, bleibt etwas an ihnen unverständlich.

Warum also lesen?

Emma Bovarys Lektüre verhindert, dass sie eine Beziehung zur Welt entwickelt. Sie lernt die Namen von Gefühlen und versucht, diese Namen zu leben. Sie verwechselt die Literatur mit der Welt. Sie verwechselt Einzelheiten mit Allgemeingültigkeiten. Sie kann ihr eigenes Bewusstsein nur im Medium des Leidens und der Verlassenheit verstehen, die sie erlebt. Die Welt bleibt ihr für immer undurchsichtig. Stoner hingegen vermag in der Literatur die Eigentümlichkeit von Figuren und der Lebenslage, die jede von ihnen mit sich bringt, so deutlich wahrzunehmen, dass er die Bedeutung der Liebe erlernt, indem er sie nach und nach benennt – was der entgegengesetzte Prozess zu dem von Emma Bovary ist. Stoner opfert letztlich seine Liebe für ein Leben, das der Lektüre und dem Studium von Büchern gewidmet ist, und zeigt damit den tragischen Mangel an Übereinstimmung zwischen beidem, zeigt, dass das Lesen eine Berufung sein kann, die das Opfer des eigenen Lebens erfordert.

Es ist aber das Kind Jean-Paul, das darauf verweist, wie die Kluft zwischen der Welt und der Literatur zu einem Ursprung des Denkens und einer Verwirrung wird, die das Denken vorantreibt. Durch das Lesen wird die Welt gleichzeitig geheimnisvoll und klar.

Ich habe Bücher auf alle drei Weisen gelesen – typisierend, als Bildungsprojekt und als Möglichkeit, eine rätselhafte Welt zu begreifen. Lesen ist immer ein langes, ununter-brochenes Gespräch mit mir selbst gewesen: ein Gespräch, das manchmal durch Klischees unterbrochen wird, das sich manchmal in jenem langsamen Prozess entfaltet, in dem man lernt, seine Erfahrungen zu benennen, und manchmal in meinem Versuch, den Nebel um eine Welt zu lichten, die ich nicht ganz verstehe.

Aus dem Englischen von Michael Adrian

07

Annie Ernaux
Trennen, Verbinden

Vor Jahren besuchte ein Cousin, den ich seit der Jugend aus den Augen verloren hatte, meine Mutter im Krankenhaus in der Stadt, in der ich lebe, und nutzte die Gelegenheit, bei mir vorbeizukommen. Er blieb in der Wohnzimmertür stehen und starrte fassungslos auf die Bücherregale, die die gesamte hintere Wand bedecken. Hast du die alle gelesen?, fragte er ungläubig, beinahe ängstlich. Ja, antwortete ich, fast alle. Er nickte stumm, als handele es sich um eine außergewöhnliche Leistung, die mich viel Kraft gekostet haben musste, eine Leistung, die er vermutlich mit meinem Universitätsabschluss und den Büchern, die ich selbst zu schreiben begonnen hatte, in Verbindung brachte. Er selbst hatte mit vierzehn von der Schule abgehen müssen, um hier und dort zu arbeiten. In seiner Familie gab es keine Bücher. Ich erinnere mich nur an ein *Tarzan*-Heft, das bei seinen Eltern auf dem Tisch lag.

Und obwohl die Bücher mein Wohnzimmer mittlerweile komplett ausfüllen, hat mir nie je wieder jemand diese Frage gestellt. Für meine Besucher war die Antwort selbstverständlich. Sie lasen selbst viel, manche mehr, manche weniger, und gingen einfach davon aus, dass ich die meisten der Werke kannte, vor allem aber nahmen sie an, dass ich umgeben von Büchern in meinem Element war. Einige der Besucher – Journalistinnen, Kritiker, Studierende – waren vermutlich sogar der Meinung, als Schriftstellerin hätte ich noch viel mehr Bücher besitzen müssen.

Ich muss oft voller Unbehagen an die Szene mit meinem Cousin zurückdenken. Sie verbirgt eine andere, schmerzhafte Szene. Ich bin zwischen fünfzehn und achtzehn Jahren alt. Ich muss meinem Vater vorgeworfen haben, er interessiere sich »für nichts«, lese nur *Paris-Normandie*, das Lokalblatt. Er, der sonst immer mit Geduld und Güte auf meine Einzelkind-Allüren reagiert, antwortet hart: »Bücher, das ist was für dich. Ich brauche sie nicht, um zu leben.«

Diese Worte haben die Zeit überdauert, sie stecken tief in mir. Wie ein Schmerz oder eine unerträgliche Wirklichkeit. Ich wusste genau, was mein Vater damit sagen wollte. Die Lektüre von Alexandre Dumas, Flaubert und Camus hatte für ihn als Kneipenwirt keinen praktischen

ANNIE ERNAUX

Nutzen, sie half ihm nicht im Umgang mit den Gästen. Trotzdem ahnte er, dass Bücher in der Zukunft, die er für mich sah und sich für mich erhoffte, eine wichtige Rolle spielten, dass sie zu einem großen Ganzen gehörten – dem berüchtigten »Hintergrund« –, dass sie zusammen mit Theater, Oper und Wintersport die Merkmale einer sozial höherstehenden Welt waren. Ich begriff das alles und fand es inakzeptabel. Ich verweigerte mich dem Gedanken, dass die Welt der Bücher jenem Menschen, der mir neben meiner Mutter am nächsten stand, verschlossen bleiben sollte. Seine Worte bekräftigten eine Trennung, die ich nicht benennen konnte, die Trennung zwischen ihm, der mit zwölf auf einem Bauernhof gearbeitet hatte, und mir, die ich das Abitur anstrebte. Es war, als wandte er sich von mir ab. Er gab mir die Verletzung zurück, die ich ihm zuvor zugefügt hatte. Das Lesen stand zwischen uns, es war eine gegenseitige Verletzung.

Jetzt, da ich darüber nachdenke, warum ich lese, kommen mir beharrlich die Worte meines Vaters in den Sinn, eine unüberwindbare Aporie. Nein, Lesen ist nicht dasselbe wie leben, und doch lebe ich, seit ich denken kann, in Gesellschaft von Büchern. Ungläubig ermesse ich die Kluft zwischen der Bedeutung, die das Lesen für mich hat, und seiner völligen Bedeutungslosigkeit im Leben anderer. Ich kann mich nicht in einen Menschen hineinversetzen, der nicht liest, selbst dann nicht, wenn ich mir dunkle Zeiten meines Lebens in Erinnerung rufe, Zeiten der Trauer, Zeiten der Trennung – in denen alle Worte sinnlos sind – oder solche, in denen ich so sehr von Leidenschaft und Glück erfüllt war, dass Lesen uninteressant war, minderwertig im Vergleich zu der Aufregung des gegenwärtigen Moments.

Sobald ich lesen konnte, im Alter von sechs Jahren, zog mich alles Geschriebene an, das für mich einigermaßen verständlich war, vom Wörterbuch über die Bände der *Bibliothèque Verte*, jener Sammlung von Romanen für Jugendliche, die meine Mutter – die sehr gern las – mir regelmäßig schenkte. Damals waren Bücher teuer, und ich hatte nie genug davon. Um Zugang zu Hunderten von ihnen zu haben, wollte ich Buchhändlerin werden. Dass Lesen Spaß machte, war selbstverständlich, genauso wie Spielen Spaß machte, und im Übrigen wirkten sich die Bücher auf meine Spiele aus, denn ich stellte mir oft vor, ich sei eine Figur aus einem Buch. So war ich nacheinander Jane Eyre, Oliver Twist, David Coppperfield, das seltsame Mädchen namens »Barfüßele« aus einem deutschen Roman (dem Internet zufolge von Berthold Auerbach) und andere. Eine unbewusste Selbstzensur verhindert offenbar, dass ich mich erinnere, in welchem fortgeschrittenen Alter ich aufgehört habe, mir auf dem Schulweg vorzustellen, ich sei die Heldin des Buchs, das ich gerade las. Dafür weiß ich mit Sicherheit, was für eine wichtige Rolle die Anschaulichkeit von Büchern für meine erwachende Sexualität gespielt hat: Alles begann im Alter von zwölf Jahren mit *Den Teufel im Leib* von Radiguet, das ich mir heimlich besorgt hatte, angezogen von dem vielversprechenden Titel. Bücher lieferten den Schauplatz und die Akteure für die erotischen Phantasien meiner Jugend – und gaben somit der katholischen Mädchenschule, die ich besuchte, recht, denn dort galt Lesen als offene Tür zum Laster. (Noch heute vermögen mich Worte eher zu erregen als Bilder, und der Text von *Geschichte der O* wühlt mich mehr auf als der Film.)

Dass mich die Worte meines Vaters in meiner Jugend so sehr empören und innerlich zerreißen, liegt daran, dass das Lesen mir hilft, nach Alternativen zum herrschenden Diskurs zu suchen, dem des katholischen Pensionats, das mir eine höhere Schulbildung ermöglichte, und dem meines kleinbürgerlich-proletarischen Milieus mit seinen Glaubenssätzen und Dogmen, seinem Respekt für die bestehende Ordnung. Ich suche diffus nach einem Buch, das mich irritiert, mich auf neue Gedanken bringt – und die verbotenen Gedanken sind am begehrenswertesten: Titel wie *Der Immoralist* (Gide), *Der Mensch in der Revolte* (Camus), aber auch Titel, die eine Suche thematisieren, keine nach der verlorenen Zeit – so etwas gibt es mit fünfzehn nicht, Proust sollte erst später kommen –, sondern nach dem Sinn des Lebens, wie *Die Suche nach dem Absoluten* (Balzac), *Die Wege der Freiheit* (Sartre) oder *Die Schwierigkeit zu sein* (Cocteau). Ich suche und finde in zeitgenössischen Romanen Lebensformen, die mir einen Blick in die Zukunft gewähren. Bücher geben mir in dieser Phase meines Lebens einen *Vorschuss auf die Zukunft* (vielleicht spielen sie diese Rolle auch bis zuletzt, im Aufbegehren gegen den Tod), und die Frage, was es heißt, eine Frau zu sein und als Frau zu leben, bringt mich zu den Schriftstellerinnen Simone de Beauvoir und Virginia Woolf. Dies ist die Zeit der Zitate, heimlich übertragen in ein gut verstecktes Heft, als Wahrheit über mich selbst und für mich selbst, als Vademecum und als Gewissheit, dass man mit seinen Gefühlen nicht allein ist: das Glück, eine Empfindung mit anderen zu teilen, und sei es nur mit einem einzigen Menschen, und/oder einen Trost gefunden zu haben angesichts der Schwierigkeit zu leben. Mit Abstand verstehe ich das Abschreiben dieser Sätze als Bestätigung meiner Identität als Leserin und jedes hinzugefügte Zitat als Protest gegen die Worte meines Vaters. So wie folgendes Zitat – das ihn sicher entsetzt hätte –, in einem Notizbuch, das sämtliche Umzüge überlebt hat, ein Auszug aus *Verbrechen und Strafe*: »Leben, nur um zu existieren? Aber er war ja schon früher tausendmal bereit gewesen, seine Existenz für eine Idee, eine Hoffnung, sogar für eine Phantasie hinzugeben. Die bloße Existenz hatte ihm nie genügt: Er hatte immer mehr gewollt.« Wo und wie hätte ich zu diesem Zeitpunkt sonst Zugang zur Innenwelt eines Verbrechers gehabt?

ANNIE ERNAUX

Ohne es zu wissen, befand ich mich in diesem Moment meines Lebens im Zentrum des Widerspruchs, den Lesen bedeutet: Die Lektüre trennte mich von meiner Familie und ihrer Art zu sprechen, ja sogar von dem Ich, das bereits begonnen hatte, sich anders als seine Familie zu artikulieren. Aber sie verband mich auch mit Menschen und ihren Gedanken, über den Umweg der Figuren, mit denen ich mich identifizierte, sie verband mich mit anderen Welten jenseits meiner eigenen Erfahrung. Lesen trennt und verbindet. Zunächst ist es eine konkrete Trennung: Lesen ist eine Unterbrechung der mündlichen Kommunikation, es isoliert von der Umgebung. Eine gedankliche Trennung: Beim Lesen betritt man ein neues Universum, ganz gleich, ob es frei erfunden ist wie das von Harry Potter oder ob es auf einer gesellschaftlichen oder historischen Wirklichkeit beruht wie in *Ein Tag im Leben des Iwan Denissowitsch*. Beim Lesen ist man eine Zeitlang vom eigenen Ich getrennt, man lädt eine fiktive Person oder das »Ich« des Autors, der Autorin, in seinen Innenraum ein, man lässt sich von dem anderen Schicksal mitreißen, berühren. Beim Lesen lässt man zu, dass eine Stimme in unser Bewusstsein eindringt und unsere eigene Stimme ersetzt, *Lange Zeit bin ich früh schlafen gegangen …* Man nimmt auch hin, dass man gestört wird, erschüttert und letztlich verändert. Doch gleichzeitig bringt uns das Lesen anderen Menschen näher, gewährt uns Einblicke in den Kopf des Verbrechers Raskolnikow, in den des

Bildungsaufsteigers Martin Eden, in die Gedankenwelt von Mrs Dalloway, die durch London läuft. Durch das Lesen können wir uns in andere Menschen hineinversetzen. In das, was sie erlebt, erlitten haben. Schon als Kind erfuhr ich von den Konzentrationslagern der Nazis, aber erst die Bücher von Primo Levi, Robert Antelme und später Imre Kertész haben das Undenkbare für mich real werden lassen, greifbar, während *Kindheitsmuster* von Christa Wolf mir verständlich gemacht hat, wie der Nationalsozialismus in den dreißiger Jahren aufkommen konnte. Lesen schärft die Fähigkeit, die Welt zu verstehen, in ihrer Vielfalt und Komplexität. Auf Französisch bestehen die Wörter »*lire*« (lesen) und »*lier*« (verbinden) aus denselben Buchstaben.

Lesen führt einen zu sich selbst zurück. Lesen, um sich selbst zu lesen.

Mir ist bewusst, dass Bücher nicht mehr die Quelle des Wissens sind, die sie früher für mich und andere waren. Wie so viele, schlage ich Dinge nicht mehr im Lexikon oder Wörterbuch nach, sondern im Internet, ich schaue mir im Fernsehen Sendungen zu Konflikten und gesellschaftlichen Themen an und im Kino Spiel- und Dokumentarfilme. Und genauso wie Bücher bescheren sie mir Erkenntnisse und Flucht aus dem Alltag, Freude und Intensität. Warum kommt mir das Buch dann trotzdem unersetzlich vor? Zunächst einmal, weil sein Gebrauch denkbar einfach ist und weil ein Buch plastisch ist: Man kann vor- und zurückblättern, man kann am Anfang anfangen oder an irgendeiner anderen Stelle, man kann schnell oder langsam lesen, eine Pause einlegen und aufblicken, um über einen Satz nachzudenken, man kann es wochenlang liegen lassen und es dann wieder zur Hand nehmen. Die Lektüre eines Buchs hat keine festgelegte Dauer. Lesen ist die freieste kulturelle Tätigkeit, die es gibt. Die Beziehung zu einem Buch ist etwas sehr Intimes, und häufig ist die Lektüre dem Raum und der Zeit eingeschrieben, an einen bestimmten Ort und einen bestimmten Augenblick geknüpft, eine Stadt, ein Hotelzimmer, ein Zug, der nach Italien fährt. Lesen ist eine Erfahrung, die auf unsichtbare Weise das ganze Sein ergreift: Die Vorstellungskraft nimmt alle Sinne in Anspruch. Und am Ende bleibt immer etwas Undefinierbares, die Stimme eines Buchs – die bei der Verfilmung fehlt –, eine Stimme, deren Klang, Tonfall, Sanftheit oder Gewalt einem im Gedächtnis bleibt.

Eine der erschütterndsten Szenen, die ich je im Kino gesehen habe, ist die Schlussszene von *Fahrenheit 451*, einem Film von Truffaut: Alle Bücher sind verboten und werden verbrannt, und ein paar Männer und Frauen, die sich in den Wald geflüchtet haben, gehen auf und ab und lernen jeweils ein Buch auswendig.

Vor einigen Jahren habe ich in mein Tagebuch geschrieben: *Jetzt habe ich eine Ahnung, was Verzweiflung ist, nämlich der Glaube, es gäbe kein Buch, das mir hel-*

fen könnte zu verstehen, was ich durchmache. Und der
Glaube, ich könnte kein solches Buch schreiben.

Als ich klein war, begleitete mich mein Vater eines
Tages nach der Messe in die Stadtbibliothek, die im Rat-
haus untergebracht war und nur sonntagmorgens geöffnet
hatte. Wir betraten die Bücherei zum ersten Mal. Einen
feierlichen, menschenleeren Raum mit gebohnertem Par-
kett und einem Pult, dahinter ein Mann, der uns nach
den Titeln der Bücher fragte, die wir ausleihen wollten.
Wir hatten keine Ahnung. Der Mann suchte für mich
Columba von Mérimée aus und für meinen Vater *Der
Tugendpreis* von Maupassant. Das ist das einzige Buch,
das ich ihn je habe lesen sehen, am Küchentisch.

Mit zwanzig begann ich zu schreiben. Ich schickte
das Manuskript an einen Verleger, der es ablehnte. Meine Mutter war enttäuscht, mein Vater nicht, er war fast
erleichtert. Er starb fünf Jahre bevor mein erstes Buch
veröffentlicht wurde. Ich frage mich, ob der wahre Zweck
oder Antrieb meines Schreibens nicht ist, von denen
gelesen zu werden, die sonst nicht lesen.

Aus dem Französischen von Sonja Finck

ANNIE ERNAUX

08

Rachel Cusk
Annie Ernaux lesen

Bei einem Abendessen in Berlin vor etwa einem Jahr erzählten mir meine deutschen Verleger, beides nette Männer, von der französischen Schriftstellerin Annie Ernaux. Ich hatte ihre Bücher nie gelesen, ich hatte noch nicht einmal von ihr gehört, doch in den Tagen vor diesem Gespräch war mir ihr Name zweimal begegnet. Diese dritte Erwähnung hatte also etwas Verdächtiges. Die beiden waren überrascht, dass ich Ernaux nicht gelesen hatte, und auch entzückt, weil ich nun endlich Gelegenheit haben würde, es nachzuholen. Niemand, sagten sie, habe weibliche Erfahrung so freimütig und intim geschildert wie Annie Ernaux.

Ich kehrte nach England zurück und stellte fest, dass während meiner Abwesenheit ein Fahnenexemplar der Übersetzung von Annie Ernaux' *Die Jahre* bei mir zu

Hause eingetroffen war. In einem beigefügten Schreiben fragte mich ihr britischer Verleger, ob ich mit Ernaux' Werk vertraut sei und ein Zitat für den Buchumschlag beisteuern könne. Ich setzte mich hin und las *Die Jahre*, und noch bevor ich zum Ende gekommen war, bat mich eine amerikanische Zeitschrift per E-Mail, einen längeren Artikel über Annie Ernaux' literarisches Gesamtwerk zu schreiben, angefangen mit ihren frühen Werken *Die gefrorene Frau* und *Der Platz* bis hin zu dem Buch, das im darauffolgenden Jahr in den USA erscheinen sollte und das ich nun als Fahnenexemplar in den Händen hielt.

Als ich mich wieder Ernaux' Bericht zuwandte und ihren Gefühlen des Gefangenseins – durch ihre Weiblichkeit, ihr biologisches Schicksal und die Gesellschaft, in der sie ihr Dasein geführt hatte –, fühlte ich mich zunehmend selbst wie eine Gefangene. In *Die Jahre* durchläuft sie die Stationen ihres Lebens, wie man eine Landschaft durchlaufen würde, und sie ist die Protokollantin, die Hüterin von Wahrnehmung und Zeit. Auf den letzten Seiten beschreibt sie den Moment, als sie die Arbeit an dem Buch aufnimmt, das ich gerade beende. Mit ihrer Wahl der ersten Person Plural als vorherrschender Erzählperspektive – ein packendes *wir* ersetzt das gängige *ich* – bringt sie ihre Überzeugung zum Ausdruck, dass individuelle Identität immer auch ein kollektiver Zustand ist. Diese Überzeugung veranlasst sie, Erinnerung als objektiven Bestandteil der Geschichte zu begreifen statt als persönlichen Verlustzustand. Mit anderen Worten möchte sie ihren privaten Erinnerungen nicht den Status einer Autobiographie verleihen, sondern den von Geschichtsschreibung, denn wie jeder Mensch, der je gelebt hat, ist auch sie ein Produkt ihrer Gegenwart.

Ich in meiner Gegenwart, der Zeit, als ich *Die Jahre* las, war davon überzeugt, dass sowohl das Schreiben als auch die Lektüre dessen, was andere geschrieben haben, vergeblich ist. Mein Leben lang hatte ich gelesen, doch plötzlich überwältigte mich bei dem Gedanken, menschliche Verhaltensweisen zu beschreiben oder zu erfinden oder fremde Beschreibungen und Erfindungen zu lesen, ein Gefühl von Sinnlosigkeit. Alles, was ich je gelesen hatte, die vielen Seiten und das, was darin enthalten war, lag wie unter einer Staubschicht; irgendwann in der letzten Zeit war es ohne Vorwarnung einer unerreichbaren Vergangenheit anheimgefallen. Bücher, die ich geliebt und in denen ich gelebt hatte, wurden schlagartig zu zahlosen Museumsexponaten, und die Welt, von der sie erzählten, war tot. Das *wir* bei Annie Ernaux interessierte mich, weil es dem Dünkel der Literatur den Todesstoß zu versetzen schien, es schaltete die Saalbeleuchtung ein und wirkte ungemein ernüchternd. Mit dieser Methode war ich irgendwie einverstanden, denn es stimmte: Wir hatten uns und andere mit Geschichten gefüttert, bis uns der Appetit auf die Wirklichkeit vergangen war. Vielleicht war die

Literatur nichts weiter als ein langer Feldzug gewesen, uns am Erwachsenwerden zu hindern.

Jedes Mal, wenn mir ein neuer Roman geschickt wurde oder mir jemand erzählte, woran er gerade schrieb, befiel mich die Langeweile. Wie könnte das Romanschreiben eine hilfreiche Reaktion auf die Probleme sein, mit denen wir derzeit als Spezies konfrontiert sind? Worin unterscheidet es sich von den vielen anderen Dingen, die Menschen »erschaffen« – Autos, Kraftwerke und Waren, die man kaufen und konsumieren kann –, von allem, was Platz beansprucht und Ressourcen verbraucht zu dem alleinigen Zweck, die Bedürfnisse des *Ich* zu befriedigen und es im Gefühl seiner Bedeutsamkeit zu stützen? Und doch hatte auch ich mein kleines Fleckchen Erde auf genau diese Weise genutzt. Hinzu kam die Frage des Politischen, des menschlichen Leidens, des Hasses und der Ungerechtigkeit, die immer irgendwo Konjunktur haben. Fast noch schlimmer war es, wenn das *ich* zum *sie* überlief und das bourgeoise Unterfangen namens Literatur vorgab, in fernen Zeiten und an unwirtlichen Orten zu spielen, wenn es sich unvorstellbares Leid vorstellte und die Welt außerhalb seiner selbst beanspruchte, eine Welt, in der das Lesen und Bücherschreiben von nebensächlicher Bedeutung ist. Auch für dieses Problem lieferte Annie Ernaux' *wir* offenbar eine Lösung. *Wir* erleben das Leid der anderen im Kollektiv; *wir* sind nicht zu verwechseln mit dem leidenden *ich*. Der größte denkbare

Unterschied ist der zwischen einem leidenden *ich* und einem *ich,* das nicht leidet. Die nicht leidenden *ichs* als *wir* zu bezeichnen, ist korrekt. Trotzdem scheinen die meisten Leser und Autoren an der literarischen Plünderung eines Traumas, wie das leidende *ich* es erlebt hat, Gefallen zu finden. Falls mein Eindruck stimmt und Annie Ernaux nicht immer die Anerkennung und den Beifall bekam, die sie verdient hat, ist dies wahrscheinlich der Grund dafür.

In *Die Jahre* spricht Annie Ernaux auch über ihre Kinder, die, wie sie betont, nichts Besonderes sind, einfach nur zwei gewöhnliche, gesetzestreue junge Männer ohne nennenswerte Talente, die auf ganz gewöhnliche Weise in den Kreislauf der kapitalistischen Gesellschaft involviert sind. Sie besitzen Handys und Laptops, gehen dieser oder jener Arbeit nach, um Geld zu verdienen, verfolgen die Narrative von Sport und Politik und definieren sich vage über ihren »Familiensinn«, der mit einem Bewusstsein für Nationalität und soziale Schicht einhergeht. Sie schenkt ihnen nicht viel Beachtung, außer dass sie beobachtet, in ihrer Gegenwart in ein gewissermaßen schablonenhaftes Verhalten zu verfallen. Meine beiden Töchter, inzwischen junge Frauen, habe ich immer als ganz und gar außergewöhnlich betrachtet; in meinen Augen sind sie Versionen meiner selbst, die in die Freiheit zu entlassen mir gelungen ist. Sie von Mächten befreit zu haben, die mich in meinem Leben unterdrückten, wertete ich als meinen größten Erfolg. Vor Kurzem sind sie von zu Hause ausgezogen, um ihr Studium zu beginnen. Als ich sie in die Welt hinausgehen sah, fühlte ich mich ausgeweidet. Ich glaube, ich hätte jeden in meine Obhut gegebenen Menschen behandelt, wie ich sie behandelt habe, doch zufälligerweise waren sie die beiden, die mir anvertraut wurden. Wieder und wieder habe ich sie davor gewarnt, an die kollektive Illusion des Lebens zu glauben; ich habe ihnen ihre Individualität, ihr wahres Selbst vor Augen geführt, bis es für sie zu einer Wirklichkeit wurde. Anders als Annie Ernaux habe ich einen großen Teil meiner Lebensenergie für die Betreuung meiner Kinder aufgewendet. Trotzdem muss auch ich feststellen, dass ich in ihrer Gegenwart in ein gewissermaßen schablonenhaftes Verhalten verfalle.

In letzter Zeit habe ich mir Gedanken über mein Leben gemacht, darüber, wie wenig davon mit meinen wahren Wünschen übereinstimmte. Überrascht erkenne ich, dass es wie das Leben von Annie Ernaux mehr oder weniger den Grundzügen des konventionellen Narrativs gefolgt ist. Wenn ich mich frage, was passiert wäre, hätte ich mich von einer dieser Konventionen oder allen abgewendet, ergibt sich ein Blick auf mein wahres Leben, das ich hätte leben sollen. Ich wurde zu nichts gezwungen; ich habe jede Entwicklung bewusst mitgemacht. Wie mir klar wird, war das Schreiben der Schemen meines wahren Lebens. Es hat sich als unergründliche Ahnung einer größeren, ungekannten Freiheit über mich geworfen, in deren Windschatten ich ein zweites, unwirkliches Leben führen konnte. Und das bot mir eine Zuflucht im selben dunklen Paradies, im Leben des Geistes. Ich glaube, dies ist das eigentliche Thema von *Die Jahre*; nicht Weiblichkeit oder Freimütigkeit oder die Familienpolitik unserer Zeit, sondern die Einsicht, dass das erbärmliche Selbst, dem wir so viel Glauben geschenkt haben, lediglich ein Mechanismus war, uns auf unendlich kleinteilige Arten zu knechten. Jenes Bewusstsein, das uns ein Trost war, das wir entwickelt, genährt und gehegt haben, bis es in unserem Kopf zu einer eigenen Welt wurde, ist in Wahrheit nur die Widerspiegelung all dessen, was wir unbewusst getan haben oder uns antun ließen. Für jedes unsanfte Erwachen im Leben hat das Bewusstsein uns eine ebenso komplizierte wie schöne Erklärung mitgeliefert. Möglicherweise ist Literatur einfach das Produkt einer gewissen Überempfindlichkeit.

Inzwischen bin ich auch mit dem übrigen Werk von Annie Ernaux vertraut, und ich habe entdeckt, dass sie immer wieder dieselbe Geschichte erzählt, oder Aspekte davon. Und in der Tat ist die Geschichte von uns selbst die einzige Geschichte, die zu erzählen wir berechtigt sind. Annie Ernaux war das einzige Kind eines älteren Arbeiterehepaares aus der Provinz. Die an Elend grenzende Armut, in der sie aufwuchs, unterschied sie ebenso von ihren Altersgenossinnen wie ihre Intelligenz, und die Unterschiede waren der Ursprung von Demütigungen und Leid. Um sich von ihren Eltern zu befreien, musste sie sich von ihnen abgrenzen und zur Mittelschicht aufschließen. Die von dieser Abgrenzung ausgelösten Schuldgefühle suchen sie immer wieder heim und überschatten alle Erfolge, die ihr die Befreiung eingebracht hat. Ihre Bücher sind eine Auflehnung gegen die Verhältnisse in ihrer Kindheit, die sie jedoch nie überwinden konnte und denen sie sich am Ende unterwerfen muss. Mit anderen Worten ist ihr Werk das Gegenteil dessen, was es zu sein scheint: Schreiben nicht als Mittel der Befreiung, sondern als Buchführungsmethode, die den objektiven Tatsachen sklavisch ergeben ist. Am Ende von *Die Jahre* erwähnt Ernaux ihren dreißig Jahre jüngeren Liebhaber. Wenn sie in seiner ungeheizten Einzimmerwohnung auf einer Matratze auf dem Boden miteinander schlafen, stellt sie nicht ihre Jugend nach, sondern erlebt sie wie einen Ort. Der junge Mann langweilt sie oft, er hat keinen Geschmack und sieht zu viel fern, aber an seiner Seite kann sie durch die Zeit reisen. Die Schublade mit der Spitzenunterwäsche zu öffnen und zu wissen, dass sie sie nie wieder tragen wird, käme, wie sie sagt, dem Tod gleich. Ich frage mich, ob Männer wie meine netten deutschen Verleger Ernaux wegen Eingeständnissen dieser Art für die literarische Doyenne intimer weiblicher Erfahrung halten.

Die Illusion von Individualität dient dem einzigen Zweck, unendliche Zyklen des Begehrens zu erzeugen, die uns von einem Ende des Lebens zum anderen bringen.

RACHEL CUSK

Im Rückblick wird Annie Ernaux klar, dass sie die größte aller Illusionen – ihren Glauben an die Zukunft – wie eine Laterne in der Dunkelheit vor sich hergetragen hat, eine Dunkelheit, in die sie ihre Träume und Wünsche hineinprojizieren konnte und die alle Möglichkeiten des Erzählens und der Geschehnisse in sich barg; dieser Glaube hat sie zeitweilig aufgehoben, wie auch die Leserin aufgehoben ist, solange ihre Finger die noch nicht gelesenen Buchseiten fest umklammern. Aber nun neigt es sich dem Ende zu; die Laterne ist ausgegangen und die Zukunft nicht mehr von Interesse: Ernaux hat eine Enkelin und einen Knoten in der Brust, obwohl sie auch erwähnt, dass sich ein anderer junger Mann gefunden hat, um mit ihr die Zeit zu vertrödeln. In Wahrheit hat sie anscheinend über den bedauernswerten Hang der Menschen geschrieben, an die Realität zu glauben.

Ich bekomme eine weitere E-Mail von Annie Ernaux' britischem Verleger. Er schreibt, neulich habe er ein Interview mit mir gelesen, und auf dem Foto habe er auf meinem chaotischen Schreibtisch ausgerechnet jenes Buch von Annie Ernaux entdeckt, das er demnächst veröffentlichen wird, zusammen mit *Die Jahre.* Ob ich ihm ein Zitat für den Umschlag geben würde?

Ich frage mich, ob Annie Ernaux meine Langeweile ausgelöst oder nur gerechtfertigt hat. In der Tat frage ich mich, ob sie sich in all den Jahren mit ihrer mütterlichen Unbekümmertheit und den jungen Liebhabern prächtig amüsiert und ihren Leserinnen nebenbei schwerverdauliche Portionen von Nihilismus ausgeteilt hat. Ich komme zu dem Schluss, dass *Die Jahre* ein sehr gutes Buch ist. Aber es macht zu leben schwerer.

Meine netten deutschen Verleger planen eine Anthologie über das Lesen und bitten mich um einen Essay zum Thema. Ich habe schon lange nichts mehr geschrieben, und manchmal frage ich mich, ob ich jemals wieder schreiben werde. Stattdessen könnte ich versuchen, frei zu sein: Ich könnte meine Zeit damit verbringen, Spaß zu haben, auch wenn die Probleme, mit denen unsere Spezies derzeit konfrontiert ist, einen dunklen Schatten auf das Prinzip des persönlichen Vergnügens werfen.

Aber ich kann ihnen wenigstens etwas über Annie Ernaux schreiben.

Aus dem Englischen von Eva Bonné

RACHEL CUSK

09 Jürgen Habermas
Warum nicht lesen?

Wir sind von Haus aus eine geschwätzig plappernde Spezies – kommunikativ vergesellschaftete Subjekte, die ihr
Leben nur in Netzwerken erhalten, die von Sprachgeräu-
schen vibrieren. Das Bewusstsein der einzelnen Person
bildet sich erst im Medium eines sprachlich artikulierten
Geistes aus, den niemand für sich allein in Besitz nehmen
kann; dieser besteht nämlich aus symbolisch verkör-
perten und daher intersubjektiv geteilten Vorstellungen
und Praktiken. Gleichzeitig zehrt das Leben dieses objektiven Geistes seinerseits von den kommunikativen
Geräuschen, die die Subjekte erzeugen, wenn sie mehr
oder minder intelligent verarbeiten, was sie erfahren
und einander zu *sagen* haben. In den Anfängen war das
nur face to face möglich. Abgesehen von stummen Zeichen hat sich an dieser Nahdistanz einer Verständigung

unter Anwesenden, die Sprecher und Hörer – bis auf Rufweite – voneinander einnehmen konnten, seit dem ersten Auftritt von homo sapiens mehrere hunderttausend Jahre nichts geändert. Bis dann, zugleich mit der Entstehung der archaischen Hochkulturen an der Wende vom vierten bis zum dritten Jahrtausend, die Schrift erfunden worden ist. Erst seitdem die Verwaltungsbeamten und Chronisten der Herrscher in jenen ersten staatlich organisierten Gesellschaften *schreiben* lernten, konnten größere räumliche und zeitliche Distanzen überbrückt werden. Jetzt kann erst von *Lesen* die Rede sein – wenn auch zunächst noch nicht vom Lesen *literarischer* Schriften. Denn die Schrift spielte jenseits der administrativen, ökonomischen und historiographisch-genealogischen Verwendungszusammenhänge erst eine Rolle, als der von Generation zu Generation mündlich überlieferte Stoff der mythischen Erzählungen und Lebenserfahrungen schließlich von namentlich genannten Autoren zu Heldenepen und Weisheitslehren verarbeitet wurde. Erst damit haben schriftliche Zeugnisse die Gestalt von »Literatur« angenommen, während sich die mündliche Überlieferung religiöser Lehren und Gesänge zunächst noch auf ihre eingewöhnten rituellen Formen stützen konnte.

Die Religion hat sich länger mit diesem kultischen Medium der Verfestigung oraler Überlieferungen begnügen können – bis auch sie im Zuge der achsenzeitlichen

JÜRGEN HABERMAS

Revolutionen der Hochkulturen die Gestalt von *Buch-religionen* angenommen hat.

In den alten Kulturen des Vorderen Orients sind zuerst Heldenepen und Abenteuergeschichten verschriftlicht und kanonisiert worden. Die Kanonisierung von vorbildlichen Texten, also das *wortgetreue Festhalten* eines Narrativs gegen den Sog der geschichtlichen Kontingenzen, macht sich eine zentrale Funktion der Schrift zunutze – die Fixierung des Buchstabens über den Zeitenabstand von Generationen und Jahrhunderten hinweg. Im Medium der Schrift können Werke, die auch den Nachgeborenen noch »etwas zu sagen« haben, für die jeweiligen Zeitgenossen ihre Aktualität bewahren. Denn wie die Kunst im Allgemeinen hat die Literatur vom ursprünglich religiösen Erfahrungspotential das Versprechen abgespalten, *auf profane Weise außeralltägliche Erfahrungen zu artikulieren.* Dieser Aspekt des Heraushebens der gleichsam kristallisierten Worte individuell bekannter Autoren aus dem Strom der unauffällig-alltäglichen Traditionsaneignung und -fortsetzung spiegelt sich heute in unserem Begriff des »Klassischen«, den wir für profane Texte verwenden und mit den Namen ihrer wirkungsgeschichtlich herausragenden Autoren verbinden.

Wenn wir nach einer ersten Abgrenzung für jene »Literatur« suchen, die ein moderner Verlag mit der Frage »Warum lesen?« im Blick hat, bietet es sich an, zur Literatur in diesem Sinne alle die Texte zu rechnen, die den Anspruch ausdrücken, »über den Tag hinaus« das anhaltende Interesse von Lesern *zu verdienen.* Mit anderen Worten: literarische Texte zeichnen sich durch das Versprechen eines Potentials außeralltäglicher Erfahrungen von traditionsbildender Kraft aus; sie können die Sensibilitäten einer Gesellschaft im Ganzen affizieren und prägen (d. h. auf indirekten Wegen infiltrieren, obwohl sie über die literarische Öffentlichkeit nur eine Minderheit der potentiellen Leser erreichen). Und da dieser *Anspruch auf Verstetigung* für eine jeweils *bestimmte Gestalt* eines Textes erhoben wird – und nicht nur für deren *Aussagegehalt* –, ist die Literatur wesentlich auf die Funktion der Schrift, sprachliche Bedeutungen überhaupt zu verstetigen, angewiesen. Die Schrift ist nicht etwa ein der Literatur äußeres Transportmittel, sie zehrt vielmehr von der Zeit überwindenden Artikulationskraft des schriftlich fixierten sprachlichen Zeichens.

Der Anspruch eines literarischen Textes auf das über den Tag hinaus *verstetigte* Interesse eines allgemeinen Publikums von Lesern ist mit der Verstetigungsfunktion der Schrift *intrinsisch* verwoben; insofern verwundert es nicht, dass das Schicksal der Literatur sich mit dem Schicksal des Schriftmediums berührt. Ich vermute, dass der kritisch-beschwörende Ton, der heute in der Frage »Warum lesen?« mitschwingt, implizit mit Veränderungen im Gefolge der jüngsten Medienrevolution zusammenhängt. Tatsächlich hat ja die Einführung der Schrift

JÜRGEN HABERMAS

über lange Zeit nur die winzige Schicht der Clerks, d. h. der Gehilfen der Herrscher, von der großen illiteraten Masse der Bevölkerung auch sozial abgehoben. Gleichzeitig haben sich im Laufe der Geschichte der Schriftkulturen die sprachlich zunächst fragmentierten und gegeneinander abgeschlossenen Kommunikationsräume immer weiter füreinander geöffnet. Dieser Prozess hat sich seit dem Beginn der Moderne sprunghaft infolge jener beiden Medienrevolutionen beschleunigt, die auf den ersten evolutionären Schub zur Verschriftlichung des gesprochenen Wortes gefolgt sind. Mit der Einführung der mechanischen Druckpresse haben sich die alphabetischen Zeichen vom handschriftlichen Pergament, mit der elektronischen Digitalisierung die binär codierten Zeichen vom beschriebenen Papier abgelöst. Im Zuge dieser beiden sozialevolutionär folgenreichen Innovationen haben sich die Kommunikationsflüsse unserer redseligen Spezies auf unerhörte Weise räumlich über den ganzen Erdball und retrospektiv auch über alle Epochen der Weltgeschichte ausgebreitet und vernetzt. Mit dieser globalen Entgrenzung in Raum und Zeit haben sie sich zugleich *beschleunigt* und *verdichtet*, nach Funktionen und Inhalten *ausdifferenziert* und *vervielfältigt* und über schichtenspezifische Grenzen hinweg *verallgemeinert*.

Die Gutenberg-Presse hatte *alle*, die im Laufe der kommenden Jahrhunderte schreiben lernen würden, *zu potentiellen Lesern* gemacht. Und die privatisierten Bedingungen der Produktion, der marktwirtschaftlichen Verbreitung und des Konsums von Druckerzeugnissen haben dazu beigetragen, die Bevölkerung insgesamt nach und nach in ein Publikum von Lesern zu verwandeln. Aber erst die digitale Revolution hat in gewisser Weise alle auch *zu potentiellen Autoren* gemacht. Dieser einstweilen letzte Schritt zur Inklusion hat zwar umwälzende Folgen für die Struktur der Öffentlichkeit. Aber die Abschwächung der Filterfunktion, die mit der Veränderung der Infrastruktur einer von Buch und Presse bestimmten Öffentlichkeit einhergeht, hat, wie ich zeigen möchte, für die literarische Öffentlichkeit weniger einschneidende Folgen als für die politische (1). Die Erklärung dieser Differenz wirft ein Licht auf die eigentümliche Autorität, die das gelungene literarische Werk aus sich selber schöpft (2).

(1) Der befreiende Effekt des entgrenzten Zugangs zum gedruckten Wort der Bibel war nur das erste und spektakulärste Beispiel für die kulturrevolutionären Folgen der Druckpresse. Denn von dieser haben nicht nur die theologischen Sermone und Kampfschriften der religiösen Reformer, sondern auch die Pamphlete der streitbaren Humanisten und die gelehrte Publizistik der wissenschaftlichen Akademien gezehrt. Erst nach der breitenwirksamen Umstellung von Kunst und Literatur auf den Marktverkehr entsteht sodann, zusammen mit den privaten Kunst- und Bürgervereinen, Clubs und

Lesegesellschaften, das neue Ensemble von öffentlich zugänglichen Museen und Salons, Opernhäusern, Konzertsälen, Theatern und Kaffeehäusern. Seit dem 18. Jahrhundert werden die Korrespondenzen, Wochenblätter, Magazine und Tageszeitungen, die Nachrichtendienste, Redaktionen und Verlage die neue Infrastruktur für die bürgerliche Öffentlichkeit eines zunächst relativ kleinen Publikums von kunstinteressierten und lesekundigen, alsbald auch politische Mitsprache einfordernden Privatleuten bilden. Und schließlich entstehen im Zuge von allgemeiner Schulbildung und fortschreitender Demokratisierung jene über Massenmedien gesteuerten Kommunikationskreisläufe, die in den uns bekannten nationalen Öffentlichkeiten die Konkurrenz mehr oder weniger diskursiv erzeugter öffentlicher Meinungen ermöglichen. Es sind also die gleichen Strukturen der Öffentlichkeit, in denen sich anfänglich sowohl das Kulturräsonnement und der Kulturkonsum des lesenden Publikums als auch die politische Willensbildung eines schrittweise auf die ganze erwachsene Bevölkerung ausgedehnten Wählerpublikums vollzogen haben. Dieser gemeinsame Entstehungszusammenhang spiegelt sich heute noch in der Ressorteinteilung unserer Tages- und Wochenzeitungen, d. h. im Nebeneinander von Politik- und Wirtschaftsteil einerseits, dem Feuilleton andererseits.

Mit diesem stark stilisierten, seit dem Ende des 18. Jahrhunderts für das Selbstverständnis westlicher

Gesellschaften bestimmenden Bild von einer inklusiven »bürgerlichen« Öffentlichkeit verbindet sich der moralische und der politische Gedanke eines egalitären Universalismus – denn jene Öffentlichkeit öffnet sich im Prinzip für die Teilnahme aller Personen, die lesen gelernt haben, an Kunst und Literatur wie auch für die Beteiligung aller Bürger an der fortschreitend demokratisierten Meinungs- und Willensbildung. Dabei trennt sich die in die Zivilgesellschaft eingebettete, auf die institutionalisierte Willensbildung staatlicher Institutionen bezogene Öffentlichkeit sowohl in soziologischer wie in rechtlicher und politischer Hinsicht von der privaten Sphäre des wirtschaftlichen wie des gesellschaftlichen und familiären Verkehrs. Dementsprechend gelten für das Verfassen von Druckerzeugnissen, die sich an eine anonyme Öffentlichkeit von Lesern richten, andere Standards als für den privaten – noch für lange Zeit handschriftlichen – Briefverkehr. Briefe, die solchen Standards und einem öffentlichen Interesse genügen, bleiben die Ausnahme. Die Infrastruktur der Öffentlichkeit reguliert die Zulieferung und die Auslieferung der von ihren Agenturen ausgewählten und bearbeiteten Beiträgen. Redaktionen, Verlage und Lektorate haben eine Filterfunktion; sie prüfen und wählen Autoren und Beiträge aus, produzieren eigene Beiträge und entscheiden nach kognitiv überprüfbaren Geltungsansprüchen über die Veröffentlichung. Je nach Thema oder Text legen sie ihrer kritischen Bewertung die entsprechenden kognitiven, politischen, ethischen oder ästhetischen Maßstäbe zugrunde. Dabei sollen für die Selektion nach Möglichkeit sachliche Gesichtspunkte, nicht subjektive Präferenzen zum Zuge kommen.

In unserem Zusammenhang interessiert mich das *Gefälle zwischen aktiver und passiver Teilnahme* am öffentlichen Diskurs, das mit dieser Selbstregulation der Öffentlichkeit entsteht. Gewiss muss man schreiben lernen, um lesen zu können. Aber die öffentliche Kommunikation, die sich auf dem Boden einer um Bücher und Zeitungen kristallisierten Lesekultur entfaltet und sich unterschiedslos für alle Leser öffnet, ja von deren Lesebereitschaft zehrt, lädt dieselben Leser nicht alle gleichzeitig als Autoren zur Teilnahme ein – ohne bei der Auswahl Qualifikationen vorzunehmen. Der Inklusion der Leser entspricht also keineswegs eine *unqualifizierte* Einbeziehung dieser Leser in ihrer potentiellen Rolle als Autoren. Dieses strukturelle Gefälle hat allerdings im Hinblick auf die Rezeption von Kunst und Literatur eine andere Bedeutung als hinsichtlich der demokratischen Meinungs- und Willensbildung. Interessanterweise bietet nämlich die Digitalisierung der öffentlichen Kommunikation nur im Falle der politischen Öffentlichkeit einen Anreiz zur Nivellierung jenes Gefälles. Das Netz eröffnet virtuelle Räume, deren sich die Leser *unvermittelt* als Autoren auf eine neue Weise bemächtigen können. Mit den sozialen

Medien entstehen frei zugängliche öffentliche Räume, die alle Nutzer zur spontanen und ungeprüften Intervention einladen – übrigens auch die Politiker zur unvermittelt personalisierten Einflussnahme auf eine plebiszitäre Öffentlichkeit verlocken. Die Infrastruktur dieser abgerüsteten »Öffentlichkeit« ist technischer und ökonomischer Art, ohne professionell konstituierte *inhaltliche* Filter. Die gewissermaßen von den Zulassungsbedingungen der regulierten Öffentlichkeit entlasteten, aus ihrer Sicht von »Zensur« befreiten Autoren können sich in diesen medial frei zugänglichen Räumen, die nach den bisherigen Maßstäben weder öffentlich noch privat sind, sondern am ehesten als eine zur Öffentlichkeit aufgeblähte Sphäre einer bis dahin dem brieflichen Privatverkehr vorbehaltenen Kommunikation beschrieben werden könnten, an ein anonymes Publikum wenden und um dessen Aufmerksamkeit und Zustimmung werben.

Die derart zu Autoren ermächtigten Leser müssen mit ihren Botschaften Aufmerksamkeit erst provozieren, denn die unstrukturierte Öffentlichkeit wird erst durch die Kommentare der Leser und die *likes* der *followers* hergestellt. Dass die digitalen Konzerne ihre Nutzer zu dieser Selbstermächtigung einladen, weil sie von ihren Kunden verwertbare Daten abschöpfen wollen, steht auf einem anderen Blatt. Die Vermarktung des Internets berührt nicht den unbestreitbar emanzipatorischen Schub, den dieses eben auch bedeutet. Ganz abgesehen von den

funktionalen Vorzügen der flexiblen Bewegungsspiel-
räume, die die arbeitsteilig differenzierte Nutzung des
neuen Mediums in wirtschaftlichen, politischen, wissenschaftlichen und sonstigen Funktionssystemen ohnehin
eröffnet, machen die sozialen Medien mit der Beseitigung
der selektiven Infrastruktur der »bürgerlichen« Öffentlichkeit alle Leser zu potentiellen Autoren. Allerdings hat
dieses emanzipatorische Potential zweischneidige Folgen
für die politische Öffentlichkeit: In autoritären Regimen
kann es die Organisationskraft des politischen Widerstan-
des stärken; andererseits kann die zentrifugale Tendenz
der neuen Medien die Einheit und sozialintegrative Kraft
einer von den Leitmedien zusammengehaltenen demokratischen Öffentlichkeit untergraben, sodass sich die
Meinungsbildung in den zersplitterten und gleichzeitig
von selektiven Standards entlasteten Kommunikations-
blasen gegen die rationalisierende Kraft einer diskursiven
Vielfalt der Beiträge immunisiert.

Ein demokratisches System nimmt im Ganzen Schaden, wenn die Infrastruktur der Öffentlichkeit nicht mehr
die Aufmerksamkeit aller Bürger gleichmäßig auf die
relevanten und entscheidungsbedürftigen Themen lenken
und wenn sie die Ausbildung konkurrierender öffentlicher, und das heißt: *qualitativ gefilterter* Meinungen
nicht mehr auf einem angemessenen Niveau gewähr-
leisten kann. Denn nur im Lichte eines polarisierenden,
aber halbwegs diskursiven Meinungsbildungsprozesses

können die Bürger mehr oder weniger rational motivierte Wahlentscheidungen treffen. Interessanterweise ist die literarische Öffentlichkeit von diesem Strukturwandel nicht, jedenfalls nicht in der gleichen Weise betroffen. Gewiss, die Nivellierung und fortschreitende Fragmentierung öffentlicher Diskurse mögen auch Reichweite und Einfluss der Literaturkritik verändern. Aber berührt das auch die Rolle der literarischen Werke selbst? Die digitale Revolution mag die künstlerischen Techniken vor allem der bildenden Kunst sowie die Präsentation der Werke – beispielsweise im Theater – noch so tiefgreifend verändern, das Verhältnis des literarischen Werks und seiner Autorin zum Leser wird davon allenfalls peripher, hinsichtlich des Lesens am digitalen Gerät, nicht aber im Kern berührt. Joseph Beuys hat in jedem einzelnen Betrachter seiner Werke das Herz eines kreativen Künstlers vermutet. Diese generöse, auch nicht *ganz* falsche Zuschreibung ändert nichts an dem eigentümlichen Gefälle zwischen dem literarischen Werk und dessen Rezipienten, für das es in der politischen Öffentlichkeit kein Äquivalent gibt. Der Zweck der literarischen Öffentlichkeit erfüllt sich in der ästhetischen Erfahrung und dem evaluativen Urteil, das die Leser sich über die – gegebenenfalls ihrerseits schon literaturkritisch bewerteten – Werke selber bilden. Dabei zehren die Autoren selbst von der eigentümlichen Autorität ihrer Werke. Diese bewährt sich in dem beharrlichen Eigensinn, mit dem sich der Anspruch eines literarischen

Werkes auf ein öffentliches Interesse über den Tag hinaus auch gegen die Indifferenz oder Ablehnung der Zeitgenossen über den Abstand von Generationen hinweg zur Geltung bringen kann – denken wir an das Beispiel der Wiederentdeckung von Hölderlins vergessenem Werk nach mehr als einem halben Jahrhundert.

Solange sich die literarischen Werke in das unauffällig bestehende strukturelle Gefälle zwischen Autoren und Lesern einfügen konnten, musste diese Besonderheit einer ihnen inhärenten *Kraft der Selbstprivilegierung* nicht weiter auffallen. Erst seitdem das in der klassischen Öffentlichkeit noch als selbstverständlich anerkannte Gefälle insbesondere von den sozialen Medien zurückgedrängt wird, tritt das Element in Erscheinung, das dem soziologisch vergleichenden Blick auf die literarische und die politische Öffentlichkeit leicht entgeht, nämlich eine *intrinsische* Autorität von Werken der Kunst und Literatur. Zwar lässt sich der Anspruch, ein Potential von außeralltäglichen Erfahrungen zu speichern, das von sensiblen Betrachtern, Zuhörern oder eben Lesern entbunden werden kann, auch als ein kritisierbarer Geltungsanspruch begreifen – ähnlich dem Anspruch politischer Programme, umstrittene Probleme zu lösen. Tatsächlich besteht ja die Aufgabe der Literatur- und Kunstkritik darin, einen solchen Anspruch mit Gründen abzuwägen, zurückzuweisen oder zu explizieren und *vor Augen zu führen*. Aber anders als die Rationalität von

Beiträgen zur politischen Diskussion verdankt sich das Erfahrungspotential der Werke selbst nicht der rational motivierenden Kraft solcher explizierenden Gründe; die Gründe der Literaturkritiker *erläutern* vielmehr eine *ästhetische Erfahrung*, die *vom Text selbst* hervorgerufen und inspiriert wird. Weil diese Erfahrung einen extraordinären, den Fluss des Alltagslebens unterbrechenden Charakter hat, wird die *Kreativität* des Künstlers, dem die evokative Kraft eines solchen Werkes zugeschrieben wird, von einer professionellen *Kompetenz*, die grundsätzlich von jedem mit einer entsprechenden Ausbildung erworben werden kann, unterschieden. Das, was an der Kreativität des Künstlers über die als notwendig vorausgesetzte Professionalität des Kritikers hinausschießt, verleiht seiner Person in der öffentlichen Wahrnehmung Unverwechselbarkeit und Reputation. So kann das strukturelle Gefälle zwischen literarischen Autoren und deren Lesern nicht so leicht nivelliert werden wie in der politischen Öffentlichkeit der Abstand zwischen der professionellen Publizistik und solchen Lesern, die sich von deren Standards abwenden und sich in den Grauzonen der digitalen Öffentlichkeit um den Preis der arbeitsteiligen Prüfung kognitiver Geltungsansprüche selber zu Autoren ermächtigen.[1]

(2) Ich erkläre die Differenz, die in dieser Hinsicht zwischen literarischer und politischer Öffentlichkeit besteht, mit der unangetasteten Autorität von zeitgenös-

JÜRGEN HABERMAS

sisch anerkannten Schriftstellern, deren Werke, gegebenenfalls durch den Filter der Literaturkritik hindurch, die Aufmerksamkeit eines breiteren Publikums auf sich ziehen. Die digitale Umstellung der Buchlektüre auf den Bildschirm, die einstweilen auch quantitativ wohl nicht wirklich ins Gewicht fällt, verändert die literarische Öffentlichkeit nicht in ihrem klassischen Format. Aus dieser vergleichenden Perspektive könnte sich daher auf die Frage »Warum lesen?« eine Art volkspädagogische Antwort aufdrängen: Literaturkonsum empfiehlt sich schon aus Gründen der politischen Erziehung, weil Leser, die an den Umgang mit Literatur gewöhnt sind, in ihrer Rolle als Staatsbürger gar nicht erst auf den Gedanken kommen, die demokratietheoretisch einleuchtend begründete *funktionale* Arbeitsteilung zwischen professionell geschulten Autoren und deren politisch interessierten Lesern als Bevormundung misszuverstehen. Aber eine instrumentelle Rechtfertigung für das Lesen literarischer Texte trifft natürlich nicht den Kern der Frage. Ein Bedürfnis »zu lesen« oder gar ein entsprechender Appell lässt sich nur mit Attraktivität und Nutzen der Literatur selbst begründen. Das verlangt freilich eine Erklärung, worauf sich denn der Anspruch eines literarischen Werks stützen kann, das Interesse eines allgemeinen Publikums über den Tag hinaus zu »verdienen«. Bisher habe ich diesen Anspruch nur vage mit einem »Potential an außeralltäglichen Erfahrungen«

begründet, mit dem die überzeugenden literarischen Werke ihren Lesern begegnen.

Das auffälligste Merkmal, dem die »Literatur« nicht zufällig im Englischen ihren Namen verdankt, ist ihr fiktiver Charakter. In dem Ausdruck *fiction* mag sich auch noch etwas von ihrem Ursprung aus mythischen Narrativen spiegeln; aber im modernen Sprachgebrauch meint er etwas anderes als den Phantasiereichtum kollektiv überlieferter und identitätsbildender Erzählungen; allerdings ebenso wenig die freie Erfindung oder Vortäuschung, die in der Bedeutung von Adjektiven wie *fictitious* oder *fingiert* mitschwingt. Im »Erdichteten« steckt natürlich auch ein Stück jener Einbildungskraft, die schon kleine Kinder inspiriert, wenn sie die Holzstücke aus ihrem Baukasten als Autos über den blanken Fußboden flitzen lassen. Aber diese phantasierende Nachahmung von realen Beobachtungen erklärt nicht die disziplinierte Arbeit eines konstruktiven Umgangs mit sprachlichen Mitteln, aus der erst Gedichte oder Romane, Erzählungen oder Dramen hervorgehen. Dem Kind, das ein mit Sirenengeheul dahinbrausendes Feuerwehrauto laut brummend simuliert, kann eigentlich nichts misslingen – anders als dem Schriftsteller die literarische Gestaltung. Dieser kann an seiner Aufgabe scheitern, eine außerordentliche Erfahrung, die sich unseren gewohnten Begriffen und Worten entzieht, *in die Sprache einzuholen* – sei es der leichte Schwindel beim entzückten Anblick des glutroten Balls der Abendsonne, die am Horizont im Meer versinkt; sei es der Sog in die Leere eines versperrten, ausweglos gewordenen, jeder Plastizität beraubten Lebens, gegen den sich ein Verzweifelter nicht wehren kann. Das in holistischer Unmittelbarkeit gegebene Gewisse solcher Erlebnisse setzt der Versprachlichung, d. h. der zugleich distanzierenden und explizierenden Umformung in ein Gewusstes, einen schwer zu überwindenden Widerstand entgegen. Die poetische Arbeit besteht in Akten der Versprachlichung – in der Anstrengung, ein im aktuellen Vollzug unausgesprochen präsentes und relevantes Erleben als Erinnertes über die Schwelle der sprachlichen Artikulation zu heben.

Die Schwelle zwischen sinnlicher Erfahrung und sprachlicher Wiedergabe ist hoch. Wie hoch sie ist, kann jeder an trivialen Beispielen, etwa an dem Versuch testen, die Verfärbung und Verformung des dunkelbraunen Kaffeemehls beim Eingießen des heißen Wassers in den Filter zu beschreiben. »Außeralltäglich« ist nicht der Gegenstand, sondern die gelingende Darstellung eines Ungegenständlichen, das Vor-sich-Bringen eines ungegenständlich, aber unbezweifelbar Gegenwärtigen. An dem Versuch, beispielsweise die verblassten Violettschattierungen einer fleckig gewordenen Kunststoffunterlage für die »Maus« vor meinem Bildschirm in Worte zu fassen, wird jeder scheitern, der nicht über die Beobachtungsfähigkeit und die phänomenologisch zwingende Ausdruckskraft eines

Peter Handke verfügt. Nicht das Thema, sondern der Akt der Versprachlichung einer solchen Erfahrung bestimmt den außeralltäglichen Charakter einer gelungenen Darstellung. Die schönsten Gedichte unterbrechen das Gewohnte, um aus dem längst Vertrauten ein Detail, z. B. das Flirren eines von der mittäglichen Sonne getränkten Luftzugs, hervorzuheben. Die Unterbrechung selbst ist das Außeralltägliche. Das Detail, der flirrende Luftzug, ist jedem bekannt, aber der Akt der sprachlichen Artikulation bringt den flüchtigen Augenblick erst zum Stehen – und dadurch zu Bewusstsein.

Dieser Akt des Bewusstmachens, der etwas über die Schwelle der sprachlichen Darstellung hebt und das immer schon Bekannte in ein Erkanntes transformiert, erinnert an die Rekonstruktionsarbeit des Philosophen. Auch er löst ein intuitives Wissen, *wie* man etwas wahrnimmt, begreift und ausspricht oder behandelt, aus dem performativen Modus eines im lebensweltlichen Hintergrund präreflexiv mitlaufend Gekonnten heraus und transformiert dieses Können in ein Wissen *von etwas*. Diese Art der Explikation einer vorprädikativ beherrschten Kompetenz – wie etwa des schlussfolgernden Denkens – bildet seit Platos Durchbruch zur begrifflichen Analyse des Begriffs das Proprium dieser wissenschaftlichen Denkungsart. Aber während die philosophische Arbeit auf die rationale Rekonstruktion eines schlechthin Allgemeinen – wie der Wahrnehmungs-, der Sprach- oder

der Handlungsfähigkeit überhaupt – gerichtet ist, zielt die Literatur auf das Bewusstmachen einer *besonderen* Erfahrung, die ihre spezifischen, ja unverwechselbaren Züge der Einbettung in einen dichten lebensweltlichen Kontext verdankt. Die Literatur ist nicht darauf aus, das intuitiv Gewusste und immer schon Bekannte in ihren propositionalen Gehalten auszudrücken und damit unsere *Erkenntnis zu erweitern*; sie bringt vielmehr den Inhalt einer vorprädikativen, aber datierbaren Erfahrung zur Darstellung, und zwar ohne Abstriche an der Konkretion, die diese Erfahrung dem Strahlenkranz ihrer performativen Verflechtung mit jeweils besonderen Stimmungsresonanzen, Gefühlsregungen, Impulsen und Einstellungen verdankt. Nicht um die Erweiterung der Erkenntnis geht es hier, sondern um die Vergegenwärtigung einer gegenständliche Konturen annehmenden und dadurch reproduzierbaren Erfahrung. Gegenüber der analysierenden Vernunft *zerlegt* die poetische Kraft der literarischen Darstellung ihren Gegenstand nicht unter allgemeinen Aspekten, sondern *bewahrt* diesem den *holistischen Charakter* seiner lebensweltlichen Einbettung. Das Proprium der Literatur ist das, was sich dem philosophischen Zugriff entzieht: Indem die Literatur vorprädikative Erfahrungen aus der Perspektive eines Teilnehmers über die Schwelle der Sprache hebt und zu Bewusstsein bringt, bleibt die Aktualität der jeweils besonderen und individuierten Lebensvollzüge intakt.

Aber was unterscheidet die Literatur dann von der Geschichtsschreibung, die ebenfalls individuelle Ereignisse beschreibt? Literarisches Talent kann durchaus auch dem Historiker zugutekommen. Aber der Geschichtsschreiber *setzt* den einzigartigen Charakter eines verstehend angeeigneten Geschehens, das er aus der Perspektive eines unbeteiligten Beobachters in allgemeinen Begriffen beschreibt, nur *voraus*, während die literarische Autorin das beschriebene Geschehen durch die *Art ihrer Darstellung als einzigartig qualifiziert.* Der Historiker ordnet das thematisierte Geschehen durch den bloß kennzeichnenden Gebrauch von Eigennamen und Zeitangaben in das Koordinatensystem eines vorverstandenen größeren historischen Zusammenhangs ein. Demgegenüber schöpft ein Roman, der das gesellschaftliche Milieu und die Stimmung einer bestimmten Zeit und eines besonderen Ortes einfängt, die individualisierende Charakterisierung aus einer ganz anderen Dimension. Der literarische Autor versprachlicht die lebensweltlichen Ressourcen, die den Beteiligten selbst intuitiv im Rücken bleiben, und erschließt dem Leser *am* dargestellten Geschehen den unverwechselbaren Horizont gelebten Lebens, in das die Individuen im dargestellten Geschehen als Beteiligte performativ verstrickt sind. Der Leser von Richard Yates' *Zeiten des Aufruhrs* erfährt über die Paare von Berufspendlern und Hausfrauen der 1950er Jahre in der Umgebung von New York, *wie es sich für sie anfühlte,*

JÜRGEN HABERMAS

dort mit ihren Kindern im Milieu der soeben aus dem Boden gestampften suburbs zu leben. Auf ähnliche Weise lernt der Leser von Richard Russsos *Ein Mann der Tat* über die Bewohner eines am oberen Lauf des Hudson im Rust Belt der 1980er Jahre gelegenen Städtchens, wie sie ihre abgründigen, vom wirtschaftlichen Abstieg eines schon halb verlassenen Industriestandorts gezeichneten und in den Gesprächen einer gottverlassenen Kneipe zusammenlaufenden *Lebensschicksale gespürt und durchlebt* haben. Aber erst dank der versprachlichenden Kraft des Autors können sie aus der Distanz des Lesers *als solche* erfahren und reflexiv nachvollzogen werden.

Die Literatur entfaltet ihre Kraft zur Konkretisierung des Besonderen und historisch Einmaligen aufgrund einer Vertiefung der Perspektive der Beteiligten selbst. Sie gräbt gewissermaßen die hinter ihrem Rücken verborgenen kulturellen und biographischen Selbstverständlichkeiten aus, um sie zu thematisieren und als solche darzustellen. Allerdings lassen wir mit diesem individualisierenden Aspekt der Versprachlichung einen anderen, und zwar gegenläufigen Aspekt außer Acht. Die Literatur stellt nämlich im Individuellen zugleich das Allgemein-Menschliche und im Unverwechselbaren das Typische dar. Und zwar umso deutlicher, je tiefer sie sich auf jene Selbsterfahrungen des Individuums einlässt, die sich in den Praktiken ihrer Lebenswelt bloß reflektieren.

Die Hervorhebung des einen oder des anderen Aspekts mag sich nicht gleichmäßig auf alle Literaturgattungen verteilen, aber oft drücken sich im lyrischen Ausdruck des Subjektivsten schlechthin allgemeine Erfahrungen aus. Das anthropologisch Allgemeine kann sich ebenso in den Schicksalen der großen Dramen wie in kleinen, eher hingeworfenen Erzählungen spiegeln. So die Erfahrung des Sterbens, welche Max Frisch in seinem ungewöhnlichen, Marianne Oellers – lange nach der Trennung – gewidmeten Text *Der Mensch erscheint im Holozän* am intensiven Ringen eines isolierten alten Mannes um die versagende Beherrschung seiner nächsten Umgebung, seines Körpers und seiner Erinnerung darstellt.

Der Tod begegnet einem Basler Geschäftsmann, der sich wieder einmal in seinem schon etwas verwahrlosten Ferienhaus aufhält. »Herr Geiser ist Witwer« und seine verstorbene Ehefrau »Elsbeth würde«, wenn sie sein nach Orientierung suchendes Herumtasten sähe, »den Kopf schütteln«. Während eines tagelangen Unwetters sieht er sich in dem zeitweise von der zivilisierten Welt abgeschnittenen Tessiner Bergdorf mit dem Versagen seiner organischen und geistigen Kräfte konfrontiert. Ihm geht ein Kaleidoskop von Vorstellungen und Erinnerungen durch den Kopf: der zusammengebrochene Busverkehr ins Tal – »ein Tal ohne Baedekerstern«; das erstorbene Leben im Dorf – »Heute kein Hund, der bellt«; der unterbrochene Kontakt mit den Nachbarn und die abgerissene

telefonische Verbindung mit der Tochter. Auch die Aus-
stattung des verwohnten Hauses, das wackelnde Licht, die
Badewanne mit dem Feuersalamander, die Geländer ohne
Handlauf – »das ist keine Wohnstube mehr« – bringen
Herrn Geiser zu Bewusstsein, dass die Polster der gesellschaftlichen Umgebung, die normalerweise den Umgang
mit den rohen Kräften der Natur abfedern, durchgescheu-
ert sind. Er steht unvermittelt der Natur gegenüber, ist
den Naturgewalten ungeschützt ausgeliefert – der Klavia-
tur der immer wieder anders intonierten Donnerschläge,
der Skala der Blitze, der Orgel des Sturms und der vom
Sturm gepeitschten Wassermassen, den Steinschlägen des
von den Berghängen herabstürzenden Gerölls. So also
muss sich der Mensch, denkt Herr Geiser, bei seinem
ersten Erscheinen gefühlt haben – ohne schützende Hülle
der überwältigenden Natur ausgesetzt.

Als Max Frisch 1979 vom ›Holozän‹ spricht, ist dieses
noch nicht vom ›Anthropozän‹ überholt worden, es ist
noch nicht von dem neuen Begriff für das Erdzeitalter
einer vom Menschen beherrschten, ausgebeuteten und
entstellten Natur relativiert und in die Vergangenheits-
form versetzt worden. Und doch trägt der Impuls, den
Frisch (der selbst in den letzten Monaten seiner tödlichen
Erkrankung stets eine tödliche Kapsel bei sich trug) dem
grandios scheiternden Versuch des verwirrten Herrn
Geiser einschreibt, schon die Züge des erst im Zeichen
des Klimawandels selbstkritisch geprägten Begriffs des

Anthropozän: Er will noch sein Sterben »bewältigen« und die Verfügung über sich und die Natur behalten.

Der Bewältigungsversuch richtet sich ebenso nach innen wie nach außen. Der Leser verfolgt Schritt für Schritt den Versuch des alten Mannes, seines schwindenden Gedächtnisses – »man verblödet« – Herr zu bleiben, indem er die Wände mit ausgerissenen Lexikonartikeln über längst bekannte Sachverhalte der Naturgeschichte übersät, auch und gerade über geologische Zeitalter und Formationen, die hinter das Auftreten des Menschen zurückreichen. Und nach außen begegnet Herr Geiser dem einschüchternden Drama der Naturereignisse vor seiner Tür mit dem – vielleicht nur in der Phantasie durchgespielten? – Entschluss des trainierten Wanderers, dem Unwetter eine Wanderung auf dem bekannten Weg hinab ins Tal abzutrotzen: »Ein Weg ist ein Weg auch in der Nacht.« Aber nachdem sich das Wetter beruhigt hat und die Sonne wieder scheint, werden Leute aus dem Dorf vergeblich an die geschlossenen Fensterläden von Herrn Geisers Haus klopfen. Schließlich findet die Tochter den Vater – ist der Wanderer tatsächlich vom Morgengrauen bis in die Nacht im Kreis gelaufen und erschöpft zurückgekehrt? – in der Wohnung auf dem Boden liegend, neben ihm der Hut – »die Brille ist nicht kaputt«. Dann heißt es: »Als sie den Tee bringt, hat Corinne feuchte Augen, was sie nicht zu wissen scheint, sie lächelt dazu wie eine Krankenschwester und redet zu ihrem Vater wie zu ei-

JÜRGEN HABERMAS

nem Kind.« Die Realität verschwimmt: ob sie vielleicht doch gekommen ist oder auf diese friedliche Weise dem sterbenden Vater am Ende nur erscheint, ändert nichts an der lakonischen Darstellung. Wie wir auch das Leben am Ende eines Lebens noch selber vollziehen möchten, ist in gleichmäßiger Nüchternheit dargestellt. In der Sachlichkeit der Worte weist nichts darauf hin, dass der Autor das Allgemeine dieses unverwechselbar individuellen Schicksals mit der Bestimmung einer säkularen *Einübung* ins Sterben hätte befrachten wollen.

Für seine eigene Beerdigung hat Max Frisch allerdings noch selber Regie geführt – einschließlich der ausgesuchten Speisekarte für das anschließende, wie immer auch etwas erleichterte Zusammensein (mit den Kutteln, von denen Günter Grass meinte, »Max« habe diese für ihn ausgesucht). Zuvor hatte die eindrucksvoll ambivalente Begräbnisfeier nach den minutiösen Anweisungen eines noch selbst verfassten Skripts in der reformierten Peterskirche in der Zürcher Altstadt, aber ohne Gottesdienst, ihren Lauf genommen.

Warum also lesen? Um wenigstens manchmal einige Zipfel jener vorsprachlich präsenten Erfahrungen, aus denen wir intuitiv leben und mit denen wir dahinleben, als solche zu ergreifen und uns anschaulich vor Augen zu führen. Ob sie nun schön sind oder schrecklich.

10

Nicolas Mahler

Warum Comics lesen?

Seit einigen Jahren erscheinen Comicbücher auch bei anerkannten Literaturverlagen. Sehr beliebt sind gezeichnete Versionen angeblich „schwieriger" Romanvorlagen. Auch ich nasche an diesem Trend mit.

Was folgern wir daraus? Ist das einst verhasste Medium COMIC nun als eigenständige literarische Gattung anerkannt?

Sind Comics nun ernsthafte Lektüre und kein verdammenswerter Schund mehr?

Wir erinnern uns: Noch 1962 wurden vom ÖSTERREICHISCHEN BUCHKLUB DER JUGEND Comichefte, die Kinder in die Bücherei brachten, gegen „ordentliche Lektüre" getauscht.

Nobelpreis für Comicliteratur

Sehr brav! Deine Comichefte verbrennen wir, und du bekommst dafür einen wertvollen ROMAN!

Willst du beim Verbrennen zuschauen?

Sind Comics also mittler-
weile rehabilitiert und drauf
und dran, die hehren Literatur-
klassiker durch simplifizierte
Kurzfassungen zu ersetzen?

2042

Gib mir den Proust-
Schuber deiner Eltern,
und wir tauschen ihn
dir gegen eine knackige
Comicfassung!

Fast zeitgleich mit meiner
gezeichneten Version
von Prousts „Recherche"
erschien eine noch weiter
entschlackte Version, statt
gekürztem Text und Comic-
zeichnungen fand sich darin:
NICHTS.

Auf der Suche nach der verlorenen Zeit

Es war ein Notizbuch.

Eine kurze Recherche bei
AMAZON brachte eine
interessante Erkenntnis.

Auf der Suche nach der
verlorenen Zeit
(7 Bände in Kassette)
von Marcel Proust
☆ ☆ ☆ ☆ ☆

Auf der Suche nach der
verlorenen Zeit: Nach
Marcel Proust. Graphic Novel
von Nicolas Mahler
☆ ☆ ☆ ☆

Notizbuch: Auf der Suche
nach der verlorenen Zeit
☆ ☆ ☆ ☆ ☆

Während das leere Notizbuch
ausnahmslos positive Kritiken
erhielt („Toller Titel für ein
Notizbuch, die Seiten sind
leer. Gute Qualität. 5 Sterne")
waren die Meinungen zum
Proust-Original vielfältiger.

☆ ☆ ☆ Die Suche nach der verlorenen
          Zeit kostet den Leser viel Zeit
Format: Kindle-Ausgabe
Das Werk ist insoweit heute mühsam zu lesen,
weil der Autor über zahllose Seiten über
Menschen spricht, die für den heutigen
Menschen völlig belanglos sind.

Ich habe mir die Teilversion des Werkes
für 99 Cent auf meinen Kindle geladen.
Viel Geld würde ich für das Werk nicht
ausgeben. Dafür ist es doch zu langatmig
und zeitaufwändig zu lesen.

NICOLAS MAHLER

Erleben gezeichnete Versionen literarischer Klassiker und leere Notizbücher also allein deshalb einen Aufschwung, weil sie eine eklatante Zeitersparnis versprechen?

Da die Urheber der Notizbuchfassungen nur schwer greifbar sind, werden mittlerweile Comiczeichner von Lehrern als vertrauenswürdige Literaturvermittler* angesehen.

Hast du eigentlich je Proust gelesen?

Ja. Aber nur die Notizbuchversion.

Herr Mahler, würden Sie vor 2 Schulklassen über Ihren MANN OHNE EIGENSCHAFTEN sprechen?

Die mahnenden Worte des BUCHKLUBS DER JUGEND (1958) scheinen vergessen.

„Es gibt Bücher, die den Leser nicht nach aufwärts führen, sondern hinabziehen. Meist sind es Hefte, die schon durch ihre geschmacklose äußere Form – besonders durch ihre grellbunten Bilder – den seichten oder schlechten Inhalt verraten."

Haben Lehrer also den Wert bildsprachlichen Ausdrucks erkannt? Oder ist die allgemeine Verzweiflung so groß, dass das Motto gilt:

Hauptsache, es wird ÜBERHAUPT irgendwas gelesen!

* Es läuft was falsch im Bildungssystem!

Ich nehme die Rolle des VERZWEIFLUNGS-Literaturvermittlers gerne an, auch wenn manche Veranstaltungen niederschmetternd sind.

Müssen wir uns Ihren Vortrag auch anhören, oder können wir Kaffee trinken gehen?

Lehrer vor einer Veranstaltung auf der Messe BUCH WIEN.

KATATONIE im Auditorium ist keine Seltenheit.

Hat jemand von euch den Namen ROBERT MUSIL schon einmal gehört?

Thomas Bernhard?

Elfriede Jelinek?

Wahrscheinlich erwarte ich zu viel.

Die kulturelle Abwärtsspirale spielt dem Comiczeichner, der zunehmend an Seriosität gewinnt, in die Hände.

TOLL! Sie haben es TATSÄCHLICH geschafft, Musil zu lesen?

„Buchmesseparty"

In der Hoffnung, Schüler vom Computerspiel FORTNITE abzulenken, werden Comics sogar zu Schullektüre geadelt.

Als Hausübung lesen wir die Panels 3 bis 5 der Comicadaption von Coelhos ALCHIMIST!

Oh Gott, SO VIEL!!!

NICOLAS MAHLER

DAS LITERARISCHE QUARTETT* hat sich zu einer **INKLUSIVEN** Fernsehsendung gemausert, in der auch Comics besprochen werden.

Natürlich fehlt der Literaturkritik auf diesem für sie neuen Feld noch das entsprechende Vokabular.

Warum nicht mal ein Comic. Oder eine GRAPHIC NOVEL, wie man heute sagt.

Dieser... äh... BILDSTRICH, oder wie man das bei Graphic Novels so nennt... erinnert mich an depressive Teletubbies.

Die Bürde, Literaturmenschen, Lehrer und die Computerspieljugend gleichermaßen in die Geheimnisse der Comickunst einzuführen, bleibt den Zeichnern der einstigen „Schundhefte" allein überlassen.

Ganz zart muss man den Lesern die einst verpönten Bild-Text-Kombinationen näherbringen. Viel Fingerspitzengefühl ist dabei verlangt.

vgl. ← Bildsprache, Symbolische

Wenn Sie NOCH EINMAL 'GRAFIK NOVEL' sagen, dreh ich durch...!!!

Belohnt wird man dafür mit wachsendem Interesse und steigenden Verkaufszahlen.

* Sendung vom 18.10.2019

Warum Comics lesen?

Gern erinnere ich mich an jenen couragierten 16-jährigen Schüler, der nach einem einstündigen Vortrag über die Transformation von Literatur in erzählende Bildfolgen aus der letzten Reihe zu mir kam.

Wie schaffen Sie das ... Sie setzen sich da einfach so hin... ÜBER EINE STUNDE ... und reden da über die ganzen Sachen... so ohne Notizen und so...

Weißt du, das ist auch Teil meines Jobs.

Ich hab mich in meinem ganzen Leben noch NIE so fadisiert*.

mahler

* Austriazismus für: gelangweilt

NICOLAS MAHLER

11

Thomas Köck
Autonomie und Unsinn

Hear me
Feed me
Nurse me
Motherly
Lead me
Teach me
Searchingly
Reach me
Release me
Secretly
Awake me

Hopefully
In Italy

Soap&Skin – Italy

- Lesen ist eine Gewissheit in der Zeit.

- Das heißt zunächst einfach nur, wir werden gelesen haben, so oder so.

- Wir werden über uns gelesen haben, auch hier gilt: so oder so.

- Das heißt außerdem, wir werden die Zeichen, Symbole und Kritzeleien von Toten gelesen haben, und selbst hier gilt: so oder so.

- Lesen konfrontiert uns außerdem immer mit der Zeit. Man hat grundsätzlich immer zu wenig Zeit, um ein Buch zu lesen, man muss sich Zeit einräumen, um einen Text zu lesen, man braucht Zeit, um einen Text oder eine Sprache zu verstehen. Man muss Zeit mit einer Sprache und einem Text verbringen, bevor man irgendetwas darüber sagen kann.

- (Und manchmal braucht es sehr viel Zeit, um zu verstehen, was man über einen Text eigentlich denkt.)

- (Und manchmal versteht man erst zufällig, was man einmal gelesen hat, und in dem Moment erst *versteht* man einen Text oder man versteht etwas, was einen beschäftigt hat, ohne dass man darüber nachgedacht hätte, und sehr viel später erinnert man sich daran, wie man vor Jahren da und dort saß und dies und das gelesen hat und es nicht verstanden hat, aber die Frage

THOMAS KÖCK

zugelassen hat, akzeptiert hat, dass man es nicht versteht, und plötzlich taucht alles wieder vor einem auf, was man gelesen hat, wo man gelesen hat, warum man gelesen hat, und ich begrenze diese Lektüreerfahrung nicht nur auf Bücher.)

- Man kann durch heftiges Umrühren eine Beschleunigung der Auflösung eines Zuckerstücks im Kaffee herstellen. Man kann nur einen Text nicht mit heißem Wasser übergießen und umrühren, bis er sich auflöst. Man muss da nun einmal durch. Durch diesen Text.

- (Und trotzdem lese ich die halbe Zeit querbeet, während das Wasser kocht. Drei, vier, fünf, zehn Bücher gleichzeitig, und nebenbei stapeln sich schon die nächsten.)

- Lesen ist also auch ein Problem in der Zeit. Die Art und Weise, wie wir Sprache prozessieren, strukturell und grammatikalisch, also linear, Zeile für Zeile, Zeichen für Zeichen, ist ein analoges, ja eigentlich ein newtonsches Verfahren. Es ist nicht möglich, ein ganzes Buch auf einmal zu *lesen* – Lesen heißt nun einmal Zeit mit etwas verbringen, dem nachgehen, in einer bestimmten grammatikalischen und formalen Struktur, in diesem Fall dem Blocksatz, dem wir von oben nach unten, von links nach rechts folgen. Es hat nichts mit kartesischen Sequenzern zu tun, die Melodien und Pattern auf einer dreidimensionalen Achse also X, Y und Z lesen und prozessieren können. Es hat nichts mit Quantenüberlagerung und Quantenmechanik zu tun – würde man denken.

- Dabei ist die Quantenüberlagerung nichts anderes als das Problem der Interpretation. Jede Lektüre verändert den Text komplett. Und eigentlich sollte man tatsächlich jeden Text mehrfach lesen – in größeren Abständen, und man wird sich nicht nur selbst in unterschiedlichen historischen Situationen begegnen und sehr viel über sich lernen, man wird auch verstehen, dass die Z-Achse eines kartesischen Sequenzers immer schon die Zeit und die Erfahrung war, durch die wir andere Lektüren miteinander in Bezug setzen, überlagern und aufeinander verweisen.

- Die Lektüren wiederholen – so anstrengend es auch sein mag.

- Die Lektüre findet eigentlich erst in der Wiederholung statt.

- Lesen heißt wiederholen.

- (Und das ist genau der Grund, warum ich einfach der Überzeugung bin, dass Lesen eine gespenstische Angelegenheit ist, eine Auseinandersetzung quer durch die Zeit, ein Gespräch mit anderen Zeiten, eine lange,

THOMAS KÖCK

nächtliche, nicht enden wollende Diskussion in der Krypta. Vielleicht lesen wir die einzelnen Zeichen linear, aber die Erfahrung beim Lesen ist eine intertemporale. Beim Lesen atmen wir Zeit.)

- Vielleicht wäre da auch eine ganz andere Zeit möglich, wenn wir uns von den linearen Strukturen der Grammatik entfernen könnten, wenn man also die Zeit lesen könnte.

- (Und vielleicht ist diese Zeit immer schon möglich und verschiebt sich mit jeder Lektüre – Geheimnis der Quantenüberlagerung: es wird nur nie eine endgültige Messung gegeben haben.)

- Wie sähe die Zeit aus – wenn wir sie wirklich lesen könnten?

- Wenn wir die Welt *lesen*, lesen wir sie von ihrem Ende her.

- Lesen wir diese Welt von ihrem Ende her, lesen wir eine Welt aus Inskriptionen, Fiktionen, Werbung, Massenmarketing, Politik, die nur noch aus Message Control besteht, Erzählungen, die von Spindoktoren entworfen und zur Lektüre freigegeben werden, Narrative, mit denen Geld und Macht gesichert werden sollen, die einmal in die Welt gesetzt sich festbeißen, *wir leben in einem gigantischen Roman* (J. G. Ballard).

Und Lesen ist dann auch wie eine Impfung gegen all diese infektiösen Narrative.

- (Merke: Wir werden diese infektiösen Narrative nicht los. Wir können uns nur dagegen wappnen.)

- All diese Strukturen lesen lernen, wie einen gigantischen Roman. Lernen, die Lektüre zu befreien – wie man sich selbst befreit.

- (Das heißt natürlich immer auch lernen, dem Blocksatz zu misstrauen, der gewohnten Anordnung von Zeichen, der gewohnten Lektürerichtung, den gewohnten Strukturen und den gewohnten Aussagen.)

- (Das heißt natürlich immer auch lernen, wie man liest, und dann auf jeden Fall verlernen, wie man liest, und das Lesen immer wieder neu lernen, mit immer neuen Texten, mit immer neuen Kombinationen von Zeichen, Regeln, Grammatiken, Strukturen und Formatierungen.)

- Das also hat stattgefunden und findet jetzt gerade schon wieder statt. Diese Sätze hier, schön sind sie und schon sind sie weg. Gehören mir schon nicht mehr. Haben leider nichts mehr mit mir zu tun. Oder glücklicherweise. Wie anstrengend auch heute immer dieser Imperativ, dass diese Texte, diese Sätze ja heute alle irgendwie authentisch rückführbar sein müssen, dass ich über die verfügen soll, oder so. Oder die über mich. Dabei ist doch das Schöne an der Lektüre, dass da jemand nicht meinen muss, was jemand sagt. Dass ich auch umgekehrt nicht sagen muss, was ich hier und heute meine. Dass ich hier überflüssig gewesen sein werde, wenn die Lektüre eingesetzt haben wird.

- Das muss kurz einmal gesagt werden: Glücklicherweise gehen wir uns einander in der Lektüre nicht auf den Keks. Und wenn schon, verpflichtet uns ja niemand dazu, uns weiter auf den Keks zu gehen.

- Sie können hier lesen und ich muss ja, zum Glück oder leider, wer weiß, nicht mit Ihnen mitlesen. Ich möchte auch überhaupt nicht wissen, was da innen *in Ihnen* passiert, während Sie hier lesen, so wie ich keine Lust habe, Ihnen über mein Innerstes irgendetwas mitzuteilen, das wäre ja völlig obszön, so eine Situation. Das geht Sie ja überhaupt nichts an. Und Sie gehen mich nichts an. Und so sind wir uns hier und jetzt, in dieser Zeit, in diesem Moment, auf eine sehr schöne Art nähergekommen, wir haben uns überlagert – distanziert unsinnig. Anders gesagt: autonom.

- Der Lektüre also ihre Autonomie überlassen. Das müssen alle Beteiligten aushalten. Dass man nicht über den Sinn von alldem hier verfügt. Sie nicht, ich nicht, die älteren Herren nicht, die verfügen bald über gar nichts mehr, weshalb sie umso lauter trampeln müssen, und die Sprache natürlich auch immer noch nicht, sonst könnte die ja selbst entscheiden, was sie hier und heute loswerden will. Aber das klappt ja immer nicht so ganz. Mit dieser Sprache. Die sich nun einmal mit jeder Lektüre neu öffnet. Und die schönsten Lektüren sind immer noch die offenen. Die unsinnigen. Die einen Raum der Begegnung ermöglichen, die einem nicht die eigene Autonomie mit ihrem präpotenten Sinn zukleistern.

- Auch so eine Gewissheit in der Zeit: Autonomer Sinn ist immer Unsinn.

- Das Befreiendste an der Lektüre also: der Andere werden – und ein bißchen sterben können.

- (Das teilen sich Musik und Lektüre: Sie erlauben uns, eine zeitliche Erfahrung zu erleben, die die Zeit außer Kraft setzt.)

- Ohne Lektüre keine Schrift – keine Schrift ohne Lektüre. Das ist spiegelverkehrt. Manchmal entstehen erste Skizzen zu Texten beim Lesen direkt ins Buch hinein, auf die Rückseite des Gelesenen. Wem gehört das dann eigentlich? Wer spricht da mit wem? Um wen geht es da? Was heißt das, eine eigene Sprache oder so? Die eigene Sprache nur als spezifische Form

THOMAS KÖCK

der Beschädigung? Die die Grammatik sprengt? Identität immer als Wunde?

- Diese hier geformten Gedanken in diesem hier zur Verfügung stehenden objektiven Set aus endlichen Zeichen markieren ja seltsamerweise gerade die Abwesenheit eines irgendwie fassbaren Subjekts (ich greife nach der Seite, hänge noch einem Gedanken nach, versuche ihn noch zur Gänze zu fassen, blättere um – das Einzige, das ich zu fassen bekomme: das untere Ende der Seite).

- Und selbst hier gilt: so oder so.

- (Geformte Gedanken – als gäbs ungeformte Gedanken.)

- (Sagen wir der Korrektheit oder Hilflosigkeit wegen erstmal unformulierte Gedanken – die beim Formulieren mit der Sprache aneinandergeraten –, den Widerstand dazwischen nennen wir hier und heute der Einfachheit halber die Lektüre.)

- Überhaupt das Umblättern – der Rhythmus des Umblätterns – das Glattstreichen der Seite – das hastige Umblättern, das klingt, als würde man die Seite zerreißen – das langsame Umblättern, das eher so en passant passiert, das man nicht bemerkt – das gescheiterte Umblättern, wenn Seiten aneinander hängen bleiben und die Finger entnervt und hilflos am Seitenrand herumstreichen und immer wieder abrutschen – das gelangweilte Umblättern, wenn man beim Umblättern immer gleich ein paar Seiten weiter überprüft, ob das noch länger so weitergeht oder irgendwo einige Seiten später hoffentlich ein neues Kapitel Abwechslung verspricht – das Zurückblättern, weil man an einem Satz hängengeblieben ist (eine der wesentlichsten Eigenschaften des Lesens, die Möglichkeit zurückzugehen, noch einmal nachzulesen, einen Satz erneut zu lesen) – das Zählen der Seiten, mal erschöpft, angestrengt, mal erleichtert, mal als bloße Information (ein dreihundertseitiger Text, aha) – überhaupt die Idee, dass die Seiten über eine Zahl verfügen (man könnte sich ja auch vorstellen, dass Bücher durch andere Ordnungssysteme strukturiert werden) und dass diese Zahl theoretisch unbegrenzt, endlos ist.

- (Was verrät es über Menschen, ob sie eine Seite unten oder oben greifen, um umzublättern? Oder gar am Rand? Oder den Rand vorher entlangfahren, während sie den letzten Satz noch zu Ende lesen, die Finger also dem Auge schon etwas unruhig versuchen mitzuteilen, sich zu beeilen, weil die Finger wissen wollen, wie es weitergeht.)

- Wegen dem Umblättern bin ich ein oldschool Leser. Ich habe immer noch keinen Kindle. Weil mir am

Kindle der Widerstand des Materials fehlt. So ein Buch ist widerständig und gleichzeitig aus Papier. Die Lektüre ist schwer, besteht aber aus dünnen Seiten. Da geraten widersinnige Spannungen aneinander, in der Lektüre von so einem Buch. Das Gewicht bedruckter Seiten. Da passiert doch etwas. Etwas Unsinniges. Schon auf Materialebene.

- Beim Kindle natürlich auch. Alles ist Material. Der Kindle ist nur langweiliges Material. Der würde sowieso nur irgendwo herumliegen und dann verloren gehen oder das Display würde verschmieren und nichts sieht miefiger aus als verschmierte Displays. Umgekehrt, wie schön sind abgegriffene Bücher, verschmierte, umgeknickte Seiten, unterstrichene Sätze, zerlesene Bücher, die auch mal einen Tisch fixieren können.

- Noch so eine Gewissheit in der Zeit: Lesen als konkreter Akt mit konkretem bedrucktem Material, das seine ganz eigene Autonomie besitzt. Lesen also als konkrete Auseinandersetzung mit autonomem Material.

- Stichwort: Material. Einmal die Bücher gewogen für ein größeres Regal über zwei Wände, aus Angst, dass die *tragende* Wand einreißt wegen der vermuteten knappen Tonne Literatur. Ergebnis: 1. Bücher sind leichter als erwartet. Und 2. Alle Mauern dieser Erde müssen mit Büchern belastet werden.

- Einschub: Europas Mauern werden fallen – an Büchereien und an Quallen.

- Deshalb auch: Lesen ist Arbeit. Und Menschen, die das Lesen nicht anstrengt, sollen tatsächlich *existieren*. Ich kaufe ihnen nur nicht ab, dass sie tatsächlich *lesen*.

- Ich würde gerne einmal alle meine gelesenen Bücher in der Reihenfolge ihrer Lektüre als einen langen großen Band veröffentlicht sehen. Ein, zwei, drei große Laufmeter aus Comics, Fanfiction, Schulbüchern, Klassikern und Theoriebänden, Drehbüchern, Kurzgeschichten, Essays, Dramen, wieder Comics (diesmal Steampunk), politischen Handbüchern, riesigen Kunstbüchern, Sammelbänden, die einen halben Kubikmeter groß sind, Filmgeschichten, Enzyklopädien, Lehrbüchern und wieder Comics usw., nahtlos würden völlig unpassende Texte aneinander anschließen und einander irgendwie informieren. Vielleicht wäre ich da drin in diesen Übergängen irgendwie nachvollziehbar.

- (Bestimmt wärst Du das. Wer auch immer Du dann gewesen sein wirst. Mit jedem, der dieses Archiv Deiner Lektüren öffnet, wärst Du da drin auf eine völlig neue Art und Weise präsent.)

THOMAS KÖCK

- Jede Lektüre erfindet mich neu. Wer sagt das?

- Lesen ist ja auch immer noch Spurensuche.

- Auch das wieder so eine Gewissheit in der Zeit: Irgendwer ist immer irgendwo präsent. Ich bin nur froh, wenns nicht andauernd ich sein muss.

- In einem Interview wurde ich gefragt, ob ich das ernst meine mit politischer Literatur und Haltung im Text und ob ich glaube, dass das tatsächlich etwas verändert usw., die üblichen Kadaverfragen. Tatsächlich schreibe ich eigentlich immer nur das fort, was ich gelesen habe, und hoffe, dass Menschen, die auch schreiben, das fortschreiben, woran ich schreibe.

- Wie so ein Gespräch durch die Zeit hindurch. Eben mit Toten, Untoten, Nahtoten, Vergessenen, schlecht Ausradierten. Mit vergessenen Sprachen und verblichenen Metaphern. Da informieren sich Lektüren in endloser Brechung gegenseitig.

- Auch so eine Gewissheit in der Zeit: Die Autonomie der Worte oder ein Kontext ist ein Kontext ist ein Kontext ist ein Kontext.

- Lesen als Autonomie der Kontexte begreifen. Und umgekehrt: Den Kontexten ihre Autonomie rauben. Kein Kontext ist unschuldig.

- (Ja, auch und vor allem nicht der eigene. Der hinterfragt sich mit jeder neuen Lektüre auf ein Neues. Oder auch so: Die Lektüre schafft immer neue Kontexte, jeden Tag auf ein Neues. In endloser Brechung. Deshalb sollte man weder Lektüren noch Texte verschleppen. Wie oft ist es mir passiert, dass ich ein langes Buch über die Zeit verloren habe, weil ich zu lang darin gelesen habe. Wer auch immer hier wen verloren hat? Die Lektüre mich oder ich die Lektüre?)

- Oder auch so: Ich liebe Dich. Aber doch nur gerade deshalb, weil ich Dich nicht wirklich verstehe. Die distanzierte Lektüre, die immer neue Kontexte erschließt, erlaubt doch erst, dass wir noch ein paarmal nebeneinander einschlafen können, ohne uns bedrängt zu fühlen. Das Gefühl, in der gegenseitigen Lektüre voneinander zu lernen, hält mich wach, während ich schlafe.

- Oder anders gesagt: Dieser Text, also Du, besitzt genug Autonomie, um nicht verstanden werden zu müssen. Diese Kategorien interessieren diesen Text hier einfach nicht. Und Dich auch nicht. Und deshalb gehen wir zusammen ins Bett. Weil wir uns in der gegenseitigen Lektüre miteinander beschäftigen – und übereinander nachdenken, in völlig sinnloser, endloser Brechung unserer Kontexte, die uns jeden Tag auf ein Neues auslöschen.

THOMAS KÖCK

- Liebe oder wie man auch sagen sollte: sich der sinn-losen, endlosen Brechung der Kontexte aussetzen.

- Lyrik wäre dann immer die Affäre. Verheißungsvoll. Aber eben nur in der Kürze.

- (Und ganz kurz hier, Stichwort Affäre, ich glaube, dass es sehr viel über Menschen verrät, wen, was und wie viele Seiten sie in ihre Betten lassen. Darüber sprechen wir viel zu selten. Welche Bücher liegen eigentlich in unseren Betten? Und viel wichtiger: Gelesen oder ungelesen?)

- (Die fürchterliche Vorstellung, dass man mit jemandem nach Hause geht und dann liegt dort ein Kindle im Bett.)

- (Und es muss doch etwas bedeuten, dass zum Beispiel im Deutschen, im Russischen, im Französischen, im Bosnischen und im Englischen Bett & Buch jeweils mit den gleichen Konsonanten beginnen. Autonomie des Unsinns oder irgendetwas bedeutet immer.)

- Bücher, die mich langweilen, landen auf jeden Fall nie in meinem Bett. Soviel ist sicher.

- Ich kann ihnen das aber auch nicht ins Gesicht sagen, diesen Büchern, dass das nichts werden wird mit uns. Ich lege sie dann höflich auf einen Stapel mit anderen missverständlichen Lektürebegegnungen und hoffe, dass sie von selbst verschwinden und uns unnötige Diskussionen ersparen.

- (Es hat noch nie funktioniert. Die Stapel von gescheiterten Lektüren suchen die Wohnung heim. Sie starren mir morgens von verschiedenen Ablagen schon entgegen und ich kann aber nicht mit allen auf einmal, es geht einfach nicht.)

- Noch einmal: Man muss einfach auch erstmal ein bisschen Zeit mit einem Text verbracht haben, bevor man weiß, was man davon halten kann, ob man zueinander passt. Deshalb im Zweifel immer erstmal lesen und sich im Zweifel der Autonomie des Unsinns hingeben.

- Oder auch so rum: Im Zweifel probiert mans einmal miteinander, schaut, was passiert, weil nie lernt man so viel wie im Scheitern und bei Missverständnissen.

- Oder von mir aus auch so rum: Ich möchte gar nicht wissen, wovon andere Menschen wirklich träumen, was sie in ihren Träumen machen, was ihnen da begegnet, als wer sie sich da selbst begegnen und vor allem, wovon sie da träumen, wenn ihre ganzen Verdrängungen frei rumlaufen.

- Oder so: die Hölle, das sind die Träume der anderen.

- Und ich hab das schon sehr oft gesagt, aber es muss noch einmal betont werden: Das Monopol des Block-

THOMAS KÖCK

satzes in der zeitgenössischen Literatur ist das Äquivalent zur Milchkuh in der monokulturellen Landwirtschaft.

- Bücher also, die mich in Frage stellen, landen auf jeden Fall in meinem Bett.

- (Ein Bonus beim ersten Date ist definitiv immer, wenn der Blocksatz vermieden wird.)

- In diesem Sinne: Lektüren, die mich in Frage stellen, sind die einzig interessanten.

- Lektüren, die mich in Frage stellen, ohne etwas von mir zu wollen, Lektüren, die so nebenbei erzählen, ohne was von mir zu wollen, weil die wirklich schönen Dinge passieren eigentlich nicht direkt. So wie gute Schauspielerinnen en passant spielen, so für sich das genießen, was sie da machen, nicht um irgendwen zu beeindrucken, sondern für sich etwas entdecken da auf der Bühne, egal, wer gerade zusieht – so kommen die schönsten Lektüren en passant daher, wissend, dass sie sinnlos sind für alle Zeiten, sinnlos gewesen sein werden, dass sie endlich sind, im endlosen Spiel, in endloser Brechung ihrer Kontexte und dank diesem Wissen ausnehmend heiter, befreit und durch alle Zeiten und alle Kontexte hindurch autonom.

12

Wolf Singer
Immaterielle Realitäten

Die Erfindung einer auf Symbole gestützten Kommunikationsstrategie hat es dem Menschen erlaubt, der vorgefundenen dinglichen Welt eine weitere, nicht materielle Ebene hinzuzufügen: die Dimension der sozialen Realitäten, der mentalen Konstrukte. Seither empfindet sich der Mensch als zweier Welten teilhaftig, der Welt der Dinge, zu denen sein Körper gehört, und der Welt der immateriellen, aber dennoch benennbaren Entitäten. Beide Dimensionen werden gleichermaßen als real und wirkmächtig wahrgenommen und erlebt.

Wie könnte sich die Entwicklung dieser Dichotomie zugetragen haben? Die Mitglieder von Jagd- und Clangemeinschaften beobachten einander und machen die Erfahrung, dass es unter ihnen Mutige und Zauderer gibt, Großzügige und Knauserige, Sanfte und Aggressive.

In dem Maße, in dem sich die Beobachtungen decken, wächst auch die Gewissheit, dass da etwas ist, was sich zwar nicht anfassen lässt, was aber offensichtlich existiert und sich auf das Zusammenleben auswirken wird, also Beachtung verdient. Und so werden sich die Gemeinschaften auf Bezeichnungen für diese immateriellen Phänomene geeinigt haben.

Sobald diese benannt waren, erlangten sie ein ähnliches Maß an Konkretheit wie die Objekte und Qualitäten der dinglichen Welt. Hinfort konnten diese mentalen Objekte zueinander in Beziehung gesetzt und zu Bausteinen einer erdachten Welt werden, deren Komplexität im Laufe der kulturellen Evolution stetig zunahm. Anders als die Entwicklung der Erscheinungsformen der dinglichen Welt, die im gemächlichen Takt von Erdzeitaltern erfolgte und dabei immer komplexere Systeme hervorbrachte – man denke an den langen Weg vom Einzeller zum Menschen –, vollzog sich die von Menschen betriebene Differenzierung der immateriellen Dimension mit atemberaubender Geschwindigkeit. Damit ging naturgemäß und sich wechselseitig bedingend die Verfeinerung der symbolischen Kommunikationssysteme, der Sprachen, einher. Denn nur sprachlich ließen sich diese neuen mentalen Konstrukte entwerfen, mitteilen und als verbindliche Wirklichkeiten gemeinsam wahrnehmen.

Sprache und mentale Konstrukte

Ohne Sprache und ihre Möglichkeiten, immaterielle Objekte zu benennen und diese zu vielschichtigen, hierarchisch miteinander verbundenen Gebilden zusammenzufügen, wäre es nicht möglich gewesen, unserer materiellen eine mentale, spirituelle Dimension hinzuzufügen. Es hätten sich keine Glaubenssysteme, keine Metaphysik, keine Ideale und Attribute ausbilden können. Freilich wären uns auch die blutrünstigen Ideologien und verabredeten Feindbilder erspart geblieben. Wir wären nicht geplagt von unserem Gespalten-Sein. Wir müssten uns keine Antworten ausdenken auf die Frage, wie es sein kann, dass wir sowohl einer materiellen als auch einer immateriellen Dimension teilhaftig sind. Wir hätten nicht mit dem epistemischen Conundrum zu tun, dass unsere Selbstwahrnehmung aus der ersten Person sich so ganz anders ausnimmt als das, was wir über unsere Verfasstheit aus der dritten Person wissenschaftlicher Beschreibungen erkennen. Und wir müssten uns nicht die Frage stellen, warum wir unserem Bewusstsein mit seinen subjektiven, immateriellen Inhalten den Primat einräumen über die materiellen Prozesse in unserem Körper, wo wir doch überzeugende Hinweise dafür haben, dass mentale Leistungen Folge und nicht Ursache neuronaler Vorgänge sind.

Vieles von dem, was erforderlich war, um der vorgefundenen Welt diese immaterielle, spirituelle Dimension hinzuzufügen, konnte vermutlich schon mit gesprochener Sprache allein bewerkstelligt werden. Die Hinweise auf Kulthandlungen, die von Vorstellungen eines Lebens nach dem Tod und dem Wirken transzendenter Mächte künden, sind weit älter als die ersten Spuren der Verschriftlichung mentaler Konstrukte. Und nach allem, was wir wissen, dienten die ersten Aufzeichnungen mehr der Beurkundung von Handelsvereinbarungen als der symbolischen Darstellung transzendenter Phänomene.

Sprechen und Zuhören

Davon abgesehen, dass Schreiben Gesprochenes verstetigt und Lesen die Verbreitung von Gedanken begünstigt, spricht vieles dafür, dass diese neuen Kulturtechniken maßgeblich zur Verfeinerung mentaler Konstrukte beitrugen und das immer noch tun, ähnlich wie mathematische Notationen. Beide Techniken unterstützen das Erdenken komplexer mentaler Strukturen. Zum einen dienen sie als externe Zwischenspeicher und helfen damit, die Begrenztheit des Gehirns zu überwinden, eine große Zahl von Variablen gleichzeitig präsent zu halten. Dies aber ist notwendige Voraussetzung, um Relationen zwischen vernetzten Komponenten zu erkennen. Zum anderen hilft das Regelwerk, komplexe, in sich verschachtelte relationale Geflechte zu weben, die wegen ihrer Unüberschaubarkeit in natürlicher Sprache nicht mehr fassbar sind.

Auch wenn die Verschriftlichung natürlicher Sprachen längst nicht den Abstraktionsgrad mathematischer Formulierungen erreicht, so scheint es doch, dass Niederschreiben manches zunächst Undenkbare, zunächst Unsagbare darstellbar und damit begreifbar macht. Denn wer schreibt, liest zugleich und ist damit nicht mehr an die linearen Prozesse gebunden, welche die Kommunikation zwischen Sprecher und Zuhörer bestimmen. Wer schreibt und liest, kann innehalten, kann Angedachtes ablegen und zeitversetzt wieder aufsuchen, kann die Denkgeschwindigkeit selbst wählen und braucht sich nicht an die Bedürfnisse des Zuhörers anzupassen. Wer sich hingegen sprechend mitteilen will, muss einen festgefügten Rhythmus einhalten, um Silben, Worte und semantisch geschlossene Phrasen aneinanderzureihen. Es ist dieser Rhythmus, durch den der Sprecher die Gehirnaktivität des Hörers synchronisiert, und erst diese Resonanz erlaubt es dem Hörer, den kontinuierlichen Strom der Laute zu segmentieren, Zusammengehöriges zu binden und semantisch Unverbundenes zu trennen. Will der Sprecher verstanden werden, muss er seinen Gedankenfluss disziplinieren. Was in seinem Gehirn als komplexes Konvolut von Assoziationen ausgebreitet liegt, die allesamt miteinander verbunden sind und in ihrer Gleichzeitigkeit ein geschlossenes Bild ergeben, das muss er in wohlgeordnete Sequenzen zerlegen und dabei auch noch einen eng vorgegebenen Rhythmus einhalten.

Zudem muss der Sprecher der Aufmerksamkeitsspanne des Zuhörers Rechnung tragen. Und auch das begrenzt die Möglichkeit, verschachtelte Sachverhalte zu beschreiben, die nur erfasst werden können, wenn man eine große Zahl von Relationen gleichzeitig im Auge behalten kann. Denn im Nacheinander verlieren sich komplizierte Zusammenhänge. In der Wissenschaft bedient man sich zur Beschreibung sehr vernetzter Sachverhalte der Bildsprache, weil das visuelle System, anders als das Gehör, komplexe relationale Gebilde parallel verarbeiten kann. Aus all dem folgt, dass nicht alles, was gedacht, und noch viel weniger, was gespürt und erahnt werden kann, sich sagen lässt. Und selbst wenn dem Sprecher das Gesagte plausibel erscheint, der Adressat wird dem Gang der Gedanken oft nicht folgen können. Hier öffnet sich das Feld der Rhetorik mit ihrem ausgefeilten und durch die Jahrhunderte gewachsenen Repertoire der Redekunst.

Schreiben und Lesen

Durch Aufschreiben lassen sich einige der Begrenzungen überwinden, die Sprecher und Zuhörer einschränken. Auch der Schreiber muss in Sequenzen verwandeln, was ihm als gleichzeitig Vorhandenes evident ist. Aber er hat Zeit. Er kann kunstvolle Schachtelsätze konstruieren, in denen die Komponenten komplexer Sachverhalte in verschränkten Satzfragmenten aufeinander bezogen werden.

Er kann hierarchisch strukturierte, relationale Gebilde erzeugen, die durch das Gerüst grammatikalischer Regeln zusammengehalten werden. Nicht von ungefähr schreiben nicht wenige der Geisteswissenschaftler ihre Vorträge nieder, weil die freie Rede an der Darstellung von relationalen Strukturen höherer Ordnung scheitert. Nur trügt meist die Hoffnung, dass das Vorgelesene vom Hörer in seiner intendierten Tiefe erfasst wird. Das sorgfältig komponierte Schriftwerk muss, wenn es mehr enthält, als in freier Rede sagbar ist, *gelesen* werden, damit es sich erschließt. Denn auch der Adressat braucht Zeit, um das vom Verfasser Erdachte und in Sequenzen Zerlegte zu rekonstruieren. Er muss die Möglichkeit haben, jederzeit zum Satzanfang zurückzukehren, um den Kontext zu erfassen, er muss die Muße haben, einzelne Wörter auf sich wirken zu lassen, um ihre Bedeutungsfelder einzugrenzen, und er muss die Geschwindigkeit selbst wählen können, mit der er die Satzfragmente aufnimmt und zueinander in Bezug setzt. Er muss die Freiheit haben, abzuschweifen, in sich hineinzuhören, sein eigenes Wissen aufzuspüren, um das Gelesene zu interpretieren.

Denn das Verstehen von Sprache folgt denselben Gesetzen wie alle anderen Formen des Wahrnehmens. Auch Sprachwahrnehmung ist Rekonstruktion. Das Gehörte, das Gelesene, genauso wie alles andere, was unsere Sinne dem Gehirn anbieten, muss interpretiert werden, muss erst mit einem ungeheuer reichen Schatz gespeicherten

Vorwissens abgeglichen werden, bevor es erkannt und eingeordnet werden kann, bevor sich seine Bedeutung erschließt. Und das kann je nach Komplexität und Vieldeutigkeit des Gegenstands erhebliche Zeit in Anspruch nehmen. Es müssen die passenden Schemata abgerufen und vielfältige Kombinationen ausprobiert werden, bevor die schlüssigsten sich durchsetzen können. Es kann sogar erforderlich werden, sich den Kontext noch einmal bewusst zu machen, die vorangegangenen Sätze noch einmal im Zusammenhang mit dem zuletzt gelesenen Fragment zu betrachten, oder in die Zukunft zu schauen, die folgenden Sätze miteinzubeziehen, um schließlich herauszufinden, was der Autor sagen wollte. All das ist dem *Lesen* vorbehalten und ohne Verschriftlichung von Gedanken unmöglich. Schreiben und entsprechend natürlich auch Lesen befördert weit mehr als Sprechen und Zuhören die »allmähliche Verfertigung der Gedanken« und erlaubt, wesentlich komplexere Zusammenhänge darzulegen und zu verstehen, als dies in freier Rede und verbaler Kommunikation möglich ist. Lesen macht es sehr viel leichter als Zuhören, eigenes Vorwissen für die Interpretation des Mitgeteilten einzubringen und sehr komplizierte Konstrukte nachzuvollziehen.

Lesen und kognitive Funktionen

Besonders wichtig ist Lesen deshalb für die Entwicklung differenzierter kognitiver Funktionen. Wer liest, übt die Fähigkeiten, komplexe relationale Gebilde zu analysieren und zu durchschauen, sich logische Konstrukte höherer Ordnung vorzustellen und die Komponenten solcher Konstrukte im Arbeitsspeicher gegenwärtig zu halten, um sie miteinander verbinden zu können. Noch gibt es nur wenige belastbare Untersuchungen über den Zusammenhang zwischen dem Lesen und der Entwicklung dieser kognitiven Funktionen. Vielleicht weil das Phänomen des »Nicht-mehr-Lesens« relativ neu ist und noch keine Langzeitstudien vorliegen, vielleicht auch, weil die kognitive Entwicklung von Kindern von sehr vielen miteinander verwobenen Einflussfaktoren bestimmt wird und es deshalb schwierig ist, die Rolle des Lesens zu isolieren.

Ein Befund aus dem Bereich einer anderen sprachlichen Kommunikationsform, der Zeichensprache, sollte jedoch nachdenklich machen. Es gibt zwei Arten von Gebärdensprachen, mimetische und regelbasierte. Erstere bilden durch Mimik und Gestik die zu vermittelnden Inhalte ab und machen diese intuitiv erfassbar. Letztere basieren auf abstrakten Symbolen, die denen ähneln, die in natürlichen Sprachen verwendet werden. Diese Symbole werden zwar auch über Mimik und Gestik vermittelt, werden aber über grammatikalische und syntaktische

Regeln auf flexible Weise zu komplexen Satzstrukturen verknüpft. Studien haben gezeigt, dass Menschen, die nur die mimetische Variante erlernt haben, in Schwierigkeiten geraten, wenn sie sich abstrakte, hierarchisch aufgebaute relationale Konstrukte vorstellen sollen, während Menschen, die mit einer regelbasierten Zeichensprache aufgewachsen sind, keine kognitiven Einschränkungen aufweisen. Daraus könnte man folgern, dass das Erlernen von Sprache die Fähigkeit fördert, komplexe logische Strukturen und abstrakte Zusammenhänge zu verstehen, und dass die Ausbildung der entsprechenden Fähigkeiten von der Differenziertheit der jeweilig eingeübten Sprache abhängt. Wie oben ausgeführt, lassen sich hochkomplexe, verschachtelte Zusammenhänge durch gesprochene Sprache weniger gut darstellen als durch Verschriftlichung oder gar mathematische Notation. Dies würde bedeuten, dass die Rezeption von verschriftlichter Sprache, also das *Lesen,* für die Ausbildung hochdifferenzierter kognitiver Funktionen besser geeignet ist als die Rezeption nur gesprochener Sprache.

Ein weiterer, durch mehrere Studien abgesicherter Befund ist die Verkürzung der Aufmerksamkeitsspanne bei Kindern, die viel Zeit vor dem Bildschirm verbringen. Der Grund ist vermutlich, dass Inhalte in linearer Form aneinandergereiht werden müssen, der Rhythmus vorgegeben wird und die raschen Schnittsequenzen keine Anforderungen an die Integration zeitlich weit auseinanderliegender Ereignisse erfordern. Lesen, insbesondere von anspruchsvollen Texten, erfordert hingegen, eine Brücke zu schlagen vom Anfang eines Satzes, hinweg über mehrfach verschachtelte Nebensätze bis zum befreienden Verb am Satzende. Denn erst dieses erlaubt eine Festlegung der Bedeutung aller vorangegangenen Satzelemente. Hier sind Arbeitsgedächtnis und lange Aufmerksamkeitsspannen gefragt. Offenbar entwickeln sich beide Funktionen nur eingeschränkt oder verkümmern sogar, wenn sie nicht gefordert werden. Das Lesen von anspruchsvollen Texten scheint hier ein wirksames Antidot zu sein.

Die Freiheit der Leser

Die gesprochene Sprache ist der verschriftlichten jedoch in einem wichtigen Aspekt überlegen. Die Prosodie, also der Rhythmus, die Melodie, und die Betonungen der gesprochenen Sprache vermögen Botschaften zu vermitteln, die sich bei der Verschriftlichung verlieren. Der Sprecher kann den Zuhörer durch die Synchronisierung des Sprechrhythmus an sich fesseln und ihm durch seine Prosodie Gestimmtheiten vermitteln, die er nicht beschreiben muss. Unwillkürlich drückt der heitere Sprecher seine Stimmung dadurch aus, dass er für seine Rede ein Frequenzgemisch wählt, das reich ist an großen Terzen, dem Charakteristikum der Dur-Tonarten, während der traurige Sprecher entsprechend öfter die kleine Terz wählt und gleichsam in Moll spricht. Dies überträgt sich direkt auf den Hörer, ähnlich wie ein Musikstück in Moll unabhängig von der unterschiedlichen kulturellen Prägung die Stimmung dämpft. Somit kann der Sprecher über die Prosodie die Gestimmtheit des Hörers direkt beeinflussen und kann sich den Umweg über emotional aufgeladene Worte und Szenenbeschreibungen ersparen.

Für den Leser aber müssen solche Brücken erst noch gebaut werden, in der Hoffnung, dass ihm seine Lebenserfahrung und seine Phantasie erlauben, das Gelesene nicht nur hinsichtlich des rationalen, sondern auch des emotionalen Gehalts zu erfassen. Dafür ist der Leser freier als der Zuhörer, sich den Text nach eigenem Gutdünken anzuverwandeln.

Damit nimmt das Lesen eine Sonderstellung ein, die es von allen anderen Rezeptionsformen unterscheidet. Es räumt dem Rezipienten ein Höchstmaß an Freiheit ein, fordert ihn aber zugleich, ganz besonders viel vom Eigenen einzubringen, das Gelesene mit Vorstellungen, Erinnerungen, Gedanken und Bildern kreativ zu ergänzen. Wer im Kino sitzt oder vor der Mattscheibe oder in seinem Smartphone YouTube schaut, dem wird fast jegliche Eigenleistung abgenommen: Der Regisseur und Kameramann legen fest, worauf die Aufmerksamkeit gelenkt werden soll, Prosodie und begleitende Filmmusik sorgen für die emotionale Einbettung des Geschehens, und die

Bilder betäuben die Phantasie, weil sie nicht gebraucht wird, um sich die Ereignisse vorzustellen. Der Zuschauer wird mit fast allen Sinnen vereinnahmt und gezwungen, in Echtzeit den Vorgaben des Mediums zu folgen. Und damit er sich nicht entziehen und eigenen Assoziationen nachgehen kann, werden die Schnittsequenzen erhöht. Das nimmt dem Zuschauer die letzte Möglichkeit, dem Gesehenen mit Abstand und selbstgewählter Perspektive zu begegnen.

Vor allem junge Menschen erleben diese totale Vereinnahmung als prickelnden Reiz und erliegen der Verführung. Die Entwicklung zu noch weitergehender Immersion in vorgegaukelte Wirklichkeiten ist absehbar. Methoden virtuelle Realitäten erlebbar zu machen – einst entwickelt, um Piloten gefahrlos kritischen Situationen auszusetzen –, sind inzwischen so weit perfektioniert, dass der Betrachter keine Möglichkeit mehr hat, zurückzutreten und das Geschaute zu relativieren.

Wie jede Neuerung ist auch die multimediale Differenzierung der Kommunikationsmöglichkeiten janusgesichtig. Sie bringt Vorteile, wenn es darum geht, Botschaften zu vermitteln, die keinen Interpretationsraum zulassen und im Rezipienten perfekt voraussagbare Wahrnehmungen und Reaktionen induzieren sollen. Aber sie betäuben die Kreativität des Betrachters.

Verschriftlichen und Lesen scheinen sich also dadurch auszuzeichnen, dass sie zum einen sehr komplexe semantische Konstrukte vermitteln und zum anderen dem Rezipienten ein Maximum an Freiheit gewähren, sich selbst und sein Vorwissen in die Rekonstruktion des Vermittelten einzubringen. Da der Schreiber nicht auf Prosodie und Gestik zurückgreifen kann, um emotionale Konnotationen zu transportieren, ist er aber besonders gefordert, wenn er auch diese dem Leser übermitteln möchte. Dann muss er sich des Repertoires der Künste bedienen. Er muss Metaphern und Worte finden, die emotional aufgeladen sind. Er muss mit den Bedeutungsfeldern spielen, mit denen Worte assoziiert sind, er muss die Melodie von Sätzen nutzen – er muss dichten. Und diese Kunst steht dem Schreiber weit mehr als dem Redner zur Verfügung.

Lesekultur und Digitalisierung

Nicht selten ist zu hören, dass digitale Medien das Buch verdrängen und deshalb die Lesekultur gefährden. Unklar bleibt, worauf sich diese Behauptung bezieht. Ob die sozialen Medien mit ihren verstümmelten Textfragmenten, die Bild- und Textgemische von YouTube-Botschaften oder die elektronischen Bücher als Gefahr gesehen werden. Die problematischen Konsequenzen der ungefilterten, nicht lektorierten Internet-Kommunikation sind evident und bedürfen hier keiner weiteren Kommentierung. Sollte sich die Sorge auf elektronische Bücher beziehen, so stellt sich die Frage, ob es wirklich einen wesentlichen Unterschied macht, ob ein Text in gebundener Form vorliegt oder auf dem Bildschirm erscheint. Grundsätzlich stellen beide Darbietungsformen die gleichen Anforderungen an die kognitiven Leistungen des Lesers, und somit sollte von den elektronischen Büchern keine Gefahr ausgehen. Im Gegenteil, sie können die Verfügbarkeit des Lesenswerten deutlich erhöhen. Vielleicht müssen wir uns einfach an das neue Format gewöhnen.

Aber wie immer, wenn Neues Altes verdrängt, gibt es gute Gründe für nostalgische Gefühle. Wer mit Büchern aufgewachsen ist, wird die haptischen Erlebnisse des Umblätterns, des Einlegens von Lesezeichen, das Anbringen von Eselsohren vor dem Weglegen, den Geruch von Papier und Druckerschwärze, den Überblick über das noch Ungelesene und die Freiheit des Zurückblätterns vermissen.

Leseglück

Auch wenn die Verschriftlichung an Grenzen des Vermittelbaren stößt, die nur durch Einbeziehung anderer Sinne – und das auch nur zum Teil – überwunden werden können, sollte schon allein die Freiheit, die nur Lesen einräumt, als hohes Gut gewertet werden. Denn sie ist es, die Pluralität begünstigt. Weil jeder Leser über seinen eigenen Schatz an Vorwissen verfügt und dieser, wie ausgeführt, festlegt, wie das Gelesene wahrgenommen wird, verwandelt sich jeder Leser den Text auf verschiedene, sehr idiosynkratische Weise an. Das gilt auch für die Rezeption von Gesprochenem und von Filmen, wenn auch in weit geringerem Maße, weil sie, wie dargelegt, der Phantasie weniger Raum geben.

Nun wird oft angeführt, Lesen sei anstrengend. Ja, das ist es, weil kreative Prozesse das Gehirn fordern. Aber die Mühe lohnt. Kreative Akte befriedigen und bewirken gelegentlich sogar das Glücksgefühl der Epiphanie. Heureka, ich habe es gefunden! Wobei das Finden dann der eigene Beitrag war. Wie oft stellt sich dieses Glücksgefühl nach dem Abspann eines Filmes ein, nach dem Umschalten auf einen anderen Kanal, nach dem Browsen im Internet?

13

Esther Kinsky
The Lie of
the Land

The lie of the land heißt etwa: Geländebeschaffenheit. Die
Lage, Neigung, Ausrichtung von einem Streifen Land.
Und im übertragenen Sinne: die Lage – der Dinge, Ver-
hältnisse, Gegebenheiten. Ein Abschätzen des *lie of the*
land kann heißen: Terrain sondieren, Gelände befragen.
Oder: die Lage einschätzen. Gewogen oder abgeneigt.
The lie of the land ist eine Leseaufgabe.

Fluss

Der Tagliamento ist kein langer Fluss. Er entspringt in
den Friulanischen Dolomiten und fließt durch die abfal-
lenden karnischen Alpen in südöstliche Richtung, bis er
am Zusammenfluss mit der Fella nach Süden abknickt
und in die Ebene eintritt. Die ersten paar Dutzend Ki-

The Lie of the Land

lometer hat sich der Fluss zwischen Felsenhängen aus Metamorphit- und Sedimentgestein ein Bett gegraben, das sich unversehens weitet. Die Farben der Gesteine ändern sich mit dem Licht, vom stumpfen Grün über gneisiges Grau bis hin zu gelblich schrundigen Felsnarben bei Villa Santina, die im Sonnenlicht wie Versehrung, im Regen wie eine große Verfleckung des Hangs wirken, in der Nacht fahl stehen. Bergschorf, in dem das Dunkel nie ganz verfängt, ohne ein Büschel Grün. Verbliebene Wundflächen von Erschütterungen, womöglich eine Folge der unzähligen kleinen oder dem einen großen letzten Erdbeben, Jahrhundertspuren einer Verschiebung des Geländes, der Lage der Dinge.

Bitterspat

Ein Stück dunkler Stein vom Ende des Oberlaufs des Tagliamento, schwarzgrünlich mit hellen Einschlüssen. Gesteinsbildendes Kristall im Dolomit, kleine Krummhörner, womöglich gewachsen in einer alpinen Kluft; das Wort Kristallrasen kommt in den Sinn, die dünnen feinen Strahlen in Gesteinshöhlungen, zartes Unschuldsgelände vor etwaiger Verwachsung mit derbem Gestein und dem Verlust aller Aussicht auf Reinheit, doch immerhin kann ein jeder Halm des Kristallrasens ungleich länger träumend seinen Hoffnungen nachhängen als etwa ein Mädchen aus Preone im Kriegsjahr 1943.

Pfad

Dünnstämmige Bäume beschriften den grauen Fels mit
Strichzeichen, wirken, je nach Lichteinfall, wie aufge-
steckt oder aufgeklebt oder dann im weich verschat-
tenden Abendlicht doch wie vom Gestein ausgesandte
Botschaften, ausgeworfene Hinweise auf etwas, was sich
diesen Steilhängen eingeprägt hat. Kneift man die Augen zusammen, erkennt man dort, in den Hängen am
Oberlauf, feine, weiche Linien zwischen dünnem Gehölz,
geschwungene Schnörkel, wie zarteste Kristalladern im
Granit, die einen Augenblick lang sagen: ein Pfad, *sen-
tiero*, sich dann auch dem angestrengtesten Blick wieder
entziehen. Weit geöffnete Augen erkennen die Pfadfäden
nie, nur dieser Trugschlitz zwischen den Lidern bringt
etwas zutage, das halb in der gelesenen Erinnerung liegt
und halb dort draußen, Kleinstbuchstaben der Geschichte in den Geschichten von Partisaninnen; Frauen und
Mädchen aus der Gegend, alle aufgewachsen mit Blick
auf den Fluss, die Stein- und Wasserlandschaft und die
wechselnden Schatten und Farben der Hänge. Unterwie-
sen in der Lage der Dinge und des Geländes, schlugen sie
sich in die Berge und ebneten diese Pfade, wussten die
Schatten auf den Schutz hin zu lesen, den sie gewährten,
und die weißlichen Felsvorsprünge auf den Halt, den
sie boten.

Ganggestein

Rötlich durchsprenkelter Handstein im Uferschatten,
oder ist es nicht die Handgefügigkeit, die Mulden-
schmiegsamkeit in der hohlen Hand, die einen Stein zum
Handstein macht? Porphyrisch, sagt das Gesprenkel,
Granit mit Gemenge, ein erstarrtes Überbleibsel großer
Bewegung, die nirgendshin gelangt ist, bloß knapp übers
Tiefengestein, und dann verwünscht in den Gang unter
erstarrendem Magma, das näher ans Licht geriet. Irgendwann greift Erschütterung ein, der Gang wird freigelegt,
kristallene Einschlüsse wissen auf Anhieb zu funkeln,
und der Fluss wäscht die Bruchkanten rund. Der Fluss
verteilt sich hier, so steinig breit und sich in sumpfiges
Ufergrün ausdehnend, auf Rinnsale zwischen Kieselzun-
gen, und rauscht doch immer laut und stetig, Wasser auf
Stein, Stein an Stein. Das Stück Ganggestein, ausgewor-
fen, ausgebrochen werweiß wo und werweißwie hierher
geschwemmt, ist ein Fremdling zwischen den Kieseln.

Ränder

Jeder Ort entlang dem karnischen Tagliamento liegt an
einer Mündung. Alpenbäche, *torrenti*, führen dem Tagliamento ihr Teil Geländeabrieb zu. Granit, Dolomit,
unförmige Konglomerate, alles durchsetzt mit Kristall-
spuren, gediehen in Klüften. Die Einmündungen bilden

seichte Dreiecke, Schotter, Kies, Sand in Folge, dann
dünnes hartlaubiges Weidengehölz, das Ufer markiert,
festeres Land zwischen Rinnsalen. Die Orte rändeln aus
zum Fluss hin, Zonen der Leere, Abstand zum Fluss ist
geraten. Die halb auf Sumpfland erbauten Talorte wie
Tolmezzo riegeln sich in stumpfem Weiß ab vom Flussbett. Lagerhallen, Kleinindustrie, Tankstellen, dahinter
erst die mürrische Stadt, dem ausufernden Alpenbach
zugeneigter als dem Fluss. Hier ist eine Knickstelle der
Landschaft, ein Schlenker der Römerstraße, die von den
Adriasümpfen übers Gebirge führt, gewieft alle Stellen
streifend, wo Wertvolles zu finden war. Maulige römische
Söldner werden in Scharen hier entlang gezogen sein, in
ihrem Gefolge Silbersucher und Händler. Im Gebirge
oberhalb war gelegentlich sogar die Rede von Gold, ge-
diegene zarte Netze im Berg, kleine Körner im Sand, die
an der Sonne aber bald ihr Leuchten ließen.

Kohle

Ein Stein vom Rand, nah an den dünnen flirrigen Ufer-
bäumen auf der Südseite aufgelesen, gegenüber von Ama-
ro, dem Bitterort unterhalb des Monte Amariana, wo der
Fluss sich kurz verengt, seine Rinnsale zu einem einzigen
Lauf zusammenfasst. Es ist kein schöner Stein, wie unbe-
holfen geknetete Masse, kohlschwarz um weiße Adern
erstarrt, ein Klotz, mit dem sich vielleicht grobe Striche

ESTHER KINSKY

ziehen lassen, das matte Schwarz lässt sich als Auswurf erziger Gänge lesen, mit Silber ganz fern verschwistert, womöglich auch bleifreundlich; wie unfertig verworfen liegt der Stein in der Hand, am Übergang einer schmutzig-glimmrigen Weißader ins Schwarz liegt ein winziges rostfarbenes Auge eingebettet, das auf Lichteinfall in einem einzigen engen Winkel erglimmt.

Feld

Der Monte San Simeone steht wie ein Kegel in der Landschaft, ein gedrungenes Dunkel, Fels und Wald und wieder Fels als Krusten um das Innere, in dem das große Erdbeben 1976 entstand, das alles ringsum schwanken ließ und die Landschaft verschob. Die überwachsenen Reste zerstörter Dörfer in Flussnähe lassen sich immer noch ausmachen, Sandsteintrümmer unter hartblättrigen dunkelgrünen Kriechgewächsen; zwei drei Kilometer von Fluss und Berg entfernt, in dem Anschein nach obhütige Mulden und Buchten hellerer Berge verlegt, die neugebauten Siedlungen aus Beton. Am nördlichen Fuß des Monte San Simeone liegt ein riesiges Kiesfeld, wo Tagliamento und Fella zusammenfließen. Der Fella kommt von Nordosten, aus der Italia Slava, als Bela, die Weiße, und trägt den weißen Kalkstein aus den Karstbergen heran, der das Licht hier so gleißend macht. Vor lauter Stein sieht man die meiste Zeit des Jahres kaum Fluss, nur dünne blaugrüne Rinnsale, die unter bewölktem Himmel mit den Steinen zusammen ein stumpfes Hellgrau annehmen. Ölweidenbüsche wölben sich silbrig im Licht, stumpfgrün unter Wolken. Den Fella aufwärts verengt sich das Tal zum Durchschlupf, das war ein Keltenweg, über den Glas eingeführt wurde, trüb noch, durchscheinend, nicht durchsichtig, und beim ersten Anblick für die des Glases Unkundigen juwelenhaft, verzaubernd.

Scherbenschliff

In dem Steinfeld eine seltene Scherbe. Ein an Kalksteinen, Granitsplittern, Kieseln und Wasser geschliffenes grünes Fast-Leuchten, trübgerieben, nicht klargeschliffen, abgemahlen, ein kleiner falscher Edelstein, wie man ihn am Ufer reißender, regulierter Flüsse und am Meer findet, alle Schärfe der Kanten ist von der Wucht des Wassers weichgewaschen, das Licht fällt nur als ferner Glanz hindurch. Scherben sind selten hier zwischen all dem Stein, man kann über die Herkunft rätseln. Eine vor Jahren zu Bruch gegangene Flasche an Fella oder Resia, dem Zufluss aus kalksteinigem Grenzland, kurz vor der Mündung des Fella in den Tagliamento, mit jeder Schneeschmelze oder Herbstflut aus Verkantungen zwischen Felsen gehoben und weitergespült, bis der letzte Scherbenrest das trübe, sanfte, fast blaue Grün von Keltenglas hat.

Clapat

Clapat ist ein friulanisches Wort. Es heißt: grober Stein, Steinklotz, ein Brocken. Clapat ist der Name einer Insel im Tagliamento, die auch im reißendsten Hochwasser nicht verschwindet. Sie bildet einen keilförmigen Klotz, mit einem buchenbestandenen Steilhang auf der Nordseite und einem spitz zulaufenden flachen Ende im Süden. Über die Insel führt eine Brücke, die die beiden weit auseinanderliegenden Ufer des Tagliamento verbindet. Vom Kamm des Steilhangs am Nordende zieht sich eine Wiese bis zu einem Buchengehölz, das an die Nordseite der Brücke stößt. Die Wiese ist im Frühling und Sommer mit Skabiosen übersät, einer blasslila Blume, die auch Witwenknopf genannt wird. In dem Buchenhain wachsen ausgangs des Winters die ersten Primeln, hellgelb, fast grünlich, kleine kronenartige Kränze für Häupter, die man sich unter der Erde zu denken hat.

Am südlichen Ende hat sich ein wirres kleines Dickicht aus schnellwachsenden Bäumen gebildet, Weidenbäume mit steifem Laub, ein paar grüne Fremdlinge, die eine Flut an anderer Stelle ausgerissen und hier so abgelegt haben mag, dass die Wurzeln noch Halt finden konnten. Zwischen Brücke und Dickicht befindet sich ein Kieswerk, das immer still daliegt. Die Schüttarme ragen starr über die kegelförmigen Haufen der nach Kaliber sortierten Kiesel. Dieses Sortiergelände für den Flusskies ist ein Fremdkörper auf der Insel, auf der jede Ordnung fehl am Platz scheint.

Es gibt alte Filmstreifen aus dem Ersten Weltkrieg: Man sieht Reihen von Soldaten, die von der Brücke kommend in den Gebüschen der Insel Stellung beziehen. Die meisten der Männer, die mit den für alte Aufnahmen so typischen ruckartigen Schritten und Armbewegungen zielstrebig in das baumbestandene Gelände marschieren, hinter dem man den weiten leeren Fluss ahnt, werden an dieser Stelle auch gestorben sein. Es war Winter, damals waren die Winter noch kalt, sicher wird auch Schnee auf sie gefallen sein, bevor ein Frühlingshochwasser sie fortspülte und die Knochen zwischen Kalkstein, Dolomit, Granit und Konglomeraten gebrochen, gerieben und geschliffen wurden, bis sie glatt und klein und steinern waren, leichte, seltsame Kiesel mit einem hohlen Klang.

Konglomerat

Ein Stein von Clapat, schwer und grob wie der Name: dunkelgrau, uneben, ein Berg in Miniaturformat, mit einer Steilwand und einem Plateau auf halber Höhe. Oder ein Tierkopf, mit angeschlagener Nase, solide versteinert zur Unkenntlichkeit. Eine Knochenballung, eine Unform gewordene Verstummung. Zwei weiße Ringe mit winzigen kristallinen Sprenkeln laufen durch das Grau. Aus dem oberen Ring ragt ein Auswuchs, entfernt erinnernd

an Arsenkristall, matt und uneben, weißlich durchfleckt, geschwulstig, im Wuchs erstarrt. Ein Schauderstein, der sehr schwer in der Hand liegt und mit seiner Zweigesichtigkeit erschreckt: Selbst trümmerhaft und zugleich zum Zertrümmern geeignet.

Verlagerung

Jede Flut bringt eine Verschiebung der Landschaft. Erst das plötzlich angestiegene Wasser, das alle Klarheit und grünliche Bläue verliert, indem es die Kies- und Schotterlandschaften unter sich verschwinden lässt, dann die Herden entwurzelter Bäume und Büsche auf der Flut, Vielarmige von anderswo, die sich wie ungeduldige Fabelwesen vor der Stretta, der letzten Enge zwischen Gebirge und Meer, über- und untereinander drängen und dann befreit und erleichtert flussabwärts strudeln, bis jeder Stamm in dem trüben braunen Wasser vergisst, was Wurzel und was Krone ist, nur meerwärts gilt, wenngleich das meiste auf der Strecke bleibt, verfangen in flutfestem Gestrüpp und auf knapp vom Wasser bedeckten Kieshügelkämmen zur Ruhe gebracht. Das Wasser fällt, die Landschaft ist eine andere. Die lehmigen Steilufer glänzen in neuem Winkel zum Gelände zwischen den Ufern, das Netz der Flussbetten hat sich umgefädelt, gegen die Mitte zwischen den äußersten Ufern ist ein Kamm aus Steinen angelagert, die stand- und wurzelfesten Gewächse sind vom Fluss alle in Schubrichtung gebürstet und heddrig gekämmt, sie richten sich langsam auf und fragen mit allem anderen, das sich eingefunden und wiedergefunden und abgesetzt hat: Wie war es noch vor der Flut? Kleine Zungen des Neulands bröckeln unaufhörlich ins allmählich wieder klare Wasser.

Handholz

Nur an dieser Stelle, hinter der Stretta, finden sich schöne, wassergeglättete Hölzer in der Sonne zwischen den Kieseln. Seltene Stücke, glatt, leicht und bleich von Wasser und Licht, aller Erwartung an Nützlichkeit enthoben, alle kenntliche Maserung ist ausgewaschen, sie taugen nur noch als kleines Lesestück über den Umgang der Dinge miteinander, in aller Gewalt dieses Trachten nach Rundung und Besänftigung und Zweckverlust.

Wüste

Im Sommer liegt das weite Flussbett südlich der letzten Uferhügel leer und wüst. Zwischen den Steinen bewegt sich nichts. Die Rinnsale haben sich an die Ränder verzogen, versickern, dringen wieder hervor, immer dünner, das leise Rauschen bleibt, als steige es zwischen Steinen auf, ein Ton aus der Unsichtbarkeit. Die Luft flimmert, die ferne Brücke verschwimmt, verdunstet zu weißem

Licht, nur noch Stein und Himmel bleiben, und die reglosen fernen Uferwülste aus Gestrüpp.

Schriftstein

In diesem wüsten Flussbett zwischen Dignano und Spilimbergo, wo man den ganzen Bogen des Gebirges sieht, der sich wie eine Klammer um den Norden der Ebene legt, auf die im Süden die Klammer Meer antwortet, finden sich Schriftsteine auf Schritt und Tritt. Graue, braune, rötliche Kiesel, flach, flächig, fingerkuppen- bis handtellergroß mit Zeichen in weißen und bläulichen Linien, Schraffuren, Rillen, mit winzigen glitzernden Kristallen als Akzente und Interpunktionen. Man will nicht aufhören, sie zu sammeln, um sie auf dem Tisch auszulegen, ein System zu erkennen, Regeln zu verstehen, eine Sprache der Dinge zu lernen, die so viel älter ist als jedes Wort.

Grenze

Bei Casarsa sind die Berge blaue Schatten im Norden. Nach Süden weiß man schon das Meer, die Landschaft zerfranst hinter den gerippigen Sträuchern in den Himmel. Hier soll der Fluss Grenze sein, zwischen Osten und Westen, dabei lässt sich vom Bett aus, von einem steinigen büschelkrautigen Wulst, der heute vielleicht die Mitte ist, kein Unterschied ausmachen. Der Fluss zerschneidet

ESTHER KINSKY

The Lie of the Land

nicht, wie der Name nahezulegen scheint, er zehrt und vermischt und trägt Ufer zu Ufer, bringt Gebirge kieselweise in die Ebene und ans Meer. Kinder spielen in den seichten Kiesbecken. Die Brücke schneidet durch den Himmel. Auf einem Sandstreifen in Ufernähe bleibt der gezackte Abdruck einer Schlange bis zum nächsten Regen, wie mit großer Sorgfalt nach der Natur hingezeichnet. Eine Eidechse verharrt fast reglos zwischen zwei Steinen, nur die Kehle klopft langsam und schwach, der Eidechsenrücken wechselt die Farbe zwischen Blau und Grün, vielleicht ist das ihr Sterbetext, diese langsamen Wandlungen in immer schöneren Farben, wie zwischen Bergen und Abendhimmel, von Grün zu Blau zu Grün. Gelegentlich an bewölkten Tagen Brachvogelrufe. Kein Unterschied zwischen dem Klang vom westlichen oder vom östlichen Ufer.

Malachit

Und dann der grüne Stein, mitten im Flussbett, an einem Sommertag mit milchigem Licht. Eine sehr feine Linie in Sandgrau zieht sich durch die glatteste Seite der malachitischen Masse. Der Stein ist nicht groß, unregelmäßig, mit den Jahren viel herumgestoßen. Die Bruchstellen sind verheilt, gerundet. In direktem Lichteinfall erkennt man eine Strahlenanordnung im Grün, die kaum zu ertasten ist. Ein Kupferstein, wie die Etrusker schon wussten. Ein

Taschenstein, ein *touchstone*, mit Aberglauben behaftbar, als könnte er Lesen lehren: im Wasser, in Steinen, in den Leuchtlinien seltener Glühwürmchen nach Einbruch der Nacht.

The Lie of the Land

Diese Worte:
The lie of the land
lassen sich auch lesen als: Die Lüge des Lands.
The lie of the land: So gibt sich, neigt sich, steigt, fällt das Gelände, so liegen die Dinge, oder auch nicht. Das Land lässt ein Verlesen zu, neigt sich, wo es zu steigen scheint, gibt sich weich, wo schroffe Schartigkeit erst offenbar wird, wenn man sich in der Einschätzung schon folgenreich geirrt, Schürfwunden davongetragen, Aussichten verworfen hat, einer vermeintlichen Geländelüge aufgesessen ist. Dabei ist keinem Stück Land zu unterstellen, dass es mit Bedacht und Absicht in die Irre führt und dem nach der Lage der Dinge Ausschauenden vorsätzlich Unwahrheit anbietet. Das Lesen des *lie of the land* ist eine Übung des Blicks an der Textur. Irrtümliche Erwartungen werden ins Spiel gebracht. Ein Text muss herbei, um die Welt zu beschreiben, und der Schrift des Geländes wird ein Alphabet angedichtet, wo keines ist. Die Zeichen ändern sich, die Schrift ist unstet. *The lie of the land* liegt oder lügt im Auge des Betrachters

14

Serhij Zhadan
Die guten schlechten Bücher

1

Bücher nehmen leicht Schaden. Sie sind wehrlos, leicht zu vernichten. Obwohl manche von ihnen jahrhundertelang im Regal stehen. Unter unseren Händen verlieren sie schnell ihre Frische, die Zeit macht sie spröde, im Sonnenlicht werden ihre Seiten gelb wie alte Haut. Bücher, das ist etwas Hoffnungsloses, das hat mit Flüchtigkeit und Zerfall zu tun, mit Schutzlosigkeit. Erst recht in Kriegszeiten.

Die Schule steht auf einem Hügel, sie ist weithin sichtbar. Eine perfekte Lage für die Verteidigung – das Gebäude lässt sich kaum unbemerkt erreichen. Allerdings ist es auch eine gute Zielscheibe. Die Schule stammt noch aus Sowjetzeiten und hat tiefe robuste Keller, die für den Fall eines Atomkriegs gebaut wurden. Den man zu Sowjetzeiten dank entsprechender Vorkehrungen ernsthaft zu überleben hoffte. Der Atomkrieg ist nicht gekommen. Der normale Krieg schon. Die Dorfschule liegt fast genau auf der Frontlinie. Sie verläuft im Fluss, der das Dorf in der Mitte teilt. Am Nordufer steht die ukrainische Armee, am Südufer stehen die Separatisten. Die örtliche Bevölkerung hockt im Keller. Zumindest jene, die geblieben sind. Januar, frühe Dämmerung, draußen ist es dunkel, in den Gebäuden auch.

Die Schule am Nordufer halten ukrainische Aufklärer besetzt. Sie schlafen im Keller, bewachen die Eingänge, die Fenster im Erdgeschoss haben sie mit alten Plakaten verhängt, um den feindlichen Scharfschützen keinen Angriffspunkt zu bieten. Auch die Bibliothek wurde in Beschlag genommen. Man hat die Bücher in einen anderen Raum geschafft und einfach auf einen Haufen geworfen. Tags zuvor lag die Schule unter Beschuss. Granaten schlugen ein. Ein Soldat kam ums Leben. Im Raum mit den Büchern wurde das Dach getroffen.

Wir kamen am Nachmittag an, als es schon dämmerte. Wir mussten mit ausgeschalteten Scheinwerfern an die Schule heranfahren, um am anderen Ufer nicht aufzufallen. Die Aufklärer erwarteten uns schon, sie wussten, dass »Presse« kommen würde. Übernachten sollten wir im Keller. Auf dem Fußboden lagen Plakate der »Zivilverteidigung« herum, es ging um den erwähnten Atomkrieg. Auf den Plakaten stürzten Männer zu Boden, im

Hintergrund prangte ein Atompilz, dessen naturalistische Darstellung etwas lächerlich wirkte. Neben diesen Plakaten schlief es sich nicht gerade ruhig. Obwohl der Keller trocken war, drinnen Stille herrschte und draußen nicht geschossen wurde.

Am nächsten Morgen zeigte uns einer der Soldaten die Bibliothek. »Du bist doch Schriftsteller«, sagte er, »dann ist das was für dich.« Ein feuchter Hügel, schneebedeckt. Bücher konnte man das nicht nennen, eher war es ein Haufen dreckiges Papier. Wenn der Schnee im Frühling getaut war, würde man die Bücher wegwerfen. Es gab Schlimmeres in diesem Krieg. Aber es war trotzdem schade. »Kann ich welche mitnehmen?«, fragte ich. »Nur zu, bedien dich«, rief der Soldat und machte eine wegwerfende Handbewegung, »bis zum Frühjahr sind die sowieso alle verschimmelt.« Ich nahm eins der Bücher in die Hand, dann das nächste. Ich suchte mir ein paar Gedichtbände aus. Schullektüre, alte, abgegriffene Ausgaben. Ich steckte sie in meinen Rucksack. »Ich bring sie zurück«, sagte ich zu dem Soldaten. Der nickte träge.

Wer braucht schon Bücher im Krieg? Wenn Menschen ihre Häuser verlassen müssen, nehmen sie die Bücher nicht mit. Sie nehmen die wichtigen Dinge mit: Papiere, warme Kleidung, Familienfotos. Die Bücher bleiben in den leeren kalten Häusern zurück. Oder in den leeren kalten Bibliotheken. Sie bleiben in den Regalen stehen wie Zeugen einer untergegangenen Zivilisation, einer

Zivilisation, die eine riesige Menge an Wissen angehäuft hat, aber außerstande ist, von diesem Wissen Gebrauch zu machen. Bibliotheken im Krieg sind ein ganz und gar unnatürlicher Anblick. Aber auch ein zutiefst berührender.

2

Stanyzja Luhanska ist ein Dorf, de facto ein Vorort der von den Russen besetzten Stadt Luhansk, es liegt ebenfalls an der Frontlinie. Auch hier verläuft sie im Fluss. Der Fluss trennt, der Fluss schützt: Die Ufer sind vermint, die Brücken gesprengt. Eine Fußgängerbrücke gibt es noch, und sie wird jeden Morgen passiert, von mehreren tausend ukrainischen Staatsbürgern, die über Nacht Staatsbürger der so genannten »Luhansker Volksrepublik« geworden sind. Sie kommen auf die »ukrainische« Seite, um Lebensmittel zu kaufen und ihre Sozialleistungen in Empfang zu nehmen, die ihnen weiterhin ausgezahlt werden. Der zentrale Dorfplatz ist vom anderen Ufer aus gut zu beobachten. Er wird beobachtet und beschossen. Viele Häuser im Dorf haben Splitternarben aus dem ersten Kriegsjahr. In den Zäunen klaffen Einschlusslöcher. Die Dorfbibliothek befindet sich im Kulturhaus, direkt am zentralen Platz. Die Fenster gehen zum Fluss hinaus. Die Bibliothekare zeigen uns Bücher, die von Kugeln durchschlagen wurden. Sie stehen zusammen mit den anderen Büchern im Regal. In den ersten Kriegsmonaten, als die Lage besonders schlimm war, sind die Dorfbewohner in die Bibliothek gekommen, einfach um sich dort aufzuhalten, zusammen zu sein, zu reden. Gelesen haben sie wahrscheinlich nicht, es war ja dunkel; das Licht anzuschalten haben sie sich nicht getraut.

In den letzten sechs Jahren, sechs Kriegsjahren, habe ich Dutzende Bibliotheken in Städten und Dörfern an der Front gesehen. Neue Bücher bekommen sie kaum, aber viele dieser Einrichtungen erwachen zu einem zweiten Leben, werden zu Orten der Stärke, zu Orten, an denen sich trotz des Krieges, des Artilleriefeuers, der Dunkelheit und der Kälte das Leben hält. So eine Art moderne Kirche, in die man nicht zum Beten geht, sondern um sich aufzuwärmen. Nicht die schlechteste Form der Dienstleistung, wie ich finde.

Bibliotheken fahren wir ständig an. Wir bringen Bücher und veranstalten Lesungen. Manchmal kommen ein, zwei Dutzend Besucher, meistens aber sind sehr viele Zuhörer da. Ich bin mir nicht sicher, ob alle, die kommen, wirklich große Literaturliebhaber sind. Es geht eher um das Bedürfnis, nicht allein zu sein, am normalen Leben teilzuhaben, einem Leben ohne Krieg. Es ist so eine Art Büchertherapie.

In all den Jahren haben wir wahrscheinlich mehrere Tonnen Bücher in den Donbass geschafft. Es sind ganz verschiedene: Manchmal geben uns die Verlage Neuerscheinungen, manchmal kaufen wir was. Einmal haben wir eine Bücherspendenaktion veranstaltet, »für die

Bibliotheken im Osten«, wir haben einen Literaturabend organisiert und waren gespannt, was die Leute uns so bringen. Berge von Büchern haben sie angebracht. Manche sind in die Buchhandlung gegangen, um welche zu kaufen, andere haben die Lieblingsbände aus ihrer eigenen Bibliothek weggegeben. Manche kamen mit krudem Zeug an, das wir am liebsten nicht mitgenommen hätten. Menschen sind nun mal verschieden. Bücher auch. Bisweilen sind die Menschen wie die Bücher – zerlesen, voll von Sorgen, mit Unterstreichungen und Anmerkungen. Oder unberührt, ignoriert, ungeliebt.

Wohnungen beurteile ich schon lange nach der Zahl der dort aufgestellten Bücher. Im Grunde von Kindheit an, seit der Sowjetzeit, als Bücher echte Schätze waren. Als es generell viele Bücher, vor allem aber viele schlechte Bücher gab. Ich kann mich noch sehr gut an die gespannte Erwartung erinnern, wenn man zum ersten Mal bei jemandem eingeladen war und sich fragte, was er wohl für Bücher bei sich stehen hatte. Groß waren die Unterschiede allerdings nicht. Im Regal standen die Klassiker des sozialistischen Realismus oder einfach die Gesamtausgaben der Klassiker. Wenn man zu jemandem kam, der sich gut im Leben eingerichtet hatte, konnte man mitunter echte Raritäten entdecken: Dumas, Cooper, Conan Doyle. Es klingt vielleicht wie ein Witz, aber Dumas – sogar Dumas! – war zu Sowjetzeiten Mangelware. Alte Bücher im Haus sind wie alte Möbel, sie erzählen etwas vom

Wohlstand der Besitzer, von deren Alter, davon, was sie in ihrem Leben alles erworben, genauer gesagt, wie wenig sie eigentlich in ihrem Leben erworben haben.

Und heute, wenn man zu jemandem nach Hause kommt, findet man mit Sicherheit auch Bücher vor. Wie viele fremde Wohnungen habe ich in den letzten sechs Jahren, sechs Kriegsjahren gesehen? Wenn ich im Frontgebiet unterwegs war, irgendwo übernachtet, jemanden getroffen, Aktivisten besucht habe, bei Soldaten zu Hause war, in irgendeiner Küche gesessen, in einem Durchgangszimmer, auf einem alten Sofa geschlafen habe? Der fremde Alltag ist nicht immer interessant – manchmal ist er einfach nur traurig, er spricht für sich. Meine Freunde und ich sind in diesem Krieg quasi Außenstehende, wir kommen nicht, um zu kämpfen, wir kommen, um Gedichte vorzutragen. Obwohl wir mit den Soldaten reden, als gehörten wir dazu – wir bestärken sie, wir kommen extra zu ihnen; ob wir Waffen haben, interessiert sie nicht, sie interessiert, ob wir zu ihnen halten. Dieses Balancieren zwischen »der kulturellen Sphäre« und dem Terrain des Todes, das gibt uns tatsächlich die Möglichkeit, uns zu distanzieren, eine Außenperspektive einzunehmen, aber die Distanz ist nur relativ. Der Tod ist unübersehbar, er beschränkt sich nicht auf die »Zone der Kampfhandlungen«, man erkennt ihn am Geruch – ein Geruch nach Feuchtigkeit, Rauch und Mangel. Wie gut passen Bücher in diese Wohnungen und Kasernen? Wie notwendig sind sie? Ohne Bücher kommt man problemlos aus. Ohne Strom, ohne Heizung, ohne Kanalisation kaum. Und trotzdem haben wir immer und überall Bücher vorgefunden – ob in den Soldatenkantinen oder in einer Wohnung, die als Sammelstelle dient, wo Freiwillige auf dem Boden schlafen, die schon den dritten Tag entlang der Frontlinie unterwegs sind, um die Soldaten und die Zivilbevölkerung mit lebensnotwendigen Dingen zu versorgen. Bücher sind wie Geschirr, sie gehören einfach dazu. Man kommt zwar ohne sie aus, aber es ist besser, wenn sie da sind. So sehe ich das.

3

Ein verlorenes Buch ist natürlich kein verlorenes Leben. Aber es hat trotzdem nichts Gutes. Zerstörte Bibliotheken, beschossene Schulen, leerstehende Kulturhäuser haben nichts Gutes. Ein Kulturhaus sollte nun mal nicht leer stehen. Das widerspricht dem Begriff von Kultur. Ein zerschossenes Dach über einer kaputten Bühne verträgt sich nicht mit kulturellem Leben. Andererseits lässt sich jede Bibliothek wiederbeleben. Vorausgesetzt, es gibt Leser.

Awdijiwka war schon immer ein Vorort von Donezk. Die Stadt lebt von einem großen Kombinat, das dem Oligarchen Rinat Achmetow gehört. Das Kombinat ernährt alle, es gibt dem Ort seine strategische Bedeutung. Von sich aus schaffen es die Menschen nicht, ihren Städten und Dörfern eine vergleichbare strategische Bedeutung zu geben. Im Krieg ist die Wirtschaft strategisch wichtig. Die Menschen sind eher Statistik. Eine Statistik von Verlusten, eine Statistik von Wählerstimmungen. Jedenfalls verläuft derzeit zwischen Awdijiwka und Donezk die Frontlinie. Bei Awdijiwka wird gekämpft, hinter den letzten Häusern liegen Minenfelder. Aktivisten aus Awdijiwka haben uns kontaktiert, sie wollen Kulturprojekte machen und haben uns eingeladen, bei ihnen aufzutreten. Es hieß, wir würden in der Bibliothek auftreten, die zum Kombinat gehört. Wir haben Bücher gesammelt, um nicht mit leeren Händen zu kommen. Die Bibliothek liegt am Stadtrand, direkt neben den Minenfeldern. Kurz zuvor ist im Magazin der Bibliothek ein Geschoss aus Donezk detoniert. Die Veranstaltung findet trotzdem in der Bibliothek statt, es ist eng, aber ruhig. Die Bibliotheksleiterin schaut ungläubig auf unsere Bücher – vor dem Krieg bestanden ihre Neuzugänge ausschließlich aus russischen Ausgaben. Nun ist ein russisches Geschoss in die russischen Ausgaben geflogen, also müssen jetzt andere Bücher her. Nach der Veranstaltung verabschieden wir uns in der winterlichen Dämmerung. Die Nacht ist still, es wird nicht geschossen. Wir einigen uns auf einen weiteren Besuch, auf eine neue Partie Bücher.

Als wir das nächste Mal kommen, ist schon Frühling. Die Aktivisten haben ein Festival geplant. Meine Musiker und ich wollen dabei sein, wir sind in den Bus gestiegen und losgefahren. Die Bühne steht auf dem kleinen Platz vor der Bibliothek. Hinter der Bühne liegt das Minenfeld, hinter dem Feld die Frontlinie. Der Platz vor der Bibliothek wurde am Morgen sogar noch beschossen. Aber die Organisatoren geben sich gelassen. »Das passt schon«, sagen sie, »kein Grund zur Sorge.« In der Nähe der Bühne, ein paar hundert Meter weiter, steht eine neue Kirche, die offenbar ebenfalls vom Kombinat gebaut worden ist. Gerade ist Ostern vorbei, in der eher säkularen Ukraine ein staatlicher Feiertag. Die Leute strömen zur Kirche, auf der Bühne läuft der Soundcheck für das Konzert. Wir beäugen uns gegenseitig wie Fremdlinge. All das fließt an einem Ort und zu einer Zeit ineinander: die frische Frühlingsluft, der hohe Himmel über der Frontlinie, die zerschossene Bücherhalle, die neue Kirche, die Festivalbühne und die Minenfelder, die die Wirklichkeit teilen …

4

Krieg ist nicht gemacht für Literatur. Den Krieg als literarisches Material zu nutzen versuchen ist das Schlimmste, was ein Schriftsteller tun kann. Also das Leben eines Menschen, das sich jeden Augenblick in den Tod verkehren kann, als Material zu verwenden. Und doch ist es unmöglich, nicht über den Krieg zu schreiben. Über den Krieg muss geschrieben werden. Der Krieg braucht keine Ästhetisierung, aber er braucht Fixierung. Er braucht Zeugen, die weniger über sich als über den Krieg sprechen.

Es geht nicht um Reflexionen, es geht um Zeugnisse. Für mich ist es seit Beginn des Krieges, seit dem Frühjahr 2014 wichtig, Stimmen des Krieges einzufangen, Stimmen, die der Krieg hervorgebracht, Stimmen, die der Krieg verändert, Stimmen, die der Krieg zum Klingen gebracht hat. Wie kann man sie hören? Nur indem man Teil ihres Raums wird, indem man Gelegenheit hat, mit den Menschen zu sprechen. Worüber können wir mit ihnen reden? Zum Beispiel über Poesie. Es ist merkwürdig, die Poesie ist ja ein scheinbar geschlossenes System, so dass eigentlich nur derjenige darüber sprechen kann, der sich auf diesem Gebiet gut auskennt, der nicht umherirrt und in Sackgassen gerät. Und doch hatten wir in den sechs Jahren des Krieges unzählige Male die Gelegenheit, uns von einer ganz einfachen Sache zu überzeugen: Unter unnormalen Umständen – und wir einigen uns am besten gleich darauf, dass Krieg etwas vollkommen Unnormales ist – klammern sich die Menschen an die Dinge, die sie mit einem Leben ohne Krieg verbinden: Bücher, Dichter, Filme, Musik. Es ist der banale und zugleich utopische Wunsch, aus dem tagtäglichen Schrecken auszubrechen, das Wertesystem beizubehalten, das einen Bogen zum früheren Leben, zum Leben vor dem Krieg schlägt. Es ist seltsam, aber sehr auffällig – Menschen, die im Krieg leben, sind nicht besonders erpicht darauf, von dir etwas über den Krieg zu hören. Vielleicht glauben sie, du hättest nicht das Recht dazu – über sie, in ihrem Namen, über

SERHIJ ZHADAN

ihre Erfahrung zu sprechen. Vielleicht ertragen sie auch einfach diese Konfrontation mit sich selbst nicht. Ich weiß nicht so recht, was sich dahinter verbirgt, aber ich habe das schon öfter erlebt – du kommst in eine Frontstadt und trägst vor, was du über den Krieg denkst, dabei geht es dir überhaupt nicht darum, mit den Leuten zu kokettieren oder sie zu belehren, und doch verschließen sie sich augenblicklich, gehen auf Distanz, wehren ab. Wenn du hingegen etwas »Dichterisches« liest, löst sich diese Anspannung sofort. Manchmal überfordert uns die Literatur, manchmal dringt die Literatur auf ein Terrain vor, auf dem sie nichts zu suchen hat – das Terrain des großen Schmerzes, das Terrain der sich abgrenzenden Privatheit, ein abgeschirmtes und verschwiegenes Terrain. Wo sind seine Grenzen? Ich weiß es ehrlich gesagt nicht.

5

Sicher bin ich mir indessen, dass Literatur etwas mit Privatheit zu tun hat. Mit dem, was deine Subjektivität ausmacht, deinen Platz im Leben bestimmt. Wir lesen verschiedene Bücher, wir mögen verschiedene Autoren, jeder richtet seinen eigenen Dank und seine eigenen Forderungen an die Götter des Schreibens, aber wenn wir wirklich lesen, wenn wir den Faden der Zeilen nicht verlieren und uns einfach auf die Reise durch eine fremde Lektüre begeben, haben wir Gesprächsstoff, bleibt uns ein gewisser Raum für Austausch, also für Verständigung.

Und natürlich ist die Literatur im Krieg nicht deplatziert. Wie auch Geschichten von fremder Freude und fremdem Schmerz, Geschichten, die wir unbedingt teilen wollen und nicht für uns behalten können, nicht deplatziert sind. Literatur als Möglichkeit zu reden und als Möglichkeit zuzuhören, als Möglichkeit, Wichtiges zu teilen, und als Möglichkeit, Details aufzuzeigen – Literatur ist weiterhin präsent in dieser merkwürdigen, oft ungerechten, oft grausamen, aber doch wunderbaren Welt. Was hat der Krieg denn nun an meiner Wahrnehmung von Literatur geändert? Eigentlich nichts. Die Möglichkeiten der Literatur, die Möglichkeiten von Büchern sollte man nicht überschätzen. Sie sind wirklich nicht so groß. Aber unterschätzen sollte man sie auch nicht. Wie man auch unser Bedürfnis zu reden und zuzuhören nicht unterschätzen sollte. Natürlich können Bücher den Krieg nicht beenden. Aber Bücher können dir im Krieg helfen, du selbst zu bleiben, dich nicht zu verlieren, nicht unterzugehen. Eine etwas idealistische Vision, das stimmt, aber ich mag sie. Umso mehr, als die Erfahrung der letzten sechs Jahre einen einfachen Gedanken bestätigt – der Krieg kann uns das Verlangen nach Büchern, Musik, Filmen nicht nehmen. Unser Bedürfnis nach Privatsphäre, nach Unverwechselbarkeit, nach Individualität. Auch wenn wir ganz unterschiedliche Bücher lesen – gute, schlechte, kluge, weniger kluge. Wer außer uns kann unsere Lektüre überhaupt beurteilen? Eigentlich niemand. Wir bleiben in dieser Welt mit all unseren gelesenen Büchern. Ich hoffe, dass sie uns in diesem Leben doch irgendwie eine Orientierung geben. Ich hoffe, dass wir in diesem Leben doch irgendwie etwas zum Besseren wenden können.

Aus dem Ukrainischen von Claudia Dathe

15 Hartmut Rosa
Vom Wunder narrativer Resonanz

Ich kann morgens nicht aufstehen, ohne ein paar Seiten, ein paar Absätze wenigstens, eines Romans, einer Erzählung oder manchmal auch eines Krimis gelesen zu haben. Es geht einfach nicht. Und selbst wenn ich den Wecker so gestellt habe, dass kein zeitlicher Spielraum bleibt bis zum ersten Termin, so dass ich jede dem Lesen geopferte Minute beim Duschen, Frühstücken oder auf dem Weg ins Büro wieder aufholen muss, dass ich also *gleich werde rennen müssen,* kann ich dem Impuls nicht widerstehen. Und auch abends falle ich nur sehr selten jemals in den Schlaf, ohne vorher mit Hilfe eines Buches woanders gewesen zu sein.

Viele Jahre habe ich mich darüber gewundert, dass das so ist, mich gefragt, wieso es so ist, und mich gegrämt, wie sich viele Leser seit der ›Erfindung‹ des Romanlesens an der Schwelle zum 19. Jahrhundert grämten und grämen, weil dem Lesen der Ruf anhaftet, nur Ersatz für das richtige, das wahre, das wirkliche Leben zu sein. In Romane und Erzählungen und erst recht in Krimis flüchtet sich, wer kein richtiges, intensives eigenes Leben hat. Oder?

Inzwischen sehe ich das anders. Ganz anders. Lesen ist nicht ein Ersatz für das Leben, es ist seine Erweiterung und Vertiefung. Es ist bestimmt kein Zufall, dass Leben und Lesen nur durch einen Buchstaben unterschieden sind. *Lesen ist Leben.* Ohne Lesen gibt es kein richtiges Leben im Falschen, bin ich versucht, Adorno umzudichten. In den wenigen Minuten morgens und abends verflüssigt sich mein Weltverhältnis, löst sich die Starrheit und Verpanzerung meines alltäglichen, routinierten In-der-Welt-Seins, wird meine Weltbeziehung variabel, vielgestaltig und facettenreich. Im Alltag weiß ich, wer ich bin und wer die anderen sind und wie ich zu ihnen stehe: die Nachbarn, die Kinder aus dem Erdgeschoss, die Studierenden, die Kolleginnen, die Mitarbeiter – ich weiß, wie ich ihnen begegne und begegnen muss, und sie mir. Ich weiß, wie die Welt aussieht, wie sie sich anfühlt, wie es an der Kreuzung klingt und wie es in der Mensa riecht. *Und dieses heißt Hund und jenes heißt Haus, und hier ist Beginn und das Ende ist dort,* heißt es in Rainer Maria Rilkes berühmtem Dinggedicht *Ich fürchte mich so vor der Menschen Wort.* Es ist eine Warnung davor, dass unsere Weltbeziehung starr und stumm werden kann, weil wir zu allem eine immer schon definierte, funktionale Beziehung haben: *Ihr rührt sie an: sie sind starr und stumm / Ihr bringt mir alle die Dinge um.*

Im Lesen aber ändern die Menschen und Dinge plötzlich ihren Charakter. Ich tauche ein in gänzlich andere Weltbeziehungen. Ich bin ein Soldat im Schützengraben hinter meinem Maschinengewehr und fürchte mich vor der feindlichen Artillerie. Ich bin eine Frau in einem fernen Land unter einer fremden Sonne, die einen schweren Korb für ihre Mutter trägt, und ich spüre den Korb und ihre Sorgen auf meinen Schultern. Ich bin ein Junge, der mit bloßen Füßen in einer amerikanischen Turnhalle steht. Ich kann sie fühlen, hören und riechen. Ich bin sogar ein Mörder, der hinter einer Regalwand kauert und hofft, dass er nicht entdeckt wird; mein Herz pocht schnell und laut. Und vielleicht bin ich sogar ein Fuchs im Wald oder ein Stern im Weltall. Jedes Mal bin ich anders auf die Welt bezogen und in die Welt gestellt. Ich erahne ein anderes Verhältnis zum Sand, zum Wind, zum Boden, zur Sonne, zu Vater, Mutter und Kind; anders als das, das ich kenne; und dabei verändert sich auf magische Weise auch mein Selbstverhältnis, mein Selbstgefühl. Es gibt Passagen, in denen und nach denen ich plötzlich meinen Körper anders wahrnehme als vorher, vielleicht anders als jemals zuvor. Ich erlebe eine fortwährende Modulation meiner Weltbeziehung: Es kommen und gehen

Empfindungen der Angst, des Begehrens, der Sehnsucht, der Verlassenheit, der Isolation, der Sorge und der Liebe, auch des Hasses und der Wut, in immer neuen Variationen und Kombinationen. Als Mörder hoffe ich, nicht entdeckt zu werden, und zugleich ist da auch noch das Gefühl, dass es nicht richtig ist, ein nicht-entdeckter Mörder zu sein oder ein unbesiegbarer Scharfschütze oder ein rachsüchtiger Pharao. Neulich las ich den *Klavierspieler vom Gare du Nord* von Gabriel Katz und kam aus dem Staunen über mich selbst nicht mehr heraus: *Das ist keine große Kunst,* dachte ich die ganze Zeit, *das ist nur ordentliche Unterhaltungsliteratur, ziemlich klischeebeladen und reichlich vorhersagbar,* und doch, und doch: Ich konnte nicht nur nicht aufhören zu lesen, ich war richtig mitgenommen, mein Herz raste mit dem Auto, in dem der potenzielle Pianist zum entscheidenden Wettbewerb gefahren werden sollte, und ich fühlte den wahnsinnig starken, physischen Impuls: *Wenn das jetzt nicht klappt, wenn er da jetzt nicht hingeht, werfe ich das Buch mit Karacho an die Wand!* Und ich bin sicher, ich hätte es getan …

Aber es gibt andere Bücher, da ist die Identifikation mit der Handlung nicht so vorbehaltlos einfach. Manchmal hasse ich eines und finde es zutiefst verstörend, so dass ich mich immer wieder frage: *Wie kann man so etwas schreiben? Wie kann man so etwas schreiben?!* Es bringt Weisen des Bezogenseins auf Menschen, Dinge, Körper zum Ausdruck, die mir fremd und unheimlich sind: physisch, emotional, kognitiv oder moralisch unangenehm. Und doch kann ich nicht aufhören, es zu lesen, es berührt etwas ganz tief in mir und löst dort allerhand irritierende Reaktionen aus. Das ist narrative Resonanz.

Leben und Lesen sind nur durch einen Buchstaben unterschieden: Beides sind zuallererst Resonanzphänomene. Ihre Essenz besteht aus einem lebendigen, dynamischen Wechselspiel von Hören und Antworten. Oder Vernehmen und Entgegengehen. Vielleicht ist alles Leben so: Ob etwas lebendig ist, zeigt sich in seiner Berührbarkeit. Man testet, ob ein Objekt lebt, dadurch, dass man es berührt – wenn es mit einer Bewegung antwortet, lebt es. *Welche* Bewegung es zeigt, ist dabei allerdings oft kaum vorhersagbar und nicht kontrollierbar; sie ist *unverfügbar*. Es gibt nicht die richtige und die falsche Bewegung. Ein solches Wechselspiel aus Berührtwerden und darauf Antworten in einem ergebnisoffenen Prozess, der die Beteiligten verwandelt: Das nenne ich Resonanz.

Resonanz meint dabei nicht eine äußere, mechanische Berührung, auf die eine kausale Reaktion erfolgt – wie etwa in einer Situation, in der mir ein Tannenzapfen auf den Kopf fällt und ich mich gegen die Berührung physisch und psychisch zu verschließen versuche –, sondern ein innerliches Berührtsein, auf das wir mit einer Bewegung des Entgegengehens oder der Öffnung reagieren. Solche Selbst-Welt-Wechselwirkungen können durchaus neuronal verankert sein – etwa in unseren Reaktionen auf ein Streicheln der Haut, auf ein Lächeln, auf die Wärme von Sonnenstrahlen oder auf Bratenduft (sei er nun vegan oder nicht).[1]

In der (allerdings kontrovers diskutierten) Forschung zu Spiegelneuronen wurde entdeckt, dass schon bei bestimmten Affenarten, etwa Makaken, die Beobachtung von bestimmten Handlungen – etwa das Greifen nach einer Nuss – im prämotorischen Cortex, einem Areal des Großhirns, neuronale Prozesse auslösen kann, die identisch sind mit den Prozessen, die ablaufen, wenn der Affe selbst nach der Nuss greift. Für bestimmte Vorgänge im Gehirn macht es keinen Unterschied, ob eine Handlung motorisch selbst ausgeführt wird oder sensorisch beobachtet wird: Außen und Innen befinden sich hier in einem Spiegelungs- oder Resonanzverhältnis, die beobachtete Handlung fühlt sich wie eine selbst vollzogene (oder erlittene) Handlung an (wenngleich wir natürlich nicht wissen, wie Affen sich fühlen, so dass hier, wie überhaupt in der Diskussion um neuronale Spiegelungen, immer auch ein spekulatives Moment im Spiel ist).[2] Ohne dass wir uns auf die Untiefen neuronaler Prozesse und ihre Interpretation einlassen müssen, legt diese Forschung doch den Gedanken nahe, dass sich bei uns Menschen daraus so etwas wie eine *narrative Resonanz* entwickelt hat – und hier liegt nach meiner Auffassung der Kern des Geheimnisses des Lesens: Wir Menschen müssen eine Handlung nicht unmittelbar beobachten, um sie innerlich mitzuerleben, sondern wir erfahren Resonanz auch durch das Hören oder Lesen von *Geschichten;* ja, wir erfahren sie aus Gründen, auf die ich gleich zu sprechen komme, unter Umständen lesend noch intensiver als beobachtend. Eine gelesene Handlung ist dann sogar bis in die neuronalen Grundlagen hinein eine miterlebte, mitvollzogene Handlung. Deshalb schlägt unser Herz schneller, wenn der Mörder kommt, deshalb kriechen wir unter die Decke, wenn es unheimlich wird, deshalb fühlen wir uns erregt, wenn es intim wird, und deshalb weinen wir, wenn es traurig ist.

Die Voraussetzung für narrative Resonanz freilich bildet der Umstand, dass Menschen Sprachwesen sind. Für menschliches Leben ist Sprache ein wichtiges, vielleicht *das* wichtigste Resonanzmedium. Wir lassen uns durch sie zutiefst und zuinnerst berühren, und wir lernen und vermögen es dann, uns in ihr und durch sie auszudrücken, zu antworten, uns als selbstwirksam zu erfahren und uns zu verwandeln. Es ist die Sprachfähigkeit, die dazu führt, dass Menschen die Welt zu (er)lesen verstehen, weil sie anders als Affen Handlungen (wie das Greifen einer Erdnuss oder das Töten eines Kindes) nicht nur ausführen und beobachten, sondern auch sprachlich evozieren können. Tatsächlich gibt es gute Gründe für die Annahme, dass die sprachliche Beschreibung (gleichgültig, ob wir sie lesen oder hören) die Spiegelneuronen

HARTMUT ROSA

auf eine ganz ähnliche Weise zum Feuern zu bringen wie die anderen beiden Handlungsmodi. Dafür spricht auch, dass Sprachzentrum und Spiegelneuronen sich in unmittelbarer, überlappender Nachbarschaft im prämotorischen Areal des Gehirns befinden. Dies verleiht der philosophischen Einsicht, dass wir »Dinge mit Wörtern tun können«[3], einen ganz neuen, buchstäblichen Sinn: Neuronal gesprochen kann, sofern diese Überlegungen zutreffen, Sprache die Wirkung von Handlungen erzeugen (und uns mitunter buchstäblich *zu Boden strecken* – oder auch *in den Himmel heben*).

Damit sind die Resonanzqualitäten der Sprache jedoch noch lange nicht erschöpft; damit beginnen sie erst. Die Kenntnis und Beherrschung grammatischer Phänomene etwa erlaubt ein Verständnis und eine Verfeinerung des sprachlichen Resonanzspiels ganz eigener Art, und die Kraft von Metaphern liegt gerade darin, dass sie feine und untergründige Resonanzen oft sogar sinnlicher und leiblicher Art hervorruft – *Der müde, traurige Dezemberhimmel; die Wärme und der Glanz der Weihnacht; etwas, das uns auf den Magen schlägt; eine Mauer des Schweigens; an einer Sache Feuer fangen:* Das kann man *spüren.* Und wie jeder weiß, der Tagebücher oder Briefe verfasst, eröffnet dann auch das Schreiben Resonanzachsen zum eigenen Inneren ebenso wie zum Anderen – und ermöglicht die Erfahrung einer expressiven Selbstwirksamkeit, die durch nichts zu ersetzen ist.

Aber komplexe Handlungen und Situationen lassen sich weder über Wörter als Äquivalente für sensomotorische Akte noch durch Metaphern alleine begreifen oder spiegeln. Menschen erzeugen starke empathische Resonanzen deshalb vor allem vermittels der Formulierung und Gestaltung von *Geschichten*. Im Erzählen von Geschichten erst schaffen wir die Voraussetzungen, welche eine komplexe Perspektivenübernahme erlauben und damit jenes intersubjektive soziale Phänomen erzeugen, das Fritz Breithaupt als »narrative Empathie« zu rekonstruieren versucht hat.[4] Hier hat die philosophische Einsicht, dass Menschen *geschichtenerzählende* Wesen sind, ihre resonanzlogische und spiegeltheoretische Ursache.

Wie stark Geschichten uns nicht nur in psychisch-emotionale, sondern sogar in sensomotorische Resonanz zu versetzen mögen, lässt sich in jedem Kino beobachten, wenn die Zuschauer im Mitvollzug des Gesehenen Fäuste ballen und in Abwehrhaltung gehen, sich die Haare raufen, weinen und lachen, den Atem anhalten, den Pulsschlag beschleunigen, den Hautwiderstand verändern usw.; und nicht viel anders verhält es sich beim Lesen (und auch beim Anhören) von Geschichten. Dass sich das »Feuern der Spiegelneuronen« (zumindest in der metaphorischen Bedeutung dieser Formulierung) dabei unserer bewussten Steuerung und Kontrolle weitgehend entzieht und sich verselbständigt, lässt sich daran erkennen, dass alle diese Wirkungen auch dann (und

HARTMUT ROSA

ohne Intensitätsverlust) auftreten, wenn wir uns der Tatsache vollständig bewusst sind, dass die erzählten Geschichten reine Fiktion sind. Tatsächlich habe ich mich beim Lesen des *Klavierspielers vom Gare du Nord* dabei ertappt, darüber nachzudenken, welche Gründe den Autor wohl dazu bewogen haben könnten, die Geschichte gut oder schlecht ausgehen zu lassen, und ich kam zum Ergebnis, dass er sie, um nicht endgültig als Kitschautor dazustehen, eigentlich nur schlecht enden lassen könne – was dazu führte, dass ich ihn beim Lesen beschwor, auf keinen Fall dieser rationalen Überlegung nachgegeben zu haben: *Bitte, bitte, mach es nicht, mach es auf keinen Fall!* sagte ich im Geist, nein: *sagte ich laut* zu ihm. Wenn ich aus diesem meinen Verhalten nicht die Schlussfolgerung ziehen soll, dass mit mir etwas nicht stimmt, dann kann ich es mir nur so erklären, dass die narrative Resonanz, das Feuern der Spiegelneuronen, so stark war, dass sämtliche Rationalisierungen für das Erleben nahezu irrelevant wurden. Und ich stehe mit diesen höchst erklärungsbedürftigen, durch die Verteilung von Druckerschwärze auf Papierseiten ausgelösten inneren Zuständen keineswegs alleine da, wie jeder Leser von Kriminalromanen bestätigen wird, wenngleich sie bei den Nicht-Lesern Kopfschütteln auslösen werden: Sie lesen genau deshalb nicht, weil sie jenes Neuronenfeuer durch die Einsicht unterdrücken, dass es sich ja *nur um erfundene Geschichten* handelt.

Allein, die Welterfahrung des Lesens einfach auf eine Spiegelung oder innerliche Verdoppelung zu reduzieren, wie es der Begriff der Spiegelneuronen nahelegt, wäre gewiss falsch, und zwar aus zweierlei Gründen. Zum einen müssen wir die Welt, von der wir lesen, innerlich ja erst erzeugen, wir müssen ihr Farbe, Geruch, Wärme, Weite geben. Anders als beim Film müssen wir alles narrativ Gestaltete in uns aktiv hervorbringen: Wenn da von einer Frau die Rede ist, die durch die Wüste reitet mit einem Korb auf dem Rücken, dann sehen meine Frau, mein Korb, mein Pferd und meine Wüste anders aus als deine, auch wenn wir die gleiche Geschichte lesen. Der Akt des Lesens erfordert daher eine ganz andere und viel höhere Selbstwirksamkeit als das Anschauen eines Filmes. Weil in einer Resonanzerfahrung Berührtwerden und Selbstwirksamsein aber stets miteinander verschränkt sind, haben wir hier den Grund dafür, wieso Lesen eine intensivere und nachhaltigere Erfahrung sein kann als das Kinoerlebnis. Beim Lesen bringen wir mit der Gestaltgebung der Welt die Modellierungen, Variierungen und Schattierungen der Weltbeziehungen selbst hervor, während sie im Kino bildlich und insbesondere auch akustisch immer schon vorgegeben sind. Im Kino spiegeln wir in vielerlei Hinsicht das Erleben und die Welt der Protagonisten (vermittelt durch den Blick der Regisseurin, der Komponistin und der Kamerafrau) – im Lesen jedoch ko-konstruieren wir sie in höchstem

HARTMUT ROSA

Maße: Hier steht immer unsere eigene Weltbeziehung auf dem Spiel.

Dies wiederum lässt bereits den zweiten Grund dafür erkennen, warum die Leseerfahrung keine Spiegelung ist: Lesend verdoppeln wir nicht einfach ein Leben oder eine Erfahrung, sondern wir *antworten* auch auf das narrativ Erzeugte und Gestaltgewordene, wir befinden uns in einem stetigen Dialog, einer Auseinandersetzung mit dem Gelesenen oder der Protagonistin. *Du gehst da jetzt hin, gottverdammich,* habe ich etwa zu dem zaudernden Pianisten vom Gare du Nord gesagt, obwohl er offensichtlich nicht mehr Klavierspielen wollte; und noch deutlicher wird das Dialogische an Büchern, die verwirrend, irritierend, störend sind und doch faszinierend. Tatsächlich ist Resonanz niemals einfach nur Echo oder Spiegelung, sondern stets auch ein eigenständiges, eigensinniges, niemals ganz vorhersehbares *Antworten* – das ist sie sogar im Gehirn, weil wir die beobachtbaren Prozesse eher als antwortende Erregung denn als reine Spiegelung deuten sollten[5] –, das ist sie aber insbesondere im sozialen Leben, in dem die Art und Weise, wie wir auf eine Berührung reagieren, essentiell offen und variabel ist. Und so lesen wir Bücher ja in aller Regel deshalb, weil wir wissen, *dass sie etwas mit uns machen*, aber nicht oder nicht genau, *was sie mit uns machen.* Und unsere Antwort ist nicht nur eine je individuelle, sondern auch von unserer jeweiligen Stimmung und Lebenslage abhängig. So kann es sein, dass eine Geschichte, die uns heute zu Tränen rührt, uns morgen eher flach vorkommt und langweilt – und wenn wir richtig deprimiert sind, dann stellen wir fest, dass die Berührung ausbleibt, *obwohl wir das Buch vielleicht noch immer für großartig halten:* Uns fehlt dann die Kraft zur Selbstwirksamkeit, unsere Antwort bleibt aus, in uns rührt sich nichts. Wenn die Verheißung des Lesens in der Erfahrung liegt, *dass eine andere Weltbeziehung möglich ist,* dann liegt das Furchtbare der Depression darin, dass in ihr kein anderes In-der-Welt-Sein mehr möglich scheint: Lesen wird dann in der Tat sinnlos.

Denn der Sinn des Lesens liegt in der Verwandlung, oder genauer: in der Anverwandlung anderer Möglichkeiten der Weltbeziehung. Auf der Innenklappe von Hermann Hesses Erzählung *Unterm Rad* druckte der Suhrkamp Verlag lange Zeit ein Zitat von Rolf Schneider. »Ein paar Wochen ist es her, da entdeckte ich in einem Abteil der Berliner S-Bahn zwei junge Leute. Ihre Gesichter waren über dasselbe Buch gehängt, das einer der beiden in Händen hielt. Sie lasen, sie waren verzaubert, von ihrer Haltung ging eine fast greifbare Aura der Verwandlung aus, sie blickten nicht auf, sie waren vollkommen unempfindlich für die Umwelt. Ich habe weder vorher noch danach wieder Menschen so lesen sehen. Sie lasen Hermann Hesses *Unterm Rad.* Nur die Wirklichkeit hat recht.« Nimmt man den Gedanken der neuronalen Spiegelung ernst, dann ist die erfahrene Wirklichkeit für Lesende

　　　　　　　HARTMUT ROSA

zumindest mehrdeutig: Sie tauchen ein und erleben ein anderes Leben, ein anderes In-der-Zeit-Sein. *Leben und Lesen sind nur durch einen Buchstaben unterschieden.*

Unser Gegenwartsbewusstsein wird in der Regel aus der Überlagerung dreier Zeitebenen gebildet, die zu integrieren gleichsam unsere Lebensaufgabe ist. Wir haben ein Bewusstsein der *Alltagszeit,* mit der wir kämpfen und die wir im Griff behalten müssen: *Gleich kommt der Bus, hoffentlich schaffe ich es rechtzeitig zur Arbeit, danach muss ich die Tochter von der Schule abholen.* Unterlegt wird die Ebene der Alltagszeit durch unseren *lebenszeitlichen Horizont.* Dieser wird insbesondere in Übergangs- oder in Krisenzeiten bewusst. Immer dann, wenn wir uns fragen, wie wir geworden sind, was wir sind, und was wir mit unserem Leben (noch) machen wollen; wenn wir etwa plötzlich feststellen, dass das, was unseren alltagszeitlichen Horizont füllt, nicht das ist, was wir uns für unser Leben versprochen haben. *So habe ich mir mein Leben nicht vorgestellt,* denken wir dann vielleicht. Alltagszeit und Lebenszeit stehen dabei in Widerspruch zueinander. Überwölbt werden beide durch einen Sinn für die gesellschaftlich-historische Situation, in der wir uns befinden, für die ›Weltzeit‹. Dieser Sinn meldet sich immer dann und dort, wenn wir uns fragen, ob wir noch ›zeitgemäß‹ sind, ob man *diese Schuhe heute noch tragen kann,* ob unsere Auffassung vom Leben oder von der Politik *noch in die Zeit passt;* oder wenn wir uns *aus der*

Zeit gefallen, abgehängt fühlen. *Das ist nicht mehr meine Welt.* Leben gelingt, so lässt sich daraus schließen, wo diese drei Zeitebenen – Alltagszeit, Lebenszeit, Weltzeit –, und die aus ihnen jeweils resultierenden Horizonte der Vergangenheit, der Gegenwart und der Zukunft sich integrieren lassen. Häufig tun sie es nicht oder nur auf eine sehr fragile Weise, in kurzen Momenten, in denen das Leben *ganz* wird.

Wer nicht liest, bleibt Gefangener seiner je eigenen Alltagszeit, Lebenszeit und Weltzeit. Er hat nur diese eine. Im Lesen aber eröffnet sich der Horizont einer anderen zeitlichen Dreifaltigkeit: Wir werden konfrontiert mit einem anderen *Alltag,* einem anderen *Leben,* einer anderen Epoche. Und machen dabei die Erfahrung: *Ein anderes In-der-Welt-Sein ist möglich.* Viel ist deshalb dem gewonnen, der sich einmal von einem Gedicht, einem Roman, einer Novelle wirklich berühren, ergreifen und verwandeln lässt. Er oder sie lernt dabei, mit einem Anderen, einem Fremden, Irritierenden, vielleicht zuerst sogar Störenden so in Verbindung zu treten, dass dieses Neue keine Angst und keine Abwehr produziert, sondern eigene Selbstwirksamkeit erfahren lässt. Denn wir lesen ja in aller Regel in einem sicheren, geschützten Raum, der es uns ermöglicht, uns vertrauensvoll zu öffnen, wie wir uns einem realen Fremden gegenüber kaum je öffnen und berührbar machen könnten. *Da spricht etwas zu mir,*

HARTMUT ROSA

das mir neu ist, das anders ist als ich, und ich vermag, es zu hören, darauf zu antworten, damit etwas anzufangen. Das bedeutet nicht, dass wir dieses Andere vorbehaltlos gutheißen müssen: Resonanz bedeutet nicht nur Berührtwerden, sondern auch, darauf zu antworten, daraus etwas zu machen. So entsteht das Neue, im eigenen Leben und in der Welt. So entsteht Lebendigkeit. So können wir durch Literatur mit *dem Anderen* in uns selbst, in der Geschichte, in der Kunst, vielleicht sogar in der Natur in Resonanz treten. So entwickeln wir tragfähige Beziehungen zur Welt: angstfrei, neugierig, selbstwirksam, lebendig. So lautet meine Eloge auf das Lesen. Aber dann meldet sich die Skepsis: Hat Lesen die Welt je wirklich besser gemacht?

Zweifel daran kommen mir aus zwei Richtungen: Erstens stellt sich die Frage, ob wir lesend wirklich *dem Anderen* begegnen oder ob nur unsere eigene Imaginationskraft angeregt wird, ob wir es am Ende doch nur mit Projektionen unserer selbst zu tun haben. Und zweitens ist es durchaus unklar, wie die Brücke zwischen Lesen und Leben beschaffen ist: Hat das Lesen tatsächlich die Kraft, die gelebte Wirklichkeit zu verändern, oder pazifiziert es womöglich gerade den Veränderungswillen, indem es uns hilft, eine schlechte Wirklichkeit, ein fragmentiertes, erstarrtes Leben zu ertragen? Vielleicht hängt die Antwort auf diese Fragen gar nicht sosehr davon ab, *was* man liest, sondern *wie* man liest.

Anders als ich das zu Beginn dieses Beitrags nahegelegt habe, werde ich lesend natürlich *nicht* zu dem Jungen in der Turnhalle, zum Soldaten im Schützengraben oder zum Mörder hinter der Regalwand und schon gar nicht zu der Frau in der Wüste, der Migrantin aus Vietnam oder dem Indigenen auf Samoa. Das zu behaupten wäre anmaßend und falsch. Aber ebenso falsch scheint mir die gegenteilige Annahme: Dass ich lesend immer derselbe bliebe. Im Lesen erahne, erspüre, erfühle und ja: imaginiere ich mir ein Anderes. Ein anderes In-der-Welt-Sein, und dieses entsteht genau an der Schnittstelle zwischen meinem eigenen Erfahrungshorizont – meiner Alltagszeit, Lebenszeit und Weltzeit, die ich natürlich nicht einfach vergessen und verlassen kann – und einer anderen Lebenswirklichkeit, wobei bei Letzterer natürlich stets eine Überblendung der Perspektiven von Autorin und Protagonistin hinzukommt, die ich an dieser Stelle (wie jeder Leser) einfach ausklammere. Die theoretische Kraft des Resonanzkonzepts liegt nach meiner Überzeugung darin, dass es die unüberwindlich scheinende Kluft zwischen Identität und Differenz genau an dieser Stelle zu überbrücken erlaubt: Identitätstheorien versuchen gleichsam alles ›einzuverleiben‹ und zu versöhnen, das heißt, das Andere als Teil des Eigenen verstehbar werden zu lassen, während Differenztheorien darauf beharren, dass der, die oder das Andere radikal und unversöhnlich anders ist und bleibt. Das Resonanzkonzept jedoch beruht auf der Idee, dass

HARTMUT ROSA

eine Verbindung zu diesem Anderen möglich ist – aber nur um den Preis der Veränderung und damit der Preisgabe der (ursprünglichen) Identität. Anverwandlung des Anderen ist daher gerade nicht Aneignung: Das Andere wird nicht zum Eigenen, sondern beide verwandeln sich auf ein Drittes hin.

Nun scheint mir, dass lesend eine solche Anverwandlung möglich wird: Indem ich lese, ahne ich eine andere Weise, sich selbst, die Welt, die Zeit zu erfahren; es eröffnet sich mir die Möglichkeit eines anderen Ding-, Sozial- und Selbstverhältnisses. Unsere Weltbeziehungen sind von Feldern der Attraktion, der Repulsion und der Indifferenz gekennzeichnet: Manche Dinge, Menschen oder Vorgänge ziehen mich an, finde ich attraktiv oder bewunderungswürdig, erstrebenswert oder verheißungsvoll, andere finde ich abstoßend, schlecht, gefährlich oder sogar ekelerregend. Und den meisten Menschen, Dingen und Prozessen stehe ich indifferent gegenüber: Sie sind da, aber sie sind mir gleichgültig, ich beachte sie gar nicht. Im Lesen aber entsteht plötzlich eine andere Landkarte der Attraktion, Repulsion und Indifferenz: Jemand glaubt, liebt, fürchtet und hasst anders als ich. Versenke ich mich intensiv und über längere Zeit in ein erlesenes Leben, formt sich entsprechend meine eigene Landkarte der Welt mit ihren emotionalen und evaluativen ›Höhenangaben‹ um, wenigstens für die Dauer des Lesens. Viele Elemente dieser Landkarte werden weiterhin meine alten, meine

eigenen sein: Auch wenn ich mich als Soldat im Schützengraben oder als Frau in der Wüste erfahre, wird die
lesend erfahrene Beziehung zu meinem Körper, zu den
begegnenden Menschen, zur landschaftlichen Umgebung
von meiner ›realen Vorgeschichte‹ geprägt sein. Allerdings
bin ich fest davon überzeugt, dass Weltbeziehungen so
etwas wie eine ›Gestalt‹ bilden, oder mit Pierre Bourdieu
gesprochen: mit einem spezifischen *Habitus* einhergehen,
das heißt mit einer bestimmten Weise des Agierens und
Reagierens, des Wahrnehmens, Urteilens, Denkens und
Handelns. Wenn wir uns im Lesen einen fremden Habitus
wirklich ›anverwandelt‹ haben, dann re-definiert er auch
solche Angaben der Landkarte, die gar nicht explizit thematisiert werden. Wir ahnen dann, wie jemand auf eine
Begegnung, einen Menschen oder ein Objekt reagieren
wird, ohne dass wir darüber im Buch schon etwas gelesen hätten, ohne dass es uns überhaupt bewusst sein
muss. In der Kognitionswissenschaft, der sogenannten
›Theory of Mind‹-Forschung, gibt es zwei verschiedene Ansätze, um zu erklären, wie Menschen dazu in der
Lage sind, sich in andere hineinzuversetzen. Der eine, der
Theorie-Bildungs-Ansatz (*theory-theory of mind*) geht
davon aus, dass wir tatsächlich Theorien bezüglich des
Fühlens und Verhaltens anderer entwickeln und dann
durch Beobachtung testen, ob sie zutreffen. Der andere,
die Simulationstheorie (*simulation-theory of mind*), ist
überzeugt davon, dass wir in uns mit- und nachvollzie-

hen, was wir außer uns – an anderen – beobachten.[6] Im Lichte der hier angestellten Überlegungen scheint mir der zweite Ansatz weitaus plausibler zu sein: Beim Lesen kommt es zu einer narrativ induzierten Simulation, das heißt zum Mit- und Nachvollzug eines anderen In-der-Welt-Seins, zur temporären Ausprägung eines *anderen Habitus.* Dies ist der Grund dafür, wieso wir lesend einen Sinn für andere Weisen des Liebens und Glaubens, des Hoffens und Bangens, des Sehens und Sehnens und auch der Isolation und der Einsamkeit gewinnen können. Und dahinter scheint dann vielleicht ein vertieftes Gefühl und Verständnis für das auf, was das Humane sein kann, was menschliches In-der-Welt-Sein heißen kann.

Vor Kurzem habe ich Zsuzsa Bánks Roman *Schlafen werden wir später* gelesen. Das heißt, ich habe lange daran gelesen. Es ist ein dickes Buch in der Tradition des Briefromans; es geschieht nicht viel darin. Es handelt von zwei Frauen: der nur mäßig erfolgreichen Schriftstellerin Marta und der Dorfschullehrerin Johanna, die – in der Mitte ihres Lebens stehend – über drei Jahre und 700 Seiten hinweg einen regelmäßigen E-Mail-Austausch pflegen, in dem sie sich von ihren Alltagssorgen, -nöten und -hoffnungen schreiben. Wen sollte das interessieren? Mich. Indem ich Seite für Seite und sozusagen Tag für Tag mit einer, oder genauer: zwei anderen, mir fremden Alltagszeiten, Lebenszeiten und Weltzeiten konfrontiert wurde (wobei ich daran zweifle, ob ›konfrontiert‹ hier das richtige Wort ist: Der Roman begegnete mir ja nicht konfrontativ, aber ich habe mich auch nicht einfach in ihn ›hineinversetzt‹; es bedürfte hier eines neuen Begriffes genau dazwischen), bildete sich in mir nach und nach der Sinn für eine oder zwei andere Formen des Bezogenseins auf Welt und Leben. Und diese andere Weltbeziehung kommentierte, moderierte, modulierte fortwährend meine eigene Wahrnehmung und Erfahrung von Alltag, Welt und Leben. Ich konnte spüren, wie Marta oder Johanna bestimmte Dinge, die ich in meinem eigenen Alltag erfuhr oder die mich beschäftigten, beschrieben, kommentiert, wahrgenommen hätten. Ich erkannte in dem, was die beiden Frauen sich schrieben, viele eigene Erfahrungen wieder, aber sie nahmen sie anders wahr, ordneten sie anders ein und bewerteten sie anders – und dies färbte dann auf meine nachfolgende Erfahrungsweise ab. So verstehe ich Resonanz: Aus meinem eigenen und dem Fremden entsteht etwas Drittes, Neues – auch wenn dieses Neue vielleicht nur marginal anders ist als das Alte.

Darin aber liegt vielleicht schon der Beginn einer Antwort auf die zweite Frage: Die Brücke zwischen Leben und Lesen muss beschritten werden, sie ist nicht von sich aus schon wirksam verbindend. Das Erlesen anderer Weltbeziehungen kann die Erstarrung, Verkrustung und Verarmung meiner eigenen, gelebten Form des In-der-Welt-Seins kompensieren, überdecken, erträglich machen. Dann ist Lesen in der Tat nur eskapistisch, dann

verhindert es sogar Leben. Es kann aber meine Weltbeziehung auch verflüssigen, verändern und erweitern, es
kann in mir den Sinn dafür lebendig halten, dass es viele
Weisen gibt, Menschen, Dingen, Widerfahrnissen zu
begegnen, dass Anverwandlung stets eine Möglichkeit
ist. Es kann mich sensibel machen dafür, dass andere
Menschen anders in die Welt gestellt und auf das Leben
bezogen sind. Dann fühle ich mich nicht nur in den Momenten des Lesens lebendig, das heißt: berührbar und
antwortfähig, verwandelbar und selbstwirksam, sondern
in allen Aspekten meines Handelns. Dann stiftet Lesen
Leben, weil es im Sinne Hannah Arendts das Neue in
meine Welt treten lässt. Oft ist dieses Neue nur eine
Marginalie, eine winzige Verschiebung in der Landkarte meiner äußeren und inneren Welt. Manchmal aber
kann dieses Neue, das mich aus der Erstarrung löst, le-
bensverändernd, sogar lebensrettend sein. Und deshalb
werde ich auch morgen früh wieder als Erstes zu einem
Buch greifen – diesmal ist es Ocean Vuongs *Auf Erden
sind wir kurz grandios*: ein irritierendes, verstörendes,
berührendes Buch.

16

Dževad Karahasan
Stille Ekstase

In den *Bekenntnissen* des Aurelius Augustinus findet
sich eine Stelle, die für die europäische Geschichte des
Lesens von wesentlicher Bedeutung ist. Im sechsten Buch
schreibt er über seinen Lehrer, den Mailänder Bischof
Ambrosius: »Wenn er aber las, glitten seine Augen über
die Seiten, und sein Herz suchte den Sinn zu erkunden,
doch Stimme und Zunge blieben stumm.« Diese Art des
Lesens verblüffte den späteren Heiligen so sehr, dass er
sich ernstlich bemühte, eine Erklärung dafür zu finden:
Vielleicht hat Bischof Ambrosius Probleme mit der Stimme; vielleicht ruht er während des Lesens seine Stimme
aus, die erschöpft ist vom Predigen, Lehren und von den
ununterbrochenen Gesprächen mit Menschen, die sich
rat- oder hilfesuchend an ihn wenden; vielleicht schützt er
sich mit dem Schweigen vor Fragen, mit denen ihn seine

versammelten Schüler sicher überschütten würden, wenn sie wüssten und hören könnten, was er liest? Dies sind nur einige von Augustinus' Mutmaßungen und Versuchen, sich das stumme Lesen seines Lehrers zu erklären.

Zweifellos hat es das stumme Lesen auch schon lange vor Augustinus gegeben, ist doch der Übergang vom lauten zum stillen, vom hörbaren zum unhörbaren Lesen untrennbar an literarische Formen geknüpft, die bereits in der Epoche des Hellenismus in Erscheinung traten. Eine dieser Formen, die ohne stummes Lesen kaum denkbar sind, ist die erzählende Prosa, die in Gestalt des griechischen Romans am Ende des zweiten Jahrhunderts v. Chr. große Popularität erlangte, wofür die historischen Romane über Alexander den Großen, der berühmte Roman über den legendären Assyrerkönig Ninos und die zahlreichen griechischen Liebesromane, z. B. Charitons Roman über die schöne Kallirrhoë, beispielhaft stehen. Mit der Erzählprosa und dem stummen Lesen sind untrennbar der Individualismus verbunden und die Verhaltensformen und Existenzweisen, die mit ihm einhergehen. Aber erst bei Augustinus wird diese Art des Lesens explizit erwähnt, beschrieben und reflektiert, und damit wird zumindest indirekt auf die tiefe Verflechtung des Lesens nicht nur mit der Literatur, sondern auch mit unserer Existenz, mit unserem Leben hingewiesen. (Fast könnte man die Regel aufstellen: Zeig mir, wie du liest, und ich sage dir, wie du lebst.)

Um diese Behauptung zu stützen, sei an ein paar gattungshistorische Tatsachen erinnert. Die älteste Erzählform, das Epos, widmete sich der Aufgabe, die Gründung oder die Entstehung einer politischen oder kulturellen Gemeinschaft in Worte zu fassen; es handelt von der Gemeinschaft und rechnet damit, von dieser Gemeinschaft mit Anteilnahme wahrgenommen (gelesen) zu werden. Für das klassische Drama gilt dasselbe: Nietzsche sagte zu Recht, dass sich Athen (die Polis als Gemeinschaft) im Theater anschaut und erkennt. Wie das Epos formuliert auch die Tragödie bestimmte Werte, um die herum sich eine Gemeinschaft bildet, und diese Werte bietet sie als Ideal, als Verpflichtung und als Erfüllung des menschlichen Lebens an. Die Hauptfiguren der Tragödie und des Epos sind immer Helden, Repräsentanten einer Gemeinschaft, die mit ihren Taten die proklamierten Ideale zu verwirklichen versuchen – und natürlich immer scheitern.

Demgegenüber handelt die erzählende Prosa, wie der erwähnte griechische Roman, vom Individuum, von Einzelnen, die sich, getrennt von der Gemeinschaft (zum Beispiel als Hellene in Ägypten, Babylon, Äthiopien oder wo auch immer), in einer Situation wiederfinden, in der sie sich Fragen stellen müssen: Fragen nach sich selbst, nach der Zugehörigkeit zur eigenen Gemeinschaft und deren Verhältnis zu den anderen Gemeinschaften, die sie, die Romanhelden, bei ihrem Aufenthalt in der Fremde kennengelernt haben.

Der Roman ist ein Bericht über das Schicksal des Einzelnen und ein Versuch, dieses Schicksal zu erkennen, daher wendet er sich nie an die Gemeinschaft und beschäftigt sich mit der Gemeinschaft nur insoweit, als sie Gegenstand der Erkenntnis des Helden ist.

Im Übrigen lässt sich das stumme Lesen von erzählender Prosa auch als rein technische Notwendigkeit begreifen. Ein Gedicht können Sie rezitieren und genießen, vor allem können Sie es genießen, wenn Sie einem guten Rezitator zuhören. Majakowski und Marinetti zum Beispiel haben Gedichte zur öffentlichen Rezitation, manchmal auch zum Zweck der politischen Agitation, aber nicht für das individuelle Lesen an einem privaten Ort geschrieben. Auch Epos und Drama waren zur öffentlichen Aufführung bestimmt, sie werden nur in Gemeinschaft wirklich genossen und bestehen aus Sätzen, die laut ausgesprochen werden wollen. Zweihundert Seiten eines Erzähltextes laut zu sprechen ist hingegen unsinnig, selbst wenn es möglich wäre; unsinnig ist es, weil kein lebendiger, normaler Mensch sich diese zweihundert Seiten anhören und sie erleben könnte. (Für die sogenannten Hörbücher gilt das nicht. Bei ihnen handelt es sich um die gesprochene Interpretation einer Erzählung oder eines Romans; hier steht der Schauspieler oder ein anderer Sprecher zwischen dem Text und dem Leser.) Die erzählende Prosa wird in der Einsamkeit genossen, gleichsam als Gespräch eines Einzelnen mit einem abwesenden Gesprächspartner.

Das schicksalhafte Abkommen des Individualismus mit dem Erzählen und dem unhörbaren Lesen wurde fünfzehn Jahrhunderte später erneuert: durch den Protestantismus, die Druckmaschine und den modernen Roman. Erinnern wir uns: Der Protestantismus schloss die Möglichkeit aus, dass jemand oder etwas, sei es ein Mensch oder eine Institution, zwischen Gott und dem Menschen vermittelt. Er erklärte das Neue Testament zur einzigen Quelle und zum einzigen Kriterium der Wahrheit und begründete damit das Buch als Tempel – als den Ort, an dem sich das Heilige aufhält. Gleichzeitig machte die Druckmaschine das Buch für viele zugänglich, so dass sich das Lesen im Spannungsfeld zwischen Ritus und Alltag ansiedelte und dem Buch folgend verbreitete, das zu jener Zeit Hüterin des Heiligen und Alltagsgegenstand zugleich wurde. Indem sich das Lesen als Handlung konstituierte, die das Heilige und das Profane, zum Beispiel das Gebet und die Essenszubereitung vereinigt, »deckte« das Lesen das ganze menschliche Wesen »ab«, weil sich im Lesen alle Dimensionen und alle Möglichkeiten dieses Wesens verwirklichen, von der Ahnung des Transzendenten bis zum Genuss der Nahrung und der Freude an der Erniedrigung seines Nächsten, vom Bedürfnis nach dem Heiligen bis zur Völlerei und zur Hingabe an die Sünde.

Die Form des Individualismus, zu deren Entstehung der Protestantismus und die Druckmaschine beigetragen haben, ist am präzisesten im modernen Roman artikuliert und ausgedrückt, der keineswegs zufällig zur selben Zeit entsteht. Die Helden dieses Romans fühlen sich nirgendwo mehr zugehörig, sie sind Fremde in der Gemeinschaft, der sie formal angehören und die sie physisch nicht verlassen haben (sie sind nicht in die Fremde gereist wie die Helden des griechischen Romans), und fremder als irgendwo sonst fühlen sie sich in ihrer eigenen Haut (Don Quijote, Tristram Shandy). Deshalb beziehen sich all ihre Fragen auf sie und nicht auf die Gemeinschaft, deshalb lässt sich jegliche Erkenntnis über sie nur durch die Gegenüberstellung mit ihren Erfahrungen, Begegnungen mit anderen Menschen, ihren Gefühlen und Erinnerungen gewinnen. Duns Scotus vertrat in seiner Abhandlung über das Individuationsprinzip die Überzeugung, dass der Mensch sich als Lebewesen dann vollendet, wenn er als einmalig und unwiederholbar, also als Individuum, angelegt ist – was wiederholbar ist, ist nicht lebendig und was lebendig ist, ist nicht wiederholbar. Menschen sind nicht gegen einander austauschbar, nicht einmal vergleichbar. Der moderne Roman, würde ich sagen, gießt diese Überzeugung von Duns Scotus in eine Form, indem er von Menschen erzählt, die sich als Individuen von allen anderen unterscheiden, und dabei all das herausarbeitet und zu zeigen versucht, worin sie unwiederholbar sind. Deshalb beschäftigt sich der moderne Roman erschöpfend mit dem körperlichen und emotionalen Leben seiner Gestalten, denn wo sonst als im Körper und in den Gefühlen tritt unsere Unwiederholbarkeit am deutlichsten zutage (»Ach, was ich weiß, kann jeder wissen – mein Herz habe ich allein«, sagt Goethes Werther, völlig zu Recht übrigens).

Dieses »Individuationsprinzip« demonstrieren auch das Lesen und der Leser. Empedokles glaubte, der Mensch sehe und könne in der Welt nur das erkennen, was er selbst in sich trägt, weil der Mensch ein Mikrokosmos ist. Indem er die Welt erkennt, erkennt er sich selbst, und diese Selbsterkenntnis spielt sich ab wie eine Ekstase, ein Herausgehen aus sich selbst, ein Blick von außen auf sich selbst: Indem er in der Welt das wiedererkennt, was er in sich trägt, erkennt sich der Mensch selbst. Vom Lesen lässt sich das Gleiche sagen – im Buch erkennt der Mensch, in jedem Buch liest der Mensch nur sich selbst. Das Lesen ist, wie das Erkennen der Welt, zugleich Selbsterkenntnis, ein Herausgehen aus sich selbst, das den Blick von außen auf sich selbst möglich macht.

Beim Lesen eines gut geschriebenen Romans oder einer Erzählung erkennt der Mensch die Schicksale seiner Helden in einer Konkretheit und Komplexität, die sich der unmittelbaren Erfahrung nähern – er erkennt sie sinnlich, emotional und rational. Als Leser erfährt er, wie der literarische Held seinen Körper erlebt, was er empfindet und wie er sich in der Welt fühlt, was er von der äußeren Welt wahrnimmt, was er denkt und glaubt. Das ganze komplizierte Wesen des Helden wird in der modernen erzählenden Prosa dargestellt: seine körperliche und sinnliche, seine pathetische, seine psychische und seine geistige Dimension, mithin wird der Held in seiner »Totalität« erfahren und erkannt. Der Leser entdeckt, was er mit Don Quijote oder Profiri Petrowitsch [dem Ermittlungsrichter in Dostojewskis Roman *Verbrechen und Strafe*; d. Üb.] gemeinsam hat und was ihn alles von ihnen unterscheidet. Er »erlebt« ihr Schicksal (und erkennt es in einem Maß an Konkretheit, das die unmittelbare Erfahrung noch übertreffen kann), und indem er ihre Einzigartigkeit kennenlernt, wird er sich auch über sich selbst klarer; in ihrer Unwiederholbarkeit erkennt er sich wieder. Zeitweilig befreit er sich von der Übereinstimmung mit sich selbst, geht aus sich heraus und beobachtet sich von außen – und erfährt darin eine Art der Freiheit, die nur das Spiel und die Kunst gewähren: die Freiheit von der einzigen, alleinigen, uns aufgezwungenen Existenz. Das Spiel entführt den Menschen in eine andere Existenzweise (das Spiel beweist, dass der Mensch sich überlogisch in der Welt aufhält, hat Johan Huizinga behauptet), es hat seine eigene Logik und folgt seinen eigenen Regeln; es versetzt ihn in eine Welt, in der Farbe und Zahl ihn reich oder arm machen können, oder in eine Welt, in der ein kleines Mädchen vorübergehend seine eigene Mutter und eine Puppe sein Kind sein kann.

So auch die Kunst – sie befreit uns von der Existenz, zu der wir verurteilt sind, ermöglicht uns, die Schicksale, von denen wir verschont sind, äußerst konkret zu erfahren, als hätten wir sie durchlebt, sie macht uns mit anderen Menschen bekannt und lässt uns so uns selbst entdecken. Ich denke, ich kenne von den Leuten, mit denen ich tagtäglich umgehe, niemanden so gut wie Tschechows Lopachin oder Goethes Werther. Die zeitweilige und teilweise Identifizierung mit ihnen (mit anderen Personen und anderen Schicksalen) bedeutet ein Herausgehen des Lesers aus sich selbst, eine Ekstase, eine spezifische Form der Selbsterkenntnis. Die Augen, mit denen er sich in diesem Zustand betrachtet, sind weiterhin seine eigenen, aber sie sehen ihn in diesen Momenten wie die Augen eines anderen, sehen ihn objektiver, klarer, aus der Distanz.

Hier sei auf die Eigenheiten der Ekstase verwiesen, die das Lesen schenkt. Ekstatische Zustände, die Menschen im Ritual erreichen können, stellen sich nur in Gemeinschaft ein; in der Einsamkeit sind sie nicht möglich. Die Teilnehmer des Dionysos-Kultes gerieten in Ekstase dank eines Zusammenwirkens von Rauschmitteln (hauptsächlich aus Gewürzwein und Fliegenpilzen), Musik und Tanz; bei den Ritualen einiger Derwisch-Orden erreichen die Teilnehmer den Zustand des Außersichseins mit Hilfe einer spezifischen Atemtechnik, Tanz und Musik oder durch die endlose Wiederholung einer Formel und einer Bewegungsfolge. Doch das geschieht immer in Gemeinschaft, und es ist immer laut, als gerate nicht nur der

Teilnehmer des Rituals außer sich, sondern auch seine sich verselbständigende Stimme.

Lesen ist dagegen ein stilles Herausgehen aus sich selbst, wie es nur in der Einsamkeit möglich ist. Der Leser löst sich übrigens nicht ganz von sich selbst, er geht auch nicht auf im »Einen, das alles ist« (wie die Derwische), noch verschmilzt er mit einem euphorisierten Kollektiv (wie die Bacchantinnen), er hört nicht auf, Individuum zu sein, und büßt nichts von seinem Wesen ein (weder den Verstand noch das Bewusstsein von sich selbst, die Selbstreflexion), er erlangt lediglich für einen Moment die Fähigkeit, sich »mit anderen Augen« zu sehen (nicht mit den Augen eines anderen, sondern mit eigenen Augen, die ihn von außen und nicht von innen sehen). Erst recht unterscheidet sich die stille Ekstase des Lesens von den chemisch induzierten Ekstasen unserer Zeit. Erstens dadurch, dass die Ekstasen des Lesers keinerlei Rauschmittel bedürfen, im Gegenteil – sie sind einzig in einem Zustand hoher Konzentration möglich, und zweitens dadurch, dass das Wesen des Lesers in den stillen Ekstasen des Lesens keinen Augenblick seine Form und Vollständigkeit verliert.

Eine besonders wichtige Eigenheit der Lese-Ekstase ist die Erkenntnis, die sie uns bringt. Alle anderen Ekstasen schenken eine Erfahrung, aber keine Erkenntnis, die sich artikulieren und übertragen ließe, die Erfahrung der Unendlichkeit, den Ich-Verlust und das Zusammenfließen des eigenen Wesens mit dem Universum oder einem Kollektiv, während das Lesen die Bekanntschaft mit sich selbst gewährt, wie man sie nur beim Lesen machen kann (»durch einen anderen Blick« auf sich selbst), und die spezifische Erkenntnis anderer Menschen, wie nur das Lesen sie einem eröffnet.

Das Lesen schenkt Erkenntnis durch Form, die sich ihrer Art und ihrem Grad nach wesentlich von einer wissenschaftlichen Erkenntnis unterscheidet, wie sie unsere Kultur den Menschen von heute aufdrängt. Sie operiert mit Begriffen und nicht mit Formen und bringt das Erkannte in Begriffen und nicht in Formen zum Ausdruck. Die Erkenntnis durch Form berücksichtigt die Komplexität des Gegenstandes, der erkannt wird, ist fähig, alle Widersprüche und die Kompliziertheit des Gegenstandes in Betracht zu ziehen und zu bewahren, sie verzichtet auf die Eindeutigkeit der begrifflichen Erkenntnis, weil sie Wissen über die wirkliche Welt verschafft, in der allein Leben möglich ist. Anna Karenina und ihr Schicksal lernt der Leser in einem dichten Geflecht von zeitlichen, räumlichen und thematischen Bezügen kennen, deshalb ist sie für ihn keine Ehebrecherin, auch kein tragisches Opfer einer schicksalhaften Liebe, auch keine Frau, die ihr Kind verloren hat, und auch nicht der Engel in Person ... In Wirklichkeit ist sie all das und viel mehr. Ihr Schicksal und ihre Gestalt erkennt der Leser in einer Form, die drei Typen von Liebe und Ehe bilden: die Ehe zwischen Annas Bruder Oblonski und dessen Frau, die Ehe und Liebe zwischen Lewin und Kitty sowie die Ehe von Anna und ihrem Mann beziehungsweise die Liebe zwischen Anna und Wronski. Der erste Typus (Oblonski) ist eine Ehe als Vereinbarung, ohne Liebe, aber mit Inhalt und Interessen, ohne persönliches Bedürfnis der Ehepartner, aber mit starken sozialen Gründen für ihre Schließung und Dauer; der zweite (Lewin und Kitty) ist eine Beziehung, in der sich persönliches Bedürfnis und soziale Gründe, Freundschaft, Liebe und Interessen treffen, wie auch Annas Ehe mit ihrem Mann. Doch neben alldem ist Annas und Wronskis Liebe, die buchstäblich göttliche Kraft besitzt (sie entsteht im Übrigen ja auch in einem Sturm), dergestalt, dass ein schwaches menschliches Wesen sie nicht ertragen kann. Nichts an dieser Liebe ist menschlicher Plan oder Absicht, Interesse oder Entscheidung, sie hat weder soziale noch menschliche Gründe und Bedürfnisse, sie ist eine göttliche Gabe und Strafe. Deshalb bedauert und beneidet der Leser Anna Karenina, versteht und verurteilt er sie, ist traurig und froh, dass ihm ihre Erfahrung vorenthalten wird.

Es ist wichtig, auf einen weiteren Unterschied zwischen der stillen Ekstase des Lesens und anderen Formen der Ekstase hinzuweisen. Er hat mit dem Zeitverhältnis zu tun. Jede Ekstase befreit den Menschen von der Gebundenheit an den jeweiligen Augenblick, »öffnet« ihm die Zeit, führt ihn aus seinem »Jetzt« hinaus. Chemisch induzierte Ekstasen und solche, die durch ein Ritual erreicht werden (kollektive und alle Ekstasen, zu denen äußere Mittel führen), verwandeln das »Jetzt« des Menschen in einen Splitter der Ewigkeit, in einen Augenblick, der jegliche Zeit in sich enthält oder sie zumindest »expliziert« und zeigt. Das Lesen hingegen befreit den Menschen von der Gebundenheit an sein »Jetzt«, schenkt ihm aber keine Ewigkeit und verspricht sie ihm nicht, sondern öffnet ihm die Tiefen der historischen Zeit. Dank des Wunders der Sprache kann der Leser mit Gilgamesch sprechen und die Wandlung des Enkidu beobachten, kann er Thomas Malory fragen, ob Tristan und Isolde den Liebestrank wirklich gebraucht haben, kann er mit al-Ma'arri in seinem »Brief über die Vergebung« durch das Jenseits voll des Lachens reisen und sich freuen, denn in diesem Buch endet die ganze Welt im Paradies. Ich zum Beispiel unterhalte mich in den letzten Jahren oft und immer öfter mit Antigone. Ich tausche mich mit ihr über meine Wut und meine Sorgen, über bestimmte Fragen und Ängste aus, ich frage sie und mich, ob man Liebe und Gedächtnis vor einem Staat bewahren kann, der sich um meine Gesundheit kümmert, meine Beziehung zu den Toten bestimmt und sich als Schiedsrichter in Wahrheitsfragen geriert.

Lang ist die Reihe der Gaben, die uns die stillen Ekstasen des Lesens bringen oder zumindest bringen können, auf jeden Fall lang genug, dass meine bescheidenen

Möglichkeiten sie nicht erschöpfend aufzählen können. Es reicht vielleicht, an jene zu erinnern, die ich in diesen Aufzeichnungen erwähnt habe – an die Fähigkeit, uns die historische (reflektierte, geformte) Zeit zu öffnen und uns so von der Gebundenheit an diesen Augenblick zu befreien, und an die Fülle der Selbsterkenntnis, die uns das Lesen bringen kann. Eine Aufzählung hat keinen Sinn, die Freuden des Lesens sind so individuell wie das Lesen selbst, jeder von uns hat seine eigenen, und jeden von uns erinnern diese Freuden daran, dass er unwiederholbar ist und es bleiben wird, solange er liest.

Aus dem Bosnischen von Katharina Wolf-Grießhaber

17

Alejandro Zambra
Fragen eines lesenden Vaters

Das Kind will die Geschichte vom Maulwurf, und der
Vater zögert, denn er kennt das Buch nicht, hat es weder
gekauft noch gelesen. Seit sein Sohn vor zwanzig Monaten auf die Welt gekommen ist, hat er viele Kinderbücher
gekauft, ein Genre, dem er vorher kaum Beachtung geschenkt hatte, aber das Buch mit dem Maulwurf hat die
Mutter des Jungen ins Haus gebracht, und er, der Vater,
geht ihm seit Wochen aus dem Weg, denn es ist auf Französisch, eine Sprache, die er kaum beherrscht.

Doch er hat keine Wahl, er muss zu dem kleinen Buch
im Querformat greifen, sich mit seinem Sohn in den Sessel
setzen und vorlesen. Das machen sie jeden Tag um diese
Zeit, halb neun Uhr morgens, wenn sich schon einiges
getan hat: Es ist früh, aber sie haben bereits Windeln
gewechselt, ausgiebig über die Wahl des T-Shirts beraten,

gefrühstückt, zwei Lieder von Violeta Parra und drei von den Beatles gesungen und dazu getanzt, und jetzt ist für den Vater der Moment gekommen, sich in den Sessel zu werfen und ein paar Geschichten zu lesen, solange die Mutter des Jungen noch schläft oder etwas länger zu schlafen versucht, denn die Mutter schläft schlecht, seit zwanzig Monaten, während der Vater gut schläft, immer hat er gut geschlafen, und sogar wenn er schlecht schläft, schläft er deutlich besser als die Mutter des Jungen.

Immer wieder hatten sie es die eine oder andere Nacht versucht, der Vater des Jungen war alle zwei, drei Stunden aufgestanden, um ihn in den Schlaf zu wiegen, aber das Kind verlangte nach der Mutter, und die Enttäuschung, den Vater zu sehen, machte es vollends wach, denn in der Nacht schert sich das Kind einen Dreck um den Vater. Doch morgens um halb sechs oder sechs, wenn das Kind mit Schwung den neuen Tag beginnt (auch wenn die Dunkelheit vor den Fenstern dafür spricht, dass der Tag noch nicht begonnen hat), existiert der Vater sehr wohl für seinen Sohn, und während der folgenden zwei, drei Stunden ist er der oder das Einzige, was existiert, und deshalb sollte man nach dem Singen und Tanzen diese exklusive Verbindung durch das Vorlesen von Geschichten verlängern, in der Regel zwei oder drei, jede davon wenigstens zweimal hintereinander gelesen, aber es kommt auch vor, wie jetzt, dass der Junge nur eine einzige lesen will.

Um diese Zeit erinnert sich das Kind aber womöglich, dass es auch eine Mutter hat, und läuft mit plumpen, doch zielführenden Schritten zu ihrem Zimmer und schlägt mit dem Handteller gegen die Tür, wie mehrmals geschehen, was zwar nicht allzu schlimm ist, da seine Mutter um diese Uhrzeit, also jetzt, nur noch im Halbschlaf liegt, aber eigentlich sollte sie während der vier, fünf, sechs Geschichten, die sie im Wohnzimmer lesen, ins Bad gehen, sich duschen und in Ruhe anziehen und dann bei ihrem triumphalen Einzug ins Wohnzimmer das Kind so versunken in die wilde Freude der Lektüre vorfinden, dass es seine Mutter nur mit liebevollem Befremden ansieht, mit Neugier, als müsste es ihre Existenz erst noch entdecken. Dann kann die Mutter ungestört frühstücken.

Es ist eine lustige Geschichte, sie geht so: Dem Maulwurf hat jemand auf den Kopf geschissen, und er ärgert sich natürlich, doch statt den Haufen fortzuwischen, der dort thront wie eine gedrechselte, kokette Haartolle oder eine Krone, will er ihn als Beweisstück für seine Ermittlung benutzen. Er zeigt die Drecktolle zuerst einer Taube, die ihre Unschuld beteuert und sogleich beweist, indem sie umgehend etwas Kot produziert, der weder der Form noch der Konsistenz oder der Farbe nach mit dem Kopfschmuck des Maulwurfs übereinstimmt. Das Gleiche geschieht mit einem Pferd, einem Hasen, einer Ziege, einer Kuh und einem Schwein: Jeder produziert eine unwiderlegbare Probe seiner Unschuld, so dass der

ALEJANDRO ZAMBRA

Maulwurf am Ende auf die Expertenmeinung zweier Fliegen zurückgreifen muss, die sich auf die Kronenscheiße setzen und zu dem Schluss kommen, dass es zweifellos Hundekot ist. Der Maulwurf begibt sich daraufhin ...

Aber besser nicht das Ende verraten, obwohl es im Grunde keine Rolle spielt, denn das Kind kennt es bereits. Kinder haben ein anderes Verhältnis zum Ende, denkt der Vater: Kinder, oder zumindest dieses Kind, das sein Sohn ist, nehmen das Ende der Geschichte nicht als Abschluss, sondern als Schleife zurück zum Anfang. Das Ende ist nicht das Ziel, beschließt kein Rennen, es ist ein Zwischenstadium, wie bei einem Läufer, der eine Runde auf der Bahn vollendet und tatsächlich durchs Ziel geht, jedoch noch viele Runden vor sich hat, bevor das Rennen zu Ende ist. Im Grunde funktioniert auch die Erwachsenenliteratur so, denkt der Vater, ein kurzer Ausflug in die Theorie.

Das Kind kennt die Geschichte vom Maulwurf auswendig, fast könnte es sie selbst lesen, allein für sich, auch wenn es das Lesen momentan über die Eltern erledigt, seine Vorstellung vom Lesen ist rein kollektiv, denn die Eltern lesen Bücher zwar allein und stumm, aber nur, während das Kind schläft. Der Vater übersetzt, so gut er kann, verleiht den Tieren in der Geschichte lustige Stimmen, aber das Kind muss wohl Abweichungen bemerkt haben. Es betrachtet die unbekannten Buchstaben dieser unbekannten Wörter und verbindet sie mit den bekannten Sätzen des Maulwurfs, der Taube und der anderen verdächtigen Tiere. Zwar weiß es um den Unterschied, mit dem Vater oder mit der Mutter zu lesen, doch es ist befremdet, dass die Versionen nicht übereinstimmen, und mit unverhoffter Liebenswürdigkeit, als verstünde es die Lage und wollte die Gefühle des Vaters nicht verletzen, korrigiert das Kind, feilt an der Übersetzung, und beim Wiederlesen, schon beim ersten Wiederlesen, baut der Vater die neuen Nuancen ein, die ihm sein zwanzig Monate alter Sohn offenbart hat, so dass die Geschichte jetzt glatter fließt und er auch den Vortrag verbessern kann, die Stimme des Maulwurfs wird lustiger, und bei der dritten, vierten und fünften Lektüre haben sie noch mehr Spaß, denn sie lesen die Geschichte fünfmal hintereinander, so dass die Mutter sich in aller Ruhe duschen und vom Esstisch aus gelassen das fünfte Mal miterleben kann.

Die Mutter bringt das Kind zur Großmutter, der Vater geht ins Dachzimmer, wo er gewöhnlich arbeitet, doch an diesem Morgen macht er sich vorher einen Kaffee, setzt sich ins Wohnzimmer und liest die Geschichte vom Maulwurf noch einmal, stumm für sich – eine andere Art von Lektüre, eine zukunftsgerichtete vielleicht, denn beim Lesen stellt er sich vor, wie er sie in nächster Zukunft seinem Sohn erneut vorliest. Aber die Lektüre ist auch eine Art Sprachkurs, denn obwohl das Buch nicht viele Wörter hat, ist es doch das erste Buch, das er ganz auf Französisch liest. Der Gedanke bringt ihn zum Lachen, denn das Französische ist die Sprache von Marguerite Duras, Gustave Flaubert und Emmanuel Bove, Schriftsteller, die er neben anderen im Original zu lesen versucht hat, mit befriedigendem, doch trügerischem Ergebnis, denn die Bücher dieser Autoren hatte er vorher bereits in spanischer Übersetzung gelesen, und manche Passagen kannte er auswendig, manche Wörter konnte er sich ableiten, oder ihre Bedeutung war ihm egal. Ja, die Geschichte vom Maulwurf ist das erste Buch, das er wirklich auf Französisch liest, und die Tatsache, dass ausgerechnet sein Sohn ihm bei der Lektüre geholfen hat, hält er für entscheidend, wunderbar, lehrreich.

Er sieht sich das Umschlagbild an und liest erst jetzt den Titel der Geschichte, denn bei Kinderbüchern – das denkt er mit einem gewissen Erstaunen – haben die Titel eine andere Funktion, sind weniger wichtig. Tatsächlich kennt er von vielen Büchern, die er Morgen für Morgen mit seinem Sohn liest, die Titel nicht (»die offiziellen Titel«, denkt er), er identifiziert sie nicht über den Titel, sondern über das Tier auf dem Einband oder die Umschlagfarbe oder das Buchformat, also ist es nicht verwunderlich, dass er den Titel der Maulwurfsgeschichte nicht kennt, übrigens ein guter Titel: *De la petite taupe qui voulait savoir qui lui avait fait sur la tête.*

Noch viel seltsamer als seine Unkenntnis der Titel ist die Tatsache, dass er von fast keinem Kinderbuch den Autornamen kennt, denn weder die Kinder noch die Eltern achten gewöhnlich auf die Autoren. Daran denkt er, als ihm die eindeutig deutschen Namen von Autor und Illustrator ins Auge fallen: Wolf Erlbruch und Werner Holzwarth. Erst da begreift er, dass das Buch vom Maulwurf eine Übersetzung ist, wie ihm die winzige Schrift des Impressums bestätigt: *Vom kleinen Maul-wurf, der wissen wollte, wer ihm auf den Kopf gemacht hat,* so lautet der Originaltitel des Buchs. Ungeduldig wartet er auf die Rückkehr seiner Frau, denn er muss unbedingt wissen, warum sie das Buch auf Französisch gekauft hat und nicht auf Spanisch. Sie antwortet, auf Spanisch sei es vergriffen gewesen, sie hätte es aber auch auf Deutsch oder Japanisch, in jeder beliebigen Sprache gekauft, denn es sei einfach toll, sie kenne es auswendig, ihre Mutter habe es ihr früher vorgelesen, und obwohl sie Französisch könne, achte sie beim Vorlesen kaum auf die französischen Wörter, sondern richte sich nach ihrer Erinnerung an die damals von der Mutter vorgelesene Geschichte und benutze, ohne Frage, dieselben Wörter, die ihr die Mutter aus dem spanischen Buch vorgelesen habe, ins Spanische übersetzt, damals bei ihnen zu Hause. Er fragt, was mit diesem spanischen Maulwurfsbuch passiert sei, sie sagt, ihre Mutter habe irgendwann all die Bücher verschenkt, die sie damals in den ersten Jahren gemeinsam gelesen hätten.

Er geht ins Dachzimmer hinauf und denkt an diese verschenkten, diese ausrangierten Bücher, denkt, dass Bü-

ALEJANDRO ZAMBRA

cher nicht wie Kleider sind, die einem plötzlich zu klein werden und verschenkt werden müssen, und beschließt umgehend, sich niemals der Bücher zu entledigen, die er mit seinem Sohn liest, denn das wäre so, als würde man sich seiner Fotoalben entledigen. Er denkt an diese Bücher wie an Erinnerungsstücke, wie auch eine Haarsträhne, Milchzähne oder das erste Ultraschallbild Erinnerungsstücke an die ersten Jahre seines Sohnes sind.

Er versucht, sich auf seinen Roman zu konzentrieren, kommt ein wenig voran, doch während er an seinem Buch für Erwachsene schreibt, denkt er weiter an die Bücher seines Sohnes, an die Kinderbücher, und zum ersten Mal kommt ihm dieser Ausdruck widersinnig oder vielmehr problematisch vor, denn er setzt die Existenz von Büchern voraus, die nicht für Kinder sind, einer Literatur für Erwachsene, für Nicht-Kinder, einer Literatur-Literatur, einer echten, und die Vorstellung, dass er eine echte Literatur schreibt und die Bücher, die er mit seinem Sohn liest, eine Art Ersatz, eine Nachahmung oder Vorstufe zur echten Literatur sind, hält er nicht nur für ungerecht, sondern auch für unzutreffend.

Er denkt an all die Bücher, die er stumm für sich gelesen hat, bevor sein Sohn auf die Welt kam, und sie erscheinen ihm nun als eine Art Vor-Literatur, während die Bücher, die er jetzt liest, mit seinem Sohn oder allein für sich, stumm, während sein Sohn schläft, eine Art Jetzt-Literatur sind. Auch die Bücher, die er geschrieben hat, gehören der Vor-Literatur an, denn rückblickend kommen sie ihm unzeitgemäß, beschränkt, egozentrisch vor, ihnen fehlt das Leben, die Kraft zur Rebellion, und natürlich fehlen die Bilder, und er bedauert es im Grunde, dass er während all der Jahre Vor-Literatur keine Jetzt-Literatur geschrieben hat. Was für großartige Bücher hätte er seinem Sohn jetzt vorlesen können; im Geist geht er seine veröffentlichten Bücher durch und stellt sich vor, wie sein Sohn sie später im Leben lesen wird, und möchte sie verstecken, durch andere Bücher ersetzen, Bücher, die er von jetzt an schreiben wird.

Er konzentriert sich, wie man sieht, nicht auf den Roman. Er geht in die Wohnung hinunter, isst einen Müsliriegel, geht ins Zimmer seines Sohnes, der immer noch bei der Großmutter ist, betrachtet die Anziehsachen seines Sohnes, das Bücherbord, und mühelos kann er sich vorstellen, die Kleider zu verschenken, tatsächlich haben sie bereits mehrere Säcke Kleidung verschenkt, und es gelingt ihm auch, obwohl mit unendlich mehr Mühe, sich vorzustellen, irgendwann einmal die Bücher seines Sohnes zu verschenken – und auf einmal ist er sich sicher, dass diese Bücher, an deren Titel er sich nicht erinnert, geschrieben von Menschen, deren Namen er nicht kennt, genau die Bücher sind, die er von nun an schreiben will.

Aus dem Spanischen von Susanne Lange

ALEJANDRO ZAMBRA

18

Maria Stepanova
In einer fremden Haut

Anna Karenina steigt mit ihrem roten Täschchen in den Zug von Moskau nach Petersburg, im Gepäck einen englischen Roman, den sie eigentlich gar nicht aufschlagen will, aber ihre Reisegefährtinnen langweilen sie. Also wird eine kleine Lampe an ihrer Armlehne befestigt, Anna holt ein Messer zum Aufschneiden der Seiten hervor, um sie herum ist es abwechselnd hell und dunkel, heiß und kalt, gegen die Fenster peitscht der Schneesturm, auch die Gespräche im Abteil handeln vom Schneesturm, aber jetzt setzt sich das Buch endlich durch, und Anna beginnt »zu lesen und zu verstehen, was sie liest«.

»Anna Arkadjewna las und verstand, aber es bereitete ihr kein Vergnügen zu lesen, also dem Abglanz eines fremden Lebens zu folgen. Sie wollte viel zu sehr selber

leben. Wenn die Heldin des Romans einen Kranken pfleg-
te, wollte sie selbst mit unhörbaren Schritten in dessen
Zimmer umhergehen, wenn im Roman ein Abgeordneter
eine Rede hielt, wollte sie diese Rede halten; wenn Lady
Mary zu Pferd der Meute nachsetzte und ihre Schwägerin
neckte und alle mit ihrer Verwegenheit verblüffte, wollte
sie all das tun. Aber es gab nichts zu tun, und so drehte
sie nur das glatte Papiermesser in ihren kleinen Händen
und hielt sich zum Weiterlesen an. Inzwischen hatte der
Held des Romans den Gipfel seines englischen Glücks,
die Baronetswürde und das Landgut, schon fast erreicht,
und Anna wäre zu gern mit ihm auf dieses Gut gefahren,
aber da hatte sie plötzlich das Gefühl, dass er sich schämen sollte und dass sie sich wiederum dafür schämte.
Aber warum sollte er sich schämen? ›Wofür schäme ich
mich denn?‹, fragte sie sich gekränkt und erstaunt.«

Diese berühmte Passage scheint eine kleine Unstimmig-
keit zu enthalten, die ich mir gern genauer ansehen möchte. Anna will viel zu sehr *selber leben* – und wir wissen,
welches Schicksal vor ihr liegt, wenn sie ihrem Buch erst
den Rücken kehrt. Gleichzeitig lässt sich das, was in diesem Zugabteil mit ihr geschieht, als Entscheidung zwischen zwei Büchern beschreiben – dem Buch, das sie in der
Hand hält, und einem anderen, das sie parallel begonnen
hat: dem Buch ihres Lebens, das am Ende des Romans
aufflackern und erlöschen wird. Im Rückblick wird sich

MARIA STEPANOVA

auch ihre eigene Geschichte als Text erweisen. Und wer weiß – wäre Annas Aufmerksamkeit in jener Winternacht nicht von dem englischen Baronet und der kühnen Lady Mary abgeschweift, dann hätte Tolstois Roman vielleicht einen anderen Titel oder einen anderen Schluss.

Doch was geht eigentlich vor zwischen Anna und ihrem Buch, zwischen Anna und den Figuren? Was stimmt nicht mit ihrer Art zu lesen? Es ist ja nicht so, als wäre sie zu beschäftigt mit ihren *eigenen Gedanken* – an ihre bevorstehende Romanze, ihre eigene Geschichte – und könnte dem Text deshalb nicht folgen. Dem Anschein nach ist sie vielmehr absorbiert von der Lektüre, ergriffen vom erzählerischen Eros – jener schwer fassbaren Begierde, die den Leser als Subjekt de facto auslöscht, mit dessen unumschränkter freudiger Zustimmung. Der Text bringt uns dazu, unseren Platz im eigenen Bewusstsein freiwillig zu räumen, um das Geschriebene einzulassen; wir verwandeln uns nacheinander in alles, was er beschreibt.

Der Prozess des Lesens hat seine eigene Zeitlichkeit, auf die die Leserin keinen Einfluss hat. Ein Film oder eine Serie hat gewisse Grenzen, man weiß im Voraus, wie lange sie dauern, in einem Buch dagegen kann und muss man »versinken« wie in einem Traum, in dem jedes Zeitgefühl sich auflöst. Aber gerade das passiert Anna nicht: Ihr Verlangen, »im Buch zu sein« (die Rede zu halten, der Meute nachzusetzen, ihr englisches Glück zu machen) folgt nicht brav dem Verlauf der Handlung, es holpert und hüpft und fährt bei jeder neuen Wendung überrascht auf. Ein bisschen ähnelt das dem Aufwachen, wenn man im Zug gedöst hat: Man schreckt hoch und wird sich bewusst, dass man gern mit einem englischen Baronet auf dessen Landsitz fahren würde, man kommt zu sich und merkt, dass man sich schämt. Das Verlangen *zu leben,* selber zu tun, wozu das Buch einen auffordert, ist so groß, dass es die von der Lektüre erzeugte unsichtbare Blase durchsticht. Statt sich »in den Text zu vertiefen« – noch so eine Redewendung, die anzeigt, dass das Lesen neben der zeitlichen auch eine räumliche Dimension hat, dass man *zu tief* in ein Buch *hineingehen* und sich darin verirren kann wie in einem Wald –, bleibt Anna an seiner Oberfläche. Es ist ihr eigenes Ich, das ihr entgegentritt und sie am Verlaufen, Versinken, am wonnevollen Sich-Verlieren im Text hindert.

Was dadurch nicht zustande kommt, sich in einer »normalen« Lektüresituation aber einstellen würde, ist eine mimetische Bewegung, die die Grenze zwischen Anna und den Helden des englischen Buchs auf einen Schlag einreißen würde und sie in den Genuss brächte, sowohl (als rotwangiger Baronet) die Rede im Parlament zu halten als auch (zu Lady Mary geworden) mit leisen Schritten am Krankenlager umherzugehen, als auch der Meute nachzujagen und zugleich, im aufstiebenden Schnee, mit dem gehetzten Rudel das Weite zu suchen. Tolstoi beschreibt, wie die Verwandlung ein ums andere

MARIA STEPANOVA

Mal stockt und misslingt, wie sie auf halbem Wege unterbrochen wird: Das Ich tritt auf den Plan und fordert seine Rechte ein. Das kleine Fenster in ein fremdes Leben, das die Lektüre öffnet, genügt ihm nicht. Es will alles selbst erleben – nicht nur, weil die fremde Erfahrung ihm dürftig vorkommt, sondern vor allem, weil es sich zu gut ist, um sich in jemand oder etwas anderes verwandeln zu wollen. In diesem Fall gibt es zum Lesen wirklich keinen Grund: Beruht doch der ganze Vorgang auf einem geheimen Pakt zwischen dem Buch und einem Leser, der sich wünscht, ja fordert, man möge ihn von seinem Ich trennen und ihm stattdessen ein oder mehrere andere zur Verfügung stellen.

Wenn Emily Dickinson in einem Gedicht vom Lesen als einem billigen und effizienten Verkehrsmittel spricht – *there is no Frigate like a Book* –, dann ist damit nicht nur der Verkehr in den Grenzen der Geographie gemeint, das Buch ist nicht nur eine Informationsquelle über Orte, an denen wir noch nicht waren, sondern *the Chariot / That bears the Human Soul.* Wohin kann dieser Wagen uns bringen?

Die Kulturgeschichte kennt unzählige Geschichten von Metamorphosen aller Art, wundersamen Verwandlungen, die die Helden glücklich oder unglücklich machen. Aus einem Frosch wird ein Prinz, aus einem kleinen Jungen ein Zicklein, der Kamm, den man auf der Flucht über die Schulter wirft, verwandelt sich in einen dichten Wald, der freundliche Wolf in einen Menschen. Sehr viel weniger Geschichten handeln von einer Verwandlung, die von Anfang an als nur vorübergehend gedacht ist, so dass alles, was dem Helden bevorsteht, einer Art Extremurlaub gleicht – einer Gelegenheit, für kurze Zeit in eine fremde Haut zu schlüpfen und danach mit neuen Erkenntnissen und Eindrücken wohlbehalten in die eigene zurückzukehren. Am bekanntesten in dieser Kategorie sind wohl Hauffs Märchen *Kalif Storch* und Apuleius' Roman *Der goldene Esel*: Beide beschreiben Exkursionen in ein anderes Ich, und in beiden wollen die Helden kurioserweise Vögel werden – vielleicht, weil Vögel seit alters her als Psychopompoi galten, als Begleiter der Seelen ins Totenreich, und die Lebenden deshalb glauben, die Metamorphose fiele hier leicht? (»Ein geübter Sprint hin und her«, wie Marina Zwetajewa das Verhältnis zwischen dieser und jener Welt genannt hat). Doch die Sache misslingt, die Helden bleiben qualvoll in ihrem veränderten Körper stecken, und wir sehen ihren hilflosen Versuchen zu, wieder menschliche Gestalt anzunehmen.

Wofür sie so bestraft werden, ist nicht ganz klar. Apuleius' Held Lucius reibt sich mit der falschen Zaubersalbe ein, Hauffs Kalif hat das geheime Wort vergessen, das ihn entzaubern soll – aber das sind nur Äußerlichkeiten, technische Details. Im Grunde geht es wohl um eine sträfliche Neugier, um den Wunsch, sich eine Erfahrung, die dem Menschen seiner Natur nach nicht zusteht, anzueignen, ohne den Preis dafür zu zahlen – wie ein fauler, durch die Programme zappender Fernsehzuschauer oder ein frohgemuter Tourist, der für ein paar Tage in ein ihm unbekanntes Land fährt und sich ungeniert am Reiz des Neuen erfreut, ohne sich die Frage zu stellen, woraus dieses Neue sich eigentlich zusammensetzt. Mit einem aktuellen Begriff lässt sich das auch als *kulturelle Aneignung* beschreiben: Es ist der Wunsch, sich und seinesgleichen zu amüsieren, indem man in die Haut (das Gewand, das Gefieder, den Akzent, die Biographie) eines anderen schlüpft – der so fremd ist, dass man sich seinen Besitz ohne Gewissensbisse aneignen kann: Schließlich fragen wir auch den Strauch nicht, ob wir seine Beeren pflücken, und die Toten nicht, ob wir ihre Briefe und Fotos veröffentlichen dürfen.

Vor kurzem las ich ein Buch über das Phänomen des *Blackfacing* – aber nicht über dessen gröbere (und unschuldigere) Formen, etwa wenn bei einem Faschingsfest »Türken«-, »Alien«- oder »Fledermaus«-Masken verteilt werden, mit deren Hilfe man sich qua karnevalistischer Umkehrung von Rollen und Hierarchien in etwas maximal Fernes hineinversetzen kann (und zugleich dem Türken und dem Alien wieder einmal zu verstehen gibt, dass sie nie als einfach-nur-Menschen gelten werden).

Nein, das *Blackfacing,* von dem das Buch handelt, geschieht in der besten Absicht und ist darum besonders beklemmend: Arrivierte, denkbar wohlmeinende Weiße versuchen sich vorzustellen, sie wären für ein, zwei Tage

(ein, zwei Stunden) schwarze Sklaven auf einer Zucker-
rohrplantage – und dann schreiben sie Bücher, drehen
Filme, inszenieren Musicals, mit dem Ziel, bei ihresglei-
chen im Publikum Entsetzen, Bedauern und Mitgefühl zu
wecken. Genau genommen gibt es nichts Trostloseres und
nichts Herablassenderes als den Satz »Sie sind genau wie
wir«, denn das Denken, das dahintersteht, hat die Welt
von vornherein in *sie* und *wir* aufgeteilt, es ist unfähig,
sich aus seiner binären Struktur zu lösen.

Die Geschichte vom orientalischen Herrscher und
seinem Wesir, die sich mit Freuden auf die Gelegenheit
stürzen, einen Ausflug in eine fremde (tierische) Existenz
zu machen, wie man eine Reise in ein fremdes Land un-
ternimmt, ohne jede Verpflichtung und Verantwortung,
entpuppt sich als Parabel. Das Einzige, was Hauffs Tou-
risten im Reich des *Anderen* verboten ist, ist das Lachen,
und gerade dem Lachen können sie nicht widerstehen.
Am Ziel ihrer Reise angelangt – sie sehen richtige Störche,
sie hören und verstehen deren Unterhaltung –, werden
sie plötzlich von einem Lachkrampf geschüttelt, den sie
nicht unterdrücken können und wollen.

»Zugleich schritt die junge Störchin in wunderlichen Bewegungen durch das Feld. Der Kalif und Mansor sahen
ihr verwundert nach. Als sie aber in malerischer Stellung
auf einem Fuß stand und mit den Flügeln anmutig dazu
wedelte, da konnten sich die beiden nicht mehr halten;

ein unaufhaltsames Gelächter brach aus ihren Schnäbeln hervor, von dem sie sich erst nach langer Zeit erholten. Der Kalif fasste sich zuerst wieder: ›Das war einmal ein Spaß‹, rief er, ›der nicht mit Gold zu bezahlen ist. Schade, dass die dummen Tiere durch unser Gelächter sich haben verscheuchen lassen, sonst hätten sie gewiss auch noch gesungen!‹«

Hier ist jedes Detail von Belang: dass nicht das Gespräch der Störche einen Sturm des Gelächters auslöst, sondern ihr Tanz (gerade ihre *Storchenhaftigkeit* sozusagen); dass das Verständnis der fremden Sprache die Kluft des Unverständnisses nur vergrößert; und schließlich die Art dieses unbezwingbaren Gelächters, das die Helden gepackt hat – ein zerstörerisches, dionysisches, mit heiligem Schrecken versetztes Gelächter, in dem man sich selbst und alles, was man weiß, vergisst, auch das Wort, das den Zauber löst. Eigentlich ist gerade das herablassende Gelächter des höhergestellten Wesens jene Sünde, die den Kalifen und seinen Wesir zu echten Störchen gemacht hat – solchen, die sich nicht mehr verändern, ihr gefiedertes Ich nicht mehr abschütteln können. Womöglich am interessantesten ist aber, was beim Lesen dieses Märchens geschieht: Auf mich hat es eine sehr physische, ja physiologische Wirkung – ein plötzliches Gefühl von *Beengtheit,* einem hermetischen Raum, aus dem man nicht herauskommt. Als wäre die Leserin, die sich schon an ihre behagliche

Doppelrolle als Kalif und Wesir und die damit verbundenen erfreulichen Beschäftigungen gewöhnt hat, mit einem Mal im engen Gehäuse eines fremden Vogelkörpers eingesperrt und müsste erkennen, dass es keinen Ausweg gibt. Ein bisschen erinnert das an einen Satz, den ich als Kind oft hörte, wenn wir Grimassen schnitten, die Augen aufrissen, die Zähne fletschten, versuchten, möglichst furchterregend auszusehen, möglichst wenig wir selbst zu sein: »Wenn dich jetzt jemand erschreckt, bleibst du für immer so!« Von hier gibt es kein Entrinnen, das ist jetzt dein Leben. Der Kalif und sein Wesir kehren trotz allem in ihre menschliche Gestalt zurück. Aber nicht jede Verwandlung bleibt am Ende so folgenlos.

Dazu fällt mir eine Szene aus der Schulzeit ein: Ich bin acht Jahre alt, wir sollen einen Aufsatz schreiben. Die Lehrerin diktiert den Anfang einer Geschichte, das Ende darf sich jeder ausdenken, wie er will. Den Anfang weiß ich vierzig Jahre später noch auswendig, es sind nur zwei Sätze: »Ein kleiner Wolf lebte mit seiner Mutter im Wald. Einmal ging die Mutter fort zum Jagen, und der kleine Wolf blieb zu Hause.« Auch an das Gefühl der unglaublichen, grenzenlosen Möglichkeiten, die diese ersten Sätze boten, erinnere ich mich gut; mein Wölflein kroch natürlich als Erstes aus der heimischen Höhle und machte sich auf, die Welt zu erkunden. Nach einer Weile kam es zu einer Zauberstadt, in der jeder, der durch das Tor trat, verwandelt wurde. Mein kleiner Wolf wurde, was

MARIA STEPANOVA

sonst, ein schöner Prinz. Was genau ich damals geschrieben habe, ist mir nur noch undeutlich in Erinnerung, ich rekonstruiere und restauriere es aus Bruchstücken. Nur den letzten Satz meiner Version des Märchens weiß ich immer noch Wort für Wort: »Der Prinz verließ die Stadt, aber er wurde nie wieder ein Wolf.«

Vielleicht sollte man vor diesen – nicht ganz ungefährlichen – Eigenschaften des Lesens warnen. Heute, da Kinder und Erwachsene auf allen Kanälen zum Lesen motiviert bzw. vom Nicht-mehr-Lesen abgehalten werden sollen, klingt allein schon der Gedanke abwegig. Aber ich erinnere mich an Zeiten, in denen man als Kind besorgt gefragt wurde: »Was liest du denn schon wieder? Geh doch mal an die frische Luft!«, und an Gerüchte über einen, der verrückt geworden war, weil er *die ganze Bibel* gelesen hatte, von der ersten bis zur letzten Seite. Und diese durchaus reale Gefahr, dass man beim Lesen die Zeit vergisst und dann – wie in der Legende vom Besuch im Palast der Bergtrolle – feststellt, dass ein ganzes Leben vergangen ist (warum auch nicht? dasselbe kann einem ja auch beim Serienschauen, Computerspielen, ja beim einfachen Blick aus dem Fenster passieren), ist längst noch nicht alles.

Das Problem mit den Büchern ist ernster. Im Grunde fordern sie die Leser schlicht und unverblümt dazu auf, sich zu ihrem Vergnügen oder ihrer Erbauung eben jener Mechanismen zu bedienen, auf denen auch das *Black-*

facing beruht. Während das Kino, die Oper, das Straßentheater uns den anderen gerade in seiner Eigenschaft als anderer vorführen, als leidendes Nicht-Ich, mit dem wir mitfühlen können (in dem schönen englischen Ausdruck »my heart goes out to you« wird dieser Abstand sehr anschaulich), bringt die Literatur ein anderes, gefährlicheres Identifikationsprinzip ins Spiel. Ich werde im wörtlichen Sinn zu dem, von dem ich lese oder schreibe, ich lande in seinem Kopf – in den vielen Menschen- und Tierköpfen des Textes, in Grashalmen, Buchstaben und Kommas. Ich sehe den Helden nicht von außen, sondern werde eins mit ihm (oder oft auch ganz verdrängt, meine Eigenständigkeit geht zeitweise verloren). Aus freien Stücken erlebe ich seine Freuden mit – und auch seine Leiden, die er sich nicht ausgesucht hat. Doch ich kann diesen Schmerz jederzeit beenden, kann das Safeword sagen (*mutabor*! ich verwandle mich zurück), mich für eine Stunde oder für immer losreißen von meinem Buch und zu mir, in mich selbst zurückkehren. So gesehen ist das Lesen schlimmer, beleidigender als *identity theft,* es ist *identity tourism.* Und während die Gesellschaft einer Autorin das Recht absprechen kann, über Menschen zu schreiben, deren Leben sie nur vom Hörensagen kennt, kann der Leserin niemand Grenzen setzen – *there is no Frigate like a Book.* Der lesende Mensch streift unerkannt und ohne Zeugen durch fremde Identitäten. Er wird zur Frau, zum Mann, zu Zwillingen, zu Außerirdischen, zu

MARIA STEPANOVA

Erde. Und zu Tieren natürlich – wilden wie domestizierten. Er wird zum Verbrecher – und womöglich *bleibt er für immer so,* denn wenn man einmal die eigene Stimme ein Mordgeständnis hat verlesen hören, fällt es schwer, sich nicht für schuldig zu halten.

Wie ein Gott schlüpft der Lesende in fremde Körper und Köpfe und bewegt sich dort so selbstverständlich, als gäbe es nichts Natürlicheres auf der Welt. Als Leser sehen wir, was Tolstoi gesehen hat, nicht aber Anna Karenina: das kleine rote Täschchen zum Beispiel, das die Protagonistin auf ihren Reisen begleitet und im Lauf des Romans immer lebendiger, immer mehr ein eigenständiges Subjekt wird. In der Szene kurz vor dem Selbstmord betritt Karenina das Abteil, das ihr so widerwärtig ist, setzt sich auf die ehemals weiße Polsterbank, und »die Tasche hüpfte kurz auf den Sprungfedern und legte sich dann nieder« – so legt sich ein müdes, nervöses Tier nieder, so schreibt man über etwas Lebendiges. Und weiter: »Sie wollte sich unter den ersten Waggon fallen lassen, dessen Mitte jetzt vor ihr war. Aber das rote Täschchen an ihrem Arm, das sie noch abstreifen wollte, hielt sie auf«. Das Täschchen ist jetzt nicht mehr »winzig« wie am Anfang des Buchs: die Verben zeugen von seinem Eigenleben (beinahe hätte ich *Seelenleben* geschrieben): Es hüpft, legt sich hin, es versucht seine Besitzerin aufzuhalten – und scheitert. Kareninas letzte Bewegung vor ihrem Tod ist eine Geste des Abschieds und Verzichts: »Sie warf das rote Täschchen weg, zog den Kopf ein und ließ sich auf alle viere unter den Wagen fallen.« In diesem Moment sind wir dieses Täschchen, von dem wir doch nicht mehr wissen als seine Größe und Farbe. Ich glaube, nur das Lesen kann einen Menschen in die Lage versetzen, einmal ein Ding zu sein – und ihm sogar vorgaukeln, er wüsste, wie es diesem Ding mit unseresgleichen ergeht.

Dass das auf Illusion beruht, ist mir nur allzu bewusst: Es ist Wunschdenken, das uns für kurze Zeit glauben lässt, wir sprächen die Sprache der Vögel und Frösche, der menschliche Solipsismus hätte ein Ende, und wir könnten heraustreten aus den Grenzen von Geschlecht, Klasse, Sprache, Kultur, Geschichte, aus den Grenzen des eigenen lästigen Ich – und danach wohin auch immer zurückkehren.

Die Vorstellung, die eigenen Grenzen zu überschreiten, weckt eine unstillbare Begierde – doch von der Quelle, aus der ich da trinke, weiß ich nur wenig. Nur eines weiß ich sicher. Wenn es etwas gibt, was die Erfahrung des Schreibens und Lesens uns lehrt, dann dies: Man kommt nie zu sich selbst zurück. In diesem Sinn ist jede Reise die letzte, weil es ein anderer ist, der zurückkehrt. Der Prinz verließ die Stadt, aber er wurde nie wieder ein Wolf.

Aus dem Russischen von Olga Radetzkaja

MARIA STEPANOVA

19 Michael Hagner
Lionel,
der Leser

Wer zu Beginn des 20. Jahrhunderts eine der Jahrmarkt-
veranstaltungen besuchte, bei denen Menschen mit
spektakulären körperlichen Veränderungen als *Freaks*
oder *Monstrositäten* auftraten, konnte dort vielleicht
eine Postkarte kaufen, die einen vollständig behaarten
Mann zeigte. Für heutige Augen ein in fast jeder Hinsicht
unwahrscheinliches, schwierig einzuordnendes Bild. Der
Kopf, das Gesicht, von dem nur Augen und Unterlippe
zu erkennen sind, der Rumpf, die Arme und wohl auch
die unter Hose und Strümpfen verborgenen Beine sind
über und über mit Haaren bedeckt. Der Mann ist in
halbliegender Haltung hingestreckt, das rechte Bein an-
gewinkelt unter dem linken versteckt, den rechten Arm
auf einen Stein gestützt, in der Linken ein Buch, das
in der Mitte aufgeschlagen und zu Boden gesunken ist.

Andenken an Lionel den Löwenmenſchen.

Sein Blick geht nach rechts, wo irgendetwas seine Aufmerksamkeit erregt hat, das ihn vom Lesen ablenkt. Die
Kleidung ist ebenso exotisch wie die Studiokulisse: ein
paar um die Figur herum drapierte Blumen vor gemalter
Landschaft – ein Diorama, das seine Künstlichkeit gar
nicht erst kaschieren will.

Die Atelierfotografie zeigt einen jungen Mann namens
Stephan Bibrowsky, der in Europa und den USA unter
dem Namen Lionel, der Löwenmensch, bekannt geworden war. Schausteller und Zirkusdirektoren interessierten
sich für ihn, um ihre menschlichen Kuriositätenkabinette
zu betreiben, Anthropologen und Evolutionsbiologen,
um ihre Züchtungsphantasien oder Spekulationen über

ein *missing link* zwischen Mensch und Tier zu beleben. *Das Andenken an Lionel den Löwenmenschen* kursierte damals als Postkarte in mehreren Varianten: farbig und schwarz-weiß, Lionel mal in gestellter Landschaft, mal auf einem Plüschteppich vor rotem Vorhang posierend. Ein Attribut ist auf allen Fotografien zu finden: das Buch, das Bibrowsky vor sich hält. Bücher zählten von Anfang an zu den beliebtesten Requisiten der Atelierfotografie, um Belesenheit und Bildung der porträtierten Personen herauszustreichen. Die Physiognomie des Bürgerlichen war so *bookish,* dass bereits vor 1900 der Wunsch laut wurde, es mögen auch mal andere Requisiten als Bücher für die Porträtfotografie verwendet werden.[1] Bibrowskys Porträt nimmt diese Konvention auf und unterläuft sie zugleich.

In Kafkas Erzählung *Ein Bericht für eine Akademie* wird Rotpeter durch »eine Jagdexpedition der Firma Hagenbeck« an der Goldküste eingefangen und nach Europa verschleppt, um dort der Akademie zu versichern, unter großen Mühen die »Durchschnittsbildung eines Europäers erreicht« zu haben.[2] Der Bildungsweg des kultivierten Affen besteht darin, seine tierische Natur zu überwinden, dieselbe als Ware in Freakshows zu vermarkten und sich gleichzeitig als besonderen Fall der Wissenschaft zur Verfügung zu stellen. Kafkas unheimlicher Realismus korrespondiert mit der Biographie Stephan Bibrowskys, denn das Wenige, was wir über seine Geschichte wissen,

liest sich ähnlich wie Rotpeters Bericht. 1891 als Spröss-
ling einer polnischen Artistenfamilie geboren, sprach
sich die äußerst seltene Anomalie des Jungen schnell
herum, so dass der Schausteller Josef Sedelmayr auf ihn
aufmerksam wurde. Er überzeugte die verwitwete, unter
schwierigen Umständen lebende Mutter, ihm den Jungen
abzutreten, damit er eine schulische Erziehung erhalte
und auf seinen Beruf als Zirkusartist vorbereitet werde.
Bereits als Halbwüchsiger zog Bibrowsky mit dem Zir-
kus Barnum & Bailey durch die USA, später trat er in
verschiedenen europäischen Ländern auf. Gleich zweimal
wurde er in der Berliner Gesellschaft für Anthropologie,
Ethnologie und Urgeschichte vorgeführt.[3]

»An der Ferse aber kitzelt es jeden, der hier auf Erden
geht: den kleinen Schimpansen wie den großen Achil-
les«[4], heißt es bei Kafka. Auch in der Kultur haben wir
Bedürfnisse, die ihre animalische Herkunft nicht ganz
verleugnen können. Aber deswegen sind sie noch lange
nicht barbarisch, denn gerade an diesen empfindlichen,
nicht mit der Hornhaut der Domestizierung überzogenen
Stellen regen sich Bedürfnisse, Neugierde und Subversi-
on. Ohne diese Schwachstellen wäre Kultur eine einzige
Tristesse. Vielleicht erging es auch Bibrowsky so, als er
die Postkarten, die einen nicht unwichtigen Teil seines
Lebensunterhalts ausmachten, drucken ließ. Zwar ver-
kaufte er sie als *Andenken an Lionel den Löwenmenschen,*

weil er unter diesem Namen bekannt war, aber bewusst oder unbewusst könnte er auch eine andere Lesart des Bildes im Sinn gehabt haben: als Bibrowskys Bericht, als Andenken an Lionel, den Leser. Entscheidend ist, dass es sich hier nicht um einen typischen Angehörigen des Bürgertums handelt – eine Frau, die vor der Kamera artig in einem Buch liest, einen Mann, der sich selbstbewusst auf ein Buch stützt. Bei Bibrowsky wird das bürgerliche Distinktionsmerkmal schlechthin ad absurdum geführt, denn aufgrund seines Aussehens, seiner Pathologie, seiner Herkunft und seines Berufs konnte er gar nicht zum Bürgertum gehören. In seinen Händen wird das Buch zu einem Gegenstand, der niemandem verwehrt werden, das Lesen zu einer Beschäftigung, die jedem ermöglicht werden sollte. Zwischen den bildungsbürgerlichen Atelierbildern des 19. Jahrhunderts und André Kertész' Fotografien von Lesenden, die wie von Engeln behütet sind, steht das Bild eines Freaks, der sich so zeigt, als wäre er erst mit einem Buch ganz bei sich.

Bilder von Lesenden zeigen häufig etwas, um etwas Anderes zu verbergen. Mit dem Porträt hat Bibrowsky seine Fußnote zur Fetischisierung des Buches in der damaligen Fotografie gesetzt, aber was wissen wir schon über Lionel, den Leser? Der zum *fahrenden Volk* gehörende Artist hatte auch eine Broschüre mit der *Lebensbeschreibung des Löwenmenschen Lionel* im Gepäck, die zusammen mit den Postkarten während der Schaustellungen verkauft wurde: »Er treibt sehr viel Sport und interessiert sich für gute Lektüre und Musik«[5], heißt es darin. Gute Lektüre und Musik, die klassischen Säulen des Bildungsbürgertums, werden wiederum aus ihrem eifersüchtig gehüteten Gehege geführt. Aber welche Lektüre? Welche Musik? Wir können sagen, in der Fotografie und in der Selbstbeschreibung liege ein Einspruch gegen bürgerliche Exklusion, ein kleiner Widerstand gegen die Zumutungen der Anthropologie, die diesen Leser für ihre Theorien verwendet, und gegen das Geschwätz der Schausteller, die mit der Rätselhaftigkeit der physischen Erscheinung ihre Werbeplakate bestreiten. Auf die Erscheinung kommt es nicht an, um die eigene Zugehörigkeit zum Menschsein unter Beweis zu stellen. Auf das Lesen kommt es an, und das verweist weniger auf biologische oder soziale Zugehörigkeit als auf eine Gemeinschaft der Lesenden, so unterschiedlich diese auch sein mögen.

Aber was hat Stephan Bibrowsky gelesen? Welche Bücher hat er, der notgedrungen viel auf Reisen war, mit sich herumgetragen? Wie viel hat er gelesen? Wer waren seine Lieblingsautoren? Hat er vielleicht Kafkas *Bericht* gelesen, der zuerst 1917 in Martin Bubers Monatsschrift *Der Jude* und dann in dem Erzählungsband *Ein Landarzt* veröffentlicht wurde? Wir wissen es nicht. Für uns bleiben die Lektüren Stephan Bibrowskys so undurchdringlich und geheimnisvoll wie sein Gesicht, das durch die Haare verborgen ist. Auch uns kitzelt es an der Ferse, doch kaum beginnen wir uns für das Lesen zu interessieren, schon müssen wir feststellen, dass wir erstaunlich wenig darüber wissen. Wir sehen Lesende im Zug, auf der Parkbank, im Café, und wenn sie ein gedrucktes Buch in der Hand halten, können wir bisweilen erkennen, welches Buch sie lesen. Wir sehen Lesende in der Malerei und in der Fotografie, achten auf die Umstände, wie sie sich inszenieren oder inszeniert werden, stellen uns vor, dass sie versunken sind in ihre Bücher wie Bischof Ambrosius in einem Mailänder Garten und die junge Artistin mit Zylinder auf oder hinter einer Pariser Bühne in der Fotografie von Kertész. Zu jeder einzelnen Leseszene lassen sich eine Hypothese, eine Metapher oder eine Erzählung finden, aber im Grunde bleiben uns die Leser und ihre Lektüren fast gänzlich verschlossen, solange sie uns nicht davon berichten. Und selbst dann. Doch je mehr wir selbst lesen, desto mehr fühlen wir uns zuständig und verallgemeinern unsere Erfahrungen.

Die Unzugänglichkeit des Lesens ist keine Kleinigkeit, denn immerhin erheben Wissenschaften von Neuropsychologie und Leseforschung bis zu Literaturwissenschaft und Philosophie den Anspruch, herauszufinden, was es mit dem Lesen auf sich hat. Einige werden Widerspruch gegen die Behauptung unserer Unwissenheit einlegen, gerade heute, da das Lesen angesichts der medialen

Transformation wieder einmal zur Disposition zu stehen scheint. Um den Stellenwert des Lesens in dem ganzen Wirrwarr von Kulturtechniken und Medienkompetenzen, visuellen und digitalen Alphabetisierungen zu bestimmen, reichen Erfahrungen nicht aus. Es bedarf der Forschung. Schon recht, aber nur unter Berücksichtigung der schönen Maxime von Ulf Stolterfoht: »immer stärkere lesergehirne bedrohen die wirkmacht der dichtung.«⁶ Und wenn diese Gehirne nicht aus Nervenzellen bestehen, sondern aus computerisierten Algorithmen, gibt es noch mehr Grund zur Vorsicht.

Natürlich wissen wir Einiges über das Lesen. Wir wissen, dass Lesen und Schreiben keine direkte Mitgift der Evolution darstellen, sondern sich erst vor einigen tausend Jahren entwickelt haben und dem Bereich der Kultur angehören. Nicht die Biologie hat das Lesen unausweichlich gemacht, sondern umgekehrt prägt das Lesen die Biologie jedes Einzelnen. Deswegen wissen wir auch, dass Lesen an das Gehirn hohe Anforderungen stellt, verschlungenen Wegen folgt und nicht nur gelernt, sondern gepflegt werden muss, damit es ein Fundament des Denkens und Urteilens sein kann. Für die Ausfaltung der kognitiven Fähigkeiten stellt Lesen keinen Luxus dar, der durch Umpolung auf Oralität, auf bildliche Repräsentationen oder auf Computersprachen zu kompensieren wäre. Wir wissen aber auch, dass es beim Lesen ebenso sehr um Erlebnis, Entdeckung, Imagination, Erinnerung

MICHAEL HAGNER

und Phantasie geht. Wir lesen jeden Tag, um uns zu informieren, zu unterhalten oder die Zeit totzuschlagen, aber wir können auch Leseerfahrungen machen, die so prägend sind, dass sie ein Teil von uns selbst werden. Eine solche Intensität war gewiss nicht absehbar, als vor ein paar tausend Jahren die ersten Schriftzeichen mühsam entziffert wurden. Das bedeutet, dass sich die emotionalen und kognitiven Dimensionen des Lesens historisch herausgebildet haben und für weitere Entwicklungen offen sind. In jeder historischen Umbruchsituation, mit jeder neuen Lesemaschine können die Lesefähigkeiten erweitert oder auch eingeschränkt werden.

Wir wissen weiterhin, dass am Beginn der europäischen Philosophiegeschichte Lesen nicht sonderlich hoch im Kurs stand. Im antiken Athen beschränkte man sich darauf, Texte aus Papyrusrollen laut vorzulesen, und das diente allenfalls der Erinnerung an etwas, das man im Grunde schon wusste. Der Akt des Lesens bedeutete Nach-Lesen, nicht konzentrierte oder zerstreute Lektüre. Die ungestörte Versenkung in ein Buch verdankt sich eher dem christlichen Rom als dem heidnischen Athen: Er »las und war im Innern umgewandelt«[7], schreibt Augustinus und meint damit, dass sich der göttliche Geist durch die *in-spirierende* Lektüre offenbart. Den autonomen Leser, dem Bücher – und nicht nur das eine Buch der Bücher – einen eigenen Zugang zur Welt bedeuten, hatte der Kirchenvater nicht im Sinn, doch bahnte er den Weg für die Einsicht, dass »ein Buch, das vom einsamen Leser in stiller Lektüre aufgenommen und durchlebt wird, nicht länger Gegenstand sofortiger Erklärung oder Anleitung, Verdammung oder Zensur durch einen Mithörer«[8] sein kann. Mit einem Buch nach eigenem Gutdünken umzugehen, ohne dass einem jemand über die Schulter schaut, bedeutete nicht nur einen Gewinn für Denken, Hinterfragen, Assoziieren, Zweifeln (und manchmal Verzweifeln), sondern auch ein großes Plus an Freiheit.

Dass wir so wenig über das Lesen wissen, verdanken wir seiner Privatisierung, die es der Kontrolle und sozialen Verfügbarkeit entzog. Daran änderte sich auch nichts, als das Lesen – ein großer Sprung – ins Zentrum des Versprechens zur Vervollkommnung der menschlichen Kräfte rückte und zum Eintrittsticket für Bildung und Erkenntnis, politische Emanzipation und Autonomie wurde. Sogar als nach dem Ersten Weltkrieg Radio und Film zu Leitmedien und die Optimierung des Lesetempos zum Ideal erkoren wurden, blieb der still vor sich hin lesende Teil der Menschheit unverfügbar und unvorhersehbar. Das zeigt sich nirgendwo drastischer als in den klassischen Dystopien des 20. Jahrhunderts. In Ray Bradburys *Fahrenheit 451* werden Bücher konsequent verboten und verbrannt, in Aldous Huxleys *Brave New World* sind alle älteren Bücher verpönt, die eine andere Idee menschlichen Zusammenlebens vertreten als die alles

MICHAEL HAGNER

kontrollierende Weltregierung. Und in George Orwells *1984* ist die Macht so absolut, dass von Büchern kaum noch die Rede ist. Ein vermeintlich regimekritisches Buch, das unter der Hand zirkuliert, ist ein vom *Großen Bruder* in Umlauf gebrachter Fake zur Entdeckung möglicher Verschwörer. Das Auswerfen eines einzigen Buches als Köder kann nur in einer ansonsten bücherfreien Welt gelingen, die keinen Vergleich, kein Hinterfragen und keine Kritik zulässt. Kurz: In diesen Romanen erscheinen Bücher und deren intime Lektüre als unberechenbarer Gegner des totalitären Regimes. Sie sind widerständig und eigensinnig, weil sie unablässig alternative Erinnerungen, Erzählungen, Deutungen, Vorschläge, Entwürfe und Projekte ins Spiel bringen und dadurch eine Distanz zu den Suggestionsapparaturen der Macht schaffen, die noch jeder Totalitarismus gefürchtet hat. Distanz und Intimität sind die wichtigsten Stichworte.

Und heute? Wie brauchbar ist dieses Ensemble von Eigenschaften, um die digitale Welt zu beschreiben? Wir wissen, dass Leser eines E-Books nicht mehr ungestört sind. Sie werden mit Hilfe der Lesegeräte in ihrem Leseverhalten ausspioniert, und man weiß nicht von vornherein, ob das der kommerziellen Habsucht, der Manipulation, der Zensur oder der Überwachung dient. Das Ende der Intimität und der Distanz wird greifbar. Doch damit haben sich die Konsequenzen, die soziale Medien,

Wikipedia, digitale Lesegeräte und E-Books für die Lesekultur haben, nicht erledigt. Wir wissen nur nicht so
genau, worin sie bestehen. Die Hoffnung, dass digitales
Lesen die alten Tugenden bewahrt und neue hinzufügt,
ist leiser geworden gegenüber der Befürchtung, dass Informationsaufnahme und Kulturkonsum per Internet zu
einer Verunsicherung führen, die das Wahre nicht mehr
vom Falschen, das Wichtige nicht mehr vom Unwichtigen
trennen kann.

Die größte Ignoranz wäre allerdings, anzunehmen,
dass bis vor 20 oder 30 Jahren mit dem Lesen alles in
Ordnung gewesen sei. Bei der Einführung oder Weiterentwicklung jedes neuen Mediums ist die Frage nach
den Auswirkungen auf das Lesen zum heißen Eisen geworden. Aus diesem Grunde haben Auf- und Ausbau
der allgemeinen Lesefähigkeit immer schon ein Problem
dargestellt. Die Frage ist nur, in welche Richtung die Digitalisierung das Problem treibt. Liegt es an den kleinen
Geräten oder an der psychophysischen Disposition der
digitalen Konsumenten, die kein Buch mehr in Händen
halten wollen oder können? Was passiert mit einer Gesellschaft, die den Glauben an den Wert des Buches verliert?
Was passiert, wenn man durch Lektüre nichts mehr in
ein Buch hineinlegen und auch wieder herausnehmen
kann? Intuitionen und ein paar Erfahrungen haben wir
alle, die dystopischen Romane kennen wir auch, aber ein
verlässliches Urteil über die Konsequenzen des digitalen

Lesens ist aus den empirischen Lesestudien – von den Neurowissenschaften ganz zu schweigen – bislang nicht abzuleiten.

Immerhin lässt sich so viel sagen: Niemand ist durch die digitalen Apparate zu einem genaueren, gründlicheren Leser geworden, doch die digitalen Möglichkeiten bieten eine variablere Lesekultur an. Um aus dem Vollen schöpfen zu können, muss man sich nur von der Idee verabschieden, eine Lesemaschine könne durch eine andere substituiert werden. Hinter einer solchen Annahme stecken nicht bloß naiver Technodeterminismus oder habgieriger Plattform-Kapitalismus. Seit Marshall McLuhan besteht ein schroffer Gegensatz bezüglich der Auswirkungen des Mediums auf das Lesen: hier das Gutenberg'sche Lesen – solipsistisch, begrenzt und in einer zeitlichen Fixierung angeordnet; dort post-Gutenberg'-sches Lesen – sozial, nicht-linear, grenzenlos und in permanenter Dynamik, die Lesen zu einem ausschließlich sozialen Akt stilisiert. In dieser Perspektive müsste das Buch als Plattform für gemeinschaftliche, vernetzte Aktivitäten neu erfunden, das Lesen zu einem ausschließlich sozialen Akt umdefiniert werden. McLuhan dachte sich das in geschichtsphilosophischer Unausweichlichkeit so, dass wir uns im Übergang zur post-Gutenberg'schen Galaxis befinden. Nur hat er dabei übersehen, dass beide in vielfältiger Weise miteinander verbunden und sogar aufeinander angewiesen sind. Vor dem intimen Lesen stehen häufig die Geschichten, die man als Kind erzählt oder vorgelesen bekommt. Und bevor man an den sozialen Aktivitäten der Lesekreise teilnimmt, empfiehlt es sich, das Buch vorher in Gutenberg'scher Manier gelesen zu haben.

Lesen ist Technik und Kultur: Man lernt lesen, um sich Texte aneignen zu können, liest und liest wieder, versucht Wichtiges von Unwichtigem zu unterscheiden, seine Lesetechnik mit der jeweiligen Textgattung abzustimmen, variiert zwischen langsamem und schnellem Lesen, mit dem man die Buchstaben verscheucht, verfeinert die Informationsaufnahme zugunsten einer Sortierung, Hervorhebung und Bewertung des Gelesenen. Mit einem Wort: Technik dient der Erfassung, Kultur der Differenzierung. Natürlich lassen sich diese beiden Aspekte in der Praxis nicht trennen. Kultivierung ohne Technik ist unmöglich, Technik enthält immer auch ein Stück Kultur. So wie das Auge nicht linear über die Zeilenlinie fährt, sondern in Sakkaden immer wieder zurückspringt, um sich dann erneut nach vorn zu tasten, so ist das Lesen auch ein ständiges Hin und Her zwischen Gleiten und Springen, und das ist physiologische Arbeit und inhaltliche Strukturierung gleichermaßen. Man kann auch von einer Ökologie des Lesens reden, bei der es darum geht, sich der passenden Lesemaschine zu bedienen, um zwischen wildem, explorativem Herumlesen und konzentriertem Durchbuchstabieren zu navigieren. Digitales Lesen wird nur dann zu einer herben Verlustgeschichte, wenn Bücher auf dem Altar des digitalen Kapitalismus geopfert und mit der optimistischen Predigt *unmittelbarer* Informations- und Kommunikationsgewinne begraben werden. Umgekehrt gilt es, den pessimistischen Reden über die Unausweichlichkeit digitaler Demenz zu widerstehen, denn Untergangsfanatiker warten am Ende doch nur auf die Gelegenheit, um losschlagen zu können. Das beste Antidot gegen Fundamentalismen der einen und der anderen Seite ist – das Buch. Dessen vielleicht wichtigste Aufgabe hat Jacques Derrida präzise benannt: »Die Wahrheit des Buches, wenn ich so sagen kann, seine *Notwendigkeit* jedenfalls, leistet Widerstand – und diktiert uns (es handelt sich auch um die Ernsthaftigkeit eines ›man muß‹), diesen beiden Phantasmen [dem Katastrophenpessimismus und dem Fortschrittsoptimismus, MH] zu widerstehen, von denen das eine jeweils die Kehrseite des anderen ist.«[9]

Diese Überlegung lässt sich, anders als Vieles, was wir über das Lesen zu wissen meinen, verallgemeinern. Bücher (und ihre Lektüre) sind ein Akt des Widerstands gegen vorschnelle Überzeugungen, insuffiziente Informationen, Meinungen, Deutungen, gegen fundamentalistisches und auch utopisches Denken in welchem Medium auch immer. Ein Buch kann man ins Regal stellen, doch die Wahrheit des Buches ist nichts, was man besitzen könnte. Sie erweist sich an Haltungen und Handlungen, wie bei *Lionel, dem Leser*, der zum bürgerlichen Monopol auf *bookishness* einfach Nein sagte und sich seinen eigenen Reim auf das Buch machte. Wildes Lesen? Das vielleicht noch nicht, aber jedenfalls eine Postkarte an die Adresse von Lesern, die die Rückseite der Karte nach eigenem Gusto, für sich oder andere, beschreiben können. Jenseits der Konventionen entsteht Eigenzeit. Und darum geht es auch heute. Wer sich die Zeit für ein Buch nimmt, hat nicht die Wahrheit abonniert, doch mit dem Ausscheren aus dem Zack-zack des Betriebs wird die Aufmerksamkeit zwischen Zerstreuung und Fokussierung anders verteilt: Man muss nicht sofort reagieren. Dadurch entstehen Geduld und Distanz, ohne welche das Differenzieren verloren ist; und Intimität, ohne die das Träumen und die Phantasie am Boden bleiben. Teilen und Mit-teilen kann man immer noch, jederzeit.

Das Buch oszilliert zwischen Finger und Auge, das Lesen zwischen Wahrnehmung und Bewegung. Das hilft beim kritischen und lustvollen Zugang zur Welt. Könnte auch alles ganz anders sein? Vielleicht müsste man noch ein wenig weiterlesen, um sich zu orientieren oder sich zu verlieren, wenn es an der Ferse kitzelt.

MICHAEL HAGNER

20

Sibylle Lewitscharoff
Das wild schlagende Leseherz

Hinter zugezogenen Vorhängen, beim Schein einer Lampe, liest es sich gut. Im Liegestuhl am Strand, zum Gemurmel der Wellen, die an das Ufer schlagen, liest es sich gut. Im Bett liest es sich gut, bis die schlafbenommene Hand sinkt und das Buch ihr entgleitet. Versenkt man sich in ein Bücherbuch – *Vom Buch zum Buch*, so lautet der Titel einer Schrift von Edmond Jabès –, dann schlingen sich die Buchstaben gedankenreich ineinander (auf Betreiben kosmischer Antennen, fein ausgerichtet), und es leuchten so kuriose Sätze auf wie: »Es gibt himmlische Bisswunden, welche die Verzweiflung Gottes anzeigen.«[1] Sogleich ist der Leser in eine rätselhafte Welt entführt, die er zwar nicht ganz versteht, die es aber vermag, ihn aufzuzwicken und gedankliche Turbulenzen in ihm zu erzeugen.

Ich liebe solche Entführungen, in denen so viel Hoffnung steckt, liebe es, wenn mir das Buch gleich beim Aufschlagen ein Versprechen gibt. »Ich bin für eine Weile dein guter Hirte«, sagt das Buch, wenn es auf lautere Weise zu mir spricht, »ich bin erschöpfend unerschöpflich, in meinen Lettern sind grazile, aber auch brutale Wahrheiten versteckt.«

Das Buch leistet Beistand (wenn es was taugt), es zeichnet in Buchstaben ein Bild der Welt, das grausam sein kann, uns aber dennoch sorglos stimmt. In ihm ist aber auch Gesetzliches aufgehoben, zuvörderst das Gesetz der Grammatik, die versucht, den Tod zu besiegen, indem sie einen ehernen logischen Bestand vortäuscht. »Immerwährend gelte ich«, behauptet die Grammatik von sich (was natürlich gelogen ist, weil auch sie Veränderungen erleiden muss). Unter dem Titel *Jahreszeiten* schreibt Jabès den sommerlichen Bürstensatz: »Der Sommer Irrwischmähne hochgehalten / von einem prachtvollen Nacken.«[2] Eine Millisekunde lang sträuben sich meine Härchen, weil ich in einem exzellenten Buch als Erwählte herumspaziere. Das Körpergesamt liest mit.

Nun ist es an der Zeit, weitere Vorzüge des Buches hervorzuheben:

Während man ein Buch liest, schwitzt man nicht.

Während man ein Buch liest, wird man geistig entführt.

Im Schwindelmeer der Lettern schwimmt man vergnügt herum.

SIBYLLE LEWITSCHAROFF

Weil uns die schnöde Wirklichkeit nicht genügt, tauchen wir ab ins nebline Schriftmeer des Buchs und gespenstern in vollendeter Freiheit darin herum.

Aus den vielen Vergangenheiten der Bücher ziehen wir auf verschrobene Weise Lehren für die Gegenwart. Sie mögen richtig oder falsch sein, aber sie erheben uns in einen anderen Gemütszustand, der es erlaubt, einen frischen Blick auf unsere Umgebung zu werfen.

Dann gibt es wieder einfache Sätze, die scheinbar anspruchslos daherkommen, jedoch verschmitzt wirken: »In den großen Gemäldegalerien gibt es immer welche, die / sich Stühle mitbringen. Leichte, kleine Klapp- / schemel wie die Jäger oder Angler, / und darauf sitzen sie.«[3] Die Zeilen dieses schmucklosen Gedichts sind nicht wirklich witzig, aber das Herumhocken in Ausstellungen, um einen erleuchteten Moment einzufangen, in Verbindung mit Berufen, die geduldiges Warten verlangen, ist so treffend beschrieben, dass man für ein Weilchen selbst auf solchem Schemel Platz nimmt.

Die Literatur schleppt Hochprozentiges mit sich herum – mädchenhafte Liebesgespinste, die sich als tödlich erweisen, orchestrierte Knaller, die stärker zünden als jedes Feuerwerk, eine Leere, in der die Zeit verrinnt, pulsierende Adern, die uns in Angst versetzen, beherzte Schritte, die zu Hilfe eilen, angeschoben vom Rückenwind des Guten, aber auch die sengenden Worte der Bosheit aus dem Munde der berühmt berüchtigten Madame Verdurin, die einen bis in den Schlaf verfolgen können. Oder, um noch einmal ein konkretes Beispiel zu nennen: die Konversation dicker Damen im Kaffeehaus, die Mitteilsames von dezenter Bosheit in die parfümgeschwängerte Luft entlassen, für deren Effekte mein geliebter Heimito von Doderer ein so unwahrscheinlich freches Händchen hat.

Jetzt fällt mir ein Satz ein, von dem ich aber nicht weiß, woher ich ihn habe. Darin wird behauptet, *das Unendliche habe die Durchsichtigkeit des Bösen.* Warum? frage ich sogleich. Weil das Unendliche den menschlichen Verstand bedroht? Indem es ihn verzwergt, kaum ist das Sätzchen der Gedankenschwirrnis ausgeliefert, und ihn damit dem verantwortungslos Bösen ausliefert? Ist das der freien Sicht zugängliche Unendliche (ohne Gott, der sich der Sichtbarkeit entzieht) deshalb böse, weil dann keine Strafe mehr auf unsere Sünden wartet und zum Ausgleich des Leidens, das unentwegt über Millionen von Menschen verhängt ist, kein göttlich durchblendetes Gericht mehr statthat? Aber warum ist das Unendliche dann durchsichtig? Hat es mit der moderne Kameraoptik zu tun, die in Geräten eingebaut ist, die das himmlische Gefild auf immer weiter von der Erde entfernten Bahnen durchstreifen, bis sie den Kontakt mit den auf der Erde stationierten Empfangsapparaten verlieren? Fragen über Fragen, die von einem auf den ersten Blick harmlosen Sätzchen ausgelöst werden können. Schriftschwindel eben, wenn auch ein reichlich nebulöser.

SIBYLLE LEWITSCHAROFF

Jetzt sollten wir aber mal brav zur Sache kommen – welche Bücher ja, welche nein. Dass dies eine höchstpersönliche Angelegenheit ist, brauche ich niemandem zu erklären. Etliche berühmte, bereits verstorbene Autoren kann ich nicht verputzen. Darüber sei jedoch höflich Schweigen gebreitet. Andere Leser mögen deren Bücher mögen, das ist nur gerecht. Meine Lieblinge siedeln hauptsächlich in Prag, in der Schweiz und in Österreich, auch in Frankreich und in einigen südamerikanischen Ländern. Ist es erlaubt, Namen zu nennen? Ich denke ja.

Fangen wir gleich ganz oben an. Gott allein, aber auch der Trinität als im Buchstaben verhafteter und zugleich verborgener Wesenheit Gottes, wird in den Werken dreier Autoren nachgejagt: Franz Kafka, Samuel Beckett und Francis Ponge. Kafka ist das Oberhaupt der Gottsucherbande, seine Werke sind von den stärksten Entzugserscheinungen getrieben. Gottes Schlupfloch ist das Zimzum, an das Kafka seinen intrikaten Sprachbohrer ansetzt, um IHN aus SEINEM streng umzirkten Geheimgehege herauszulocken.

Der wunderbare *Schmutzian* Beckett (auch so ein tolldreistes Kafka-Wort) lässt Gott in Gestalt seines Sohnes herumlottern, mal landet er im Gebüsch mit Kratzern im Gesicht und bisschen Dreck auf dem Haupt, mal wird nach IHM gesucht, wobei sich die Herumirrenden mit einem Restchen göttlicher Substanz aufladen, das jedoch der Fähigkeit entbehrt zu leuchten. Oder sie suchen als

Tote vergeblich, aus einem Behälter herauszukommen, der an der Decke ein kleines Loch hat, über dem man den Wohnsitz Gottes vermuten kann. Aber all das Getreibe um den entmachteten oder verborgenen Gott geschieht nicht mit üppig bestückten Sätzen. Ganz im Gegenteil. Die Sprache wird ausgekargt und ins Beinhaus getrieben, in welchem ein fast stummer Gott sein zerbrochenes Liedchen gurgelt.

Francis Ponge wiederum sucht Gott in jedem noch so winzigen Teilchen der Natur, welches er derart intensiv zum Sprechen bringt, wie es keinem Autor je zuvor gelungen ist. Deshalb wird *La Figue*, also die Feige, in allen ihren Zuständen gehegt, gepflegt, sie wird natürlichen Einflüssen ausgesetzt (ich bin versucht zu sagen: *auf Glanz gebürstet*) und schließlich gar als höhererseits beglaubigtes Wesen verschlungen. Man erinnere sich noch an ein anderes Phänomen: *Gott essen* war Anfang und Mitte des letzten Jahrhunderts ein bekannter Topos bei den Ethnologen, die sich um Völker kümmerten, die vom Aussterben bedroht waren und sich bei besonderen Gelegenheiten mit religiös aufgeladenen Speisen versorgten, um ihre Existenz in einer Wirklichkeit zu bekräftigen, die das Leben nach dem Tod zu beeinflussen suchte. Einen Vorgang, den wir in abgewandelter Form auch vom Verzehr einer Hostie kennen. Ponge verzehrt nun seine Feige, als hätte sie in hundert französischen Kirchen ihre Weihen als Hostie empfangen.

Francis Ponge ist ein Tausendsassa in der Beschreibung der Natur (Menschen interessieren ihn nicht sonderlich), in die er ein spektakuläres Leben hineingeheimnist, das sich in lesbarer und hörbarer Form manifestiert, wofern Auge und Ohr des Beobachters trainiert genug sind, um etwa die Geheimnisse zu deuten, die ein Kiefernwäldchen umschweben. Die Natur zum Sprechen zu bringen hat in Frankreich eine gloriose Tradition, man denke an Roger Caillois, der sich hochgradig spekulativ, mit erhabener Munterkeit den Schriftzeichen gewidmet hat, die als geheime Botschaften in den Steinen inkarniert sind – oder an den geduldig beobachtenden Insektenforscher Jean-Henri Fabre, der mit hinreißender Genauigkeit und poetischer Verve Insekten porträtiert hat, was ihn als Wissenschaftler zugleich in den Rang eines Dichters erhebt. Bei beiden Autoren verschränkt sich ein scharfer Blick auf die Natur mit einem pudrig flaumigen Interpretationsgeschick, das uns ein Gelände, in dem wir meistens ahnungslos herumspazieren, erleuchtet und detailversessen vor die Augen rückt.

Nun, das waren soeben lauter Männer. Was ist mit den Frauen? Können die etwa nicht schreiben? O doch. Yes, they can! Ich werde hier sogleich auch einen Dreibund aufrufen, der mein Leseleben auf wundersame Weise *aufgefüttert* hat (wieder so ein herrliches Kafka-Wort – bekanntlich hat sich der Mann mit dem Problem herumgeschlagen, wie man eine Geschichte so auffüttert, dass sie rundum gesättigt ihr Ende finden kann – was ihm bekanntlich so gut wie nie gelungen ist; die Enden seiner Geschichten ragen wie einsame Sprungtürme in geschlossenen Schwimmbädern in die Luft, in deren Becken sich kein Wasser mehr befindet).

Die Spitze des weiblichen Bundes besetzt in meinem Leseherz die österreichische Dichterin Christine Lavant. So wild, so streng, so gefährlich flackernd hat kaum je ein katholisches Herz geschlagen, das an Gott verzweifelt und sich zugleich inbrünstig nach Erleuchtung und Trost unter Seiner Obhut sehnt. Die winzige Frau, das gehudelte Armenhäuslerkind mit den leuchtenden Augen, hat sich mit unwahrscheinlicher Energie in die poetische Materie eingebohrt. Die Lavant ist in ihrer Radikalität erschreckend. Ihre Gedichte und die Prosa lese ich mit klopfendem Herzen. Da flackert was, da zuckt was, da ist eine aufgetummelte Gewalt im Spiel – bei einer inbrünstigen Suche nach religiösem Trost, der leider ausbleibt. Jawohl, die Lavant ist kein naives frommes Herzchen, da tobt was, da will was raus, da wird krepiert, da wird aber auch in ungeahnte Höhen geschossen: »Sollst mich, deinen Zecherbecher / hochgemut zum Munde heben, / lass die rote Blume leben, / diesen lieben Sorgenbrecher, / sing was dich erfrischt! / Miss dich mit dem Mann im Monde, / nenn den Nordsturm deinen Bruder! / Her ein Schiff! – und an die Ruder / binde dir das bernsteinblonde / Blitzweib, das dort zischt. / Fahr entlang der

Kreide-Ufer, / wink den Schädeln und den Rippen! / Einmal waren alle Lippen / Becher, Zecher oder Rufer / nach des Bechers Rand. / Reue? – Heimfahrt? – Das kommt später, / vorerst gilt es auszutrinken! / Droht dein Lustschiff zu versinken, / dann erst ruf den Wundertäter, / mich wirf an die Wand. / Niemand soll mich mehr benützen, war ja nur dein Leib- und Seelen- / Stammglas und die anderen Kehlen / söffen aus mir schale Pfützen, / nicht den starken Wein. / Also auf, mein liebster Säufer, / alle Not kann man verschönen! / Besser ists, im Rausch zu stöhnen, / anstatt fromm als Wallfahrtläufer / Elend auszuschrein.«[4]

Heilandzack! Das sitzt, und ist kein frommes, liebes Andachtsgedichtlein unter einem vertrockneten Kerzengebinde, sondern eine giergetriebene Schleudermasse aus dem Herzen einer tief religiösen Frau.

Und nun, welche aus dem Triumvirat der Damen liebe ich noch? Carson McCullers, heutzutage leider ein wenig vergessen. Sie ist eine 1917 geborene amerikanische Südstaatenautorin, die schon in sehr jungen Jahren überzeugendes Talent zeigte. Ihre absolut erstklassigen Romane sind jedoch: *The Heart is a Lonely Hunter*, erschienen 1940, sodann *Reflections in a Golden Eye* (1941) und *The Ballad of the Sad Café* von 1951. McCullers war eine großartige Menschenkennerin, fähig, außerordentlich einsame und zugleich verwegene Figuren in eine intrikate Handlung zu verwickeln, die einem verzweifelten Ende zustrebt. In ihren Romanen gibt es keine faden Passagen, reflektiert wird gleichsam beiher spielend, und zwar auf hohem Niveau. Nach Kitsch fahndet man vergebens. McCullers Protagonisten greifen mitten ins Herz des Lesers, worin sie nicht schmachtend wohnen, sondern alsbald argwöhnisch von dessen Verstand belauert werden. Der Leser ahnt, dass da so einiges schiefgehen wird und bangt zugleich um das Schicksal der Helden. Dabei wird er unversehens selbst zu einem einsamen Jäger nach ein bisschen Glück.

Zwei ihrer wichtigsten Romane erfuhren das seltene Glück, grandios verfilmt zu werden. Den Auftakt machte John Huston mit *Reflections in a Golden Eye*, die Hauptrollen besetzt mit Elizabeth Taylor und Marlon Brando. Ein düsteres Südstaatendrama in Schwarzweiß, das in einem gottverlassenen Militärcamp spielt. Die Taylor als Erosbombe in knallengen Reithosen ist sagenhaft gut. Der Abgrund von Langeweile und unseligen Verstrickungen dünstet Miasmen verelendeter und verendender Gefühle aus. Die viel spätere Verfilmung von *The Ballad of the Sad Café* in der Regie von Simon Callow ist ebenfalls exzellent. Hier spielt Vanessa Redgrave die hochgeschossene und zugleich zutiefst in sich vergrabene Besitzerin eines kleinen Vorstadtcafés, die sich ausgerechnet in einen durchtriebenen Winzling verliebt, fünf Kopf kleiner als sie selbst. Schlimmschlimm, das alles. Und außerordentlich zu Herzen gehend.

Meine dritte Heldin ist Virginia Woolf, wobei ich nicht alle Romane von ihr zu meinen Lieblingslektüren zähle, einen dafür um so mehr. *Mrs Dalloway* hat mich von den ersten Sätzen an gepackt. Die Atmosphären, das Wetter, der Himmel über London, der Auspuffknall aus einem Automobil und äußerst sublim gezeichnete Figuren, die den Roman bevölkern – ein irre gewordener Kriegsveteran des ersten großen Krieges im 20. Jahrhundert, der einen toten Kameraden als Gespenst sieht, die wunderbar einfühlsame und zugleich in sich eingesponnene Mrs Dalloway, ihr zurückhaltender Mann, ein ehemaliger, aus Indien zurückgekehrter Verehrer, ein grauenhaft eitler Psychiater, sie alle geistern durch ein meisterhaftes Ballett der Londoner Nachkriegszeit mit ihren blitzenden Sommerfreuden, den aus dem Krieg stammenden Verwundungen, den quer durch den Park fliegenden Phantasmagorien, den Sirenen der Krankenfahrzeuge – zugleich gewittert im Hintergrund der Anbruch einer neuen Zeit, die schwer zu ertragen und schwer zu bewältigen ist.

Die patchworkhaften Szenen sind meisterhaft komponiert, sie gehen geschmeidig ineinander über, ohne Verwirrung zu stiften. Das ist ein Meisterwerk, gewoben aus präzis vor die Flinte genommenen Tatsachen und imaginären Hirnturbulenzen, ein gestochen scharfes Zeitporträt, wie es der Leser nur selten vor die Nase bekommt. Wir lernen ein älteres London kennen als das heutige. Alles lebt – die Bäume, die Sträucher, die Figuren, die unheilverkündenden Schläge der Uhr von Big Ben, das Nadelkissen von Mrs Dalloway, alles funkelt und irrlichtert und zeigt sein verstörendes Wesen, zugleich ist das Ganze von einer betörenden Schönheit, wie man ihr höchst selten in Romanen begegnet.

Mrs Dalloway, das ist auch ein geheimes Portrait der Autorin, nicht allzu offensiv, so dass es nicht störend wirkt, doch das überfeine seelische Tastvermögen, das Virginia Woolf zu eigen war, hat sie ihrer Hauptfigur geliehen, und den zurückhaltend behütenden Mann, der etliche Eigenschaften mit Leonard Woolf teilt, ihr zur stützenden Seite gegeben.

Nun ist es Zeit, ein Ende zu machen. Etliche meiner Lieblinge konnten hier gar nicht zu Wort kommen – Heimito von Doderer etwa, dessen *Merowinger* uns, eine kleine Bande von Doderer-Begeisterten, in Jugendjahren dazu hinriss, die krawallartige Hauptszene nachzuspielen mitsamt Nasenzwicker und Zerschlagung von Tellern, sodann mein Lieblingsösterreicher Nummero zwo, Thomas Bernhard, dem ich von Buch zu Buch durch dick und dünn gefolgt bin, obwohl er irgendwie immer dasselbe schrieb – vergessen sei auch nicht Fritz von Herzmanovsky-Orlando, dessen *Gaulschreck im Rosennetz* meine Lieblingslektüre mit sechzehn Jahren war, was mir den Vorwurf meiner Genossen von Spartacus Bolschewiki-Leninisten einbrachte (einem radikalen Trüppchen, dem ich damals angehörte), ich würde mich nicht mit dem nö-

SIBYLLE LEWITSCHAROFF

tigen Ernst der Sache widmen, was schließlich zu meinem Austritt führte. Überhaupt die Österreicher! Sie hatten mich am Lesewickel, natürlich von Beginn an der aufrührerische Zornickel Peter Handke, dem ich bis heute von Buch zu Buch folge, wobei ich einen Werkfrevel zugeben muss, weil ich in einen seiner dickeren Romane, den ich etwas fad fand, eine Art Sarg geschnitten habe, um darin einen Goldbarren zu verstecken.

Meinem Kollegen Martin Mosebach folge ich in seinen Romanen seit *Westend* ebenfalls getreulich. Er besitzt das Talent, in seinen Romanen fremde Welten einzufangen, deren Bewohner immer auch in den Irrwitz verbohrt sind, wobei der Ernst, mit dem manche seiner Figuren zu Werke gehen, auf uns geradezu slapstickartig komisch wirken müssen. Vergessen sei auch nicht die deutsche Schriftstellerin Marieluise Fleißer, deren tagebuchartigen Reiseabenteuer nach Andorra, die sie zusammen mit dem Unglücksvogel Draws-Tychsen unternommen hat, einem egozentrischen Schlaks mit Segelohren, derart abstrus sind, dass man sie als Höllenkönigin des weiblichen Humors feiern sollte. Keinesfalls vergessen sei auch der Ire Flann O'Brian, dessen *Dritter Polizist* zum Vertracktesten gehört, was in puncto Konstruktion und sardonischem Witz je geschrieben wurde. Und weiter geht die flotte Fahrt – als der portugiesische Autor Fernando Pessoa in sehr schönen Ausgaben beim Ammann Verlag auf Deutsch erschien, war das für mich ebenfalls eine Sensation, denn zuvor hatte ich noch nicht mal seinen Namen gehört. Aus einem solchen Gewebe der Einsamkeit heraus unter diversen Pseudonymen zu schreiben und die entstehenden Werke in Truhen zu lagern, das ist eine Märchengeschichte der besonderen Art.

Über Jahrzehnte hinweg hat mich die südamerikanische Literatur hellauf begeistert; früher konnte ich sie im Original lesen, da ich in jungen Jahren etliche Zeit in Argentinien verbracht habe. Natürlich Jorge Luis Borges! Natürlich Gabriel García Márquez, Felisberto Hernandéz, Horacio Quiroga, Roberto Bolaño, Alfredo Bryce Echenique und etliche andere mehr! Zu guter Letzt sei meine Freundin Maria Cecilia Barbetta erwähnt, die in einem exzellenten Deutsch zwei hinreißende Romane über Buenos Aires geschrieben hat.

Das begeisterte Lesen von erstklassigen Büchern schadet nicht. Es führt nur Gutes im Gepäck. Die eigene Erfahrungswelt wird angereichert, man wird zum Naturkundler, zur hupflustigen Gesellschaftsmaus inmitten fremder Zeilen, zur Liebeshungrigen oder zum Schwerenöter, es erschließt sich die genüssliche Welt der Faulenzer und die verstörende der Habgierigen, man erfährt von ungeheuren Tragödien und glanzvollen Momenten des Glücks. Und durch den Zeitritt über Jahrhunderte hinweg treten wir mit längst verstorbenen Generationen in Verbindung. Glückauf zur fröhlichen Jagd nach dem Buch!

21

Hans Joas
Bitte um Auskunft

Frage eines Lesers an die Experten der Lesekunst:

Ich lese gerne, hätte aber eine Frage, die Sie mir bitte kurz beantworten, wenn Sie diese nicht für abwegig halten: Ist es besser, viele Bücher gelesen zu haben, die meisten davon aber nur einmal, oder nur wenige, die man sich aber immer wieder vornimmt? Auf diese Frage kam ich bei der Lektüre der Hölderlin-Biographie von Rüdiger Safranski, wo sehr anschaulich vom Wandel des Lesens im späten 18. Jahrhundert die Rede ist, als die Zahl der gedruckten Bücher rasch zunahm und eine Art Lesewut um sich griff. Falls Sie mit den Verlagen oder dem Buchhandel verbunden sind, werden Sie mir vermutlich zum Lesen vieler Bücher raten, da ich ja nur so das Geschäft belebe. Aber vielleicht gelingt es Ihnen in Ihrer Antwort, von ökonomischen Gesichtspunkten ein wenig abzusehen.

Antwort vom Verband der Lesefreunde und -förderer:

Vielen Dank für Ihre Frage. Wir empfinden diese keinesfalls als abwegig. Sie hat im Gegenteil zu lebendigen Diskussionen unter uns geführt. Einig waren wir uns schnell, dass die Antwort davon abhängt, warum Sie überhaupt lesen. Mit einer solchen pauschalen Reaktion wollen wir Sie jedoch nicht abspeisen. Deshalb unterscheiden wir im Folgenden verschiedene Gründe für das Lesen, und Sie suchen sich bitte heraus, was am ehesten für Sie zutrifft.

1. Wenn Sie lesen sollten, um sich bestimmte Informationen zu beschaffen, dann müsste es genügen, wenn Sie jedes Buch ein einziges Mal benutzen. Wir geben zu, dass Sie dann die Bücher gar nicht besitzen müssen – es sei denn, Sie neigen zur Vergesslichkeit und wollen die Informationsquelle immer wieder heranziehen. Oft werden Sie, wenn dies Ihr Motiv ist, Bücher gar nicht vollständig lesen müssen. Es wird Ihnen genügen, nur das für Sie gerade Wichtige herauszuziehen, und das wird manchmal schon durch Blättern oder über Inhaltsverzeichnisse und Register gelingen.

2. Vielleicht aber geht es Ihnen um mehr als Informationen. Vielleicht reizen Sie komplexe Gedankengänge und ganze Gebäude von Argumenten. Dann ist es vermutlich so, dass Durchblättern Ihnen nicht genügt

　　　　　　　　　　　　HANS JOAS

und ebenso wenig eine einmalige Lektüre. Sie wollen die einzelnen Schritte so lange und in selbstbestimmtem Tempo nachvollziehen, bis Sie diese in eigenen Worten und selbständig wiedergeben oder sogar weiterführen können. Sie lesen philosophische oder wissenschaftliche Texte von erstrangiger Qualität immer wieder und entdecken bei jeder neuen Lektüre Aspekte, die Ihnen zuvor nicht aufgefallen waren. Von bestimmten Texten fühlen manche Leser sich immer wieder und aufs Neue belehrt; deshalb leuchtet ihnen die Bezeichnung »klassisch« für diese Schriften ein. Doch auch wenn man auf diese Weise liest, mag man irgendwann einen Sättigungspunkt erreichen, den Gedankengang, sei er noch so anspruchsvoll, in einem Maße durchdrungen haben, dass man ungeduldig wird gegenüber dem nun schon Durchschauten. Dann brauchen Sie neuen Stoff für Ihr Denken, andere Werke von ähnlicher Qualität und klassischem Rang.

3. Doch können alle diese Bemerkungen an Ihnen vorbeizielen, weil sie vornehmlich auf stark rationale Leseinteressen abgestellt sind. Viele Leser und Leserinnen greifen aber aus anderen Beweggründen zu einem Buch. Ihnen geht es um Erfahrungen. Wohltuend ist für sie schon, wenn sie Schilderungen lesen, die sie an ihr eigenes Leben erinnern. Menschen mit einer ähnlichen Biographie oder zumindest einem in wichtigen Hinsichten ähnlichen Schicksal, z. B. in Liebesdingen, können einem in der

Lektüre begegnen, und diese Begegnung macht Freude, selbst wenn das beschriebene Schicksal hart ist. Wenn ein Buch mit einer Kriminalhandlung in der eigenen Stadt oder Gegend spielt oder an einem Ort, mit dem man von Urlaubsreisen her vertraut ist, löst das vergnügtes Wiedererkennen aus. Noch schöner ist es natürlich, wenn eine Lebenskrise, aus der man selbst den Ausweg nicht so leicht findet, im Buch überzeugend überwunden wird. Aber möglicherweise treffen diese Bemerkungen doch nicht ganz für Ihre Interessen zu.

Es kann ja sein, dass Sie eher nicht von Ihrem Leben hören oder dieses nur gespiegelt sehen wollen. Man kann auch lesen aus Erfahrungshunger, aus Sehnsucht nach einem anderen Leben als dem, das man selbst führt. Wie Sie vielleicht aus Ihrer Kindheit in Erinnerung haben – oder aus dem Umgang mit Ihren Kindern, wenn Sie welche haben –, zählt nicht unbedingt, ob das Erzählte nach den Maßstäben Ihres Alltags wahrscheinlich ist, oder es zählt eher der Abstand als die Nähe zu diesem Alltag. Wundersame Flüge mit den Wildgänsen, Schifffahrten auf Walfischjagd oder Reisen um die Welt in achtzig Tagen, Abenteuer im Wilden Westen oder im Morgenland, vielleicht auch in einer schönen oder schrecklichen fernen Vergangenheit oder Zukunft, im Reich Mittelerde oder auf einem anderen Stern reißen uns gerade von uns weg. Hier ist nun, was Ihre Frage betrifft, beides möglich. Sie können süchtig werden nach immer neuen Büchern, die

Ihnen immer neue Welten aufschließen. Oder Sie finden eine dieser Welten so betörend, dass Sie am liebsten gar nicht wieder in Ihren Alltag zurückkehren oder sich auf ein anderes Abenteuer umstellen möchten, sondern immer nur dasselbe glückliche Erlebnis wiederholen wollen. Im ersten Fall brauchen Sie immer neuen Stoff und deshalb viele Bücher. Im zweiten dagegen genügt Ihnen das eine glücklich machende Werk für eine lange Zeit. Dieses müssen Sie dann besitzen.

Uns haben schon manche Leser und Leserinnen anvertraut, dass sie Bücher haben, von denen sie sich nie trennen möchten. Es gibt im Leben zwar Phasen, in denen ein solches Buch längere Zeit nicht mehr aufgeschlagen wird. Aber diese Phasen vergehen, und sie kehren als veränderter Mensch wieder zu diesem Begleiter ihres Lebens zurück. Dieser Begleiter muss auch wirklich derselbe geblieben sein, also unverändert in Umschlag, Druckbild und Geruch. Von solchen treuen Begleitern findet, das war unsere einhellige Meinung hier, jeder Mensch nur wenige, ähnlich wie es im Leben mit den Freunden ist.

4. Mit den bisherigen Ausführungen haben wir vermutlich schon mehr geantwortet, als Sie überhaupt von uns hören wollten. In unserem Kreis haben jedoch die Verehrer dessen, was sie die »große Literatur« nennen, darauf bestanden, noch weiterzugehen. Zwar seien, so hieß es von ihnen, alle bisher erwähnten Lesemotive durchaus

legitim, es gebe aber auch noch weitere. Nicht alle von uns haben gleich verstanden, was damit gemeint sein könnte. Deshalb baten wir darum, nicht in lange Lobreden auf die Kunst zu verfallen, sondern einen knappen Ausdruck für das Gemeinte zu finden.

An diesem Punkt war von der »Sehnsucht nach dem erlösenden Wort« die Rede. Wir vertrauen darauf, dass Sie diesen leicht mysteriös klingenden Begriff einleuchtend finden, wenn wir ihn mit einem Beispiel illustrieren. In einem berühmten russischen Roman wird geschildert, wie der abgespreizte kleine Finger einer Frau beim Halten der Teetasse einem jungen Mann als Inbegriff weiblicher Eleganz und Harmonie in der Bewegung erscheint und ihn verliebt macht, dieselbe Geste aber später, als die Liebe am Verschwinden ist, ihn als schrecklich affektiert nur noch abstößt. Selbstverständlich geht es in diesem Beispiel nicht um kleine Finger und Teetassen als solche, sondern um die Erfahrung, was Liebe und Liebesverlust mit unserer Wahrnehmung anderer Menschen machen. Eigentlich aber wollten die Literaturfreunde sagen, dass uns das Lesen »großer Literatur« nicht nur Unterhaltung durch zusätzlichen Erfahrungsstoff bietet, sondern unseren Erfahrungen eine Gestalt gibt, die wir selbst ihnen gar nicht hätten geben können. Es ist, als hätten unausgedrückte Erfahrungen, vielleicht sogar schon seit langem, in uns darauf gewartet, zum Wort zu finden. Wenn es aber zu diesem Ausdruck, zu dieser Artikulation einer

Erfahrung, gekommen ist, dann befreit uns das von einer Last und beflügelt uns zu neuen Wahrnehmungen. Ein Einwand, der an dieser Stelle von einem Kollegen vorgebracht wurde, der gegenüber poetischen Höhenflügen eher skeptisch ist, lautete aber, dass man keineswegs die schöne Literatur zu diesem Zwecke brauche, sondern eher psychologische Ratgeber und das, was heute Self-Help- und Self-Improvement-Literatur heißt. Dagegen wurde wiederum vorgebracht, dass in diesem Schrifttum das gerade nicht geboten werde, was das Schöne an der Dichtung sei. Solche Schriften zögen die Erfahrungen gerade wieder in den Alltag herab, statt uns durch ihre nichtalltägliche Sprache über diesen hinauszuführen. Wenn wir aber einmal den Sinn für poetische Sprache erworben hätten – oder vielleicht, da wir ihn als Kinder alle hatten, diesen Sinn nicht verloren gäben –, würde solches Lesen zum Bedürfnis. Wir spüren, dass ein Lied in allen Dingen schläft, die da träumen fort und fort, und zu singen anfängt, trifft man nur das Zauberwort.

5. Niemand von uns will so tun, als sei das gerade genannte poetische Motiv das höchste unter den Lesemotiven. Die Beschaffung von Informationen, die Einübung von Argumentationen und die Erweiterung des eigenen Erfahrungshorizonts sollen ja nicht abgewertet werden. Vor allem aber zeigt ein Blick in die Geschichte schnell, dass das Lesen oft keineswegs von der Suche nach dem au-

ßeralltäglichen Ausdruck alltäglicher Erfahrung gesteuert war, sondern von dem Wunsch, an etwas teilzuhaben, was die Menschen in einer Weise, die heute vielen fremd geworden ist, als Begegnung mit Gott bezeichnet hätten. Sie lasen (in unserer Kultur) deshalb vor allem die Bibel oder biblische Geschichten und Heiligenlegenden, weil sie sich davon einen Zugang zu außeralltäglichen Erfahrungen, und das hieß für sie zu Gottes Handeln in der Welt, versprachen und ein besseres Verständnis des Sinns ihres eigenen Lebens. Sicher wurde immer auch anderes gelesen. Aber da das Lesen dieser Art nicht in Einsamkeit und Stille, sondern meist gemeinsam und laut stattfand, war es keine Frage, dass die dafür nötigen Bücher auch im Besitz der Familie sein sollten. Es mochten ganz wenige sein, die man so von Generation zu Generation weitergab. Hinzu konnten weitere Schriften kommen, die einem beim Verständnis der eigentlich verbindlichen Schriften helfen sollten. Man muss heutzutage, so die überwiegende Auffassung in unserem Kreis, natürlich nicht selbst religiös sein, um Achtung für diese Lesepraxis zu empfinden. Auch in der Musik ist es ja so, dass eine Messe oder Passionsmusik von Menschen gehört wird, die nicht in einen Gottesdienst gehen oder an das Leiden und die Auferstehung Jesu Christi glauben. Eine biblische Geschichte wie die von der dreifachen Verleugnung Jesu durch Petrus kann auch als ein erschütterndes Stück Literatur gedeutet werden, wie dies einer der größten Literaturwissenschaftler, die Deutschland jemals hervorgebracht hat – sein Name ist Erich Auerbach –, vorführt. Aber man versteht diese Texte als Literatur nur dann angemessen, wenn man sie nicht nur als Darstellung menschlichen Geschehens auffasst, sondern auch im Sinne von Dokumenten einer als Gottesbegegnung empfundenen Erfahrung und wenn man in ihnen dann noch die Besonderheit der christlichen Vorstellungen gegenüber denen etwa der griechischen Antike erkennt.

6. Ganz delikat wird es nun, wenn man noch einen Schritt weitergeht – und dagegen überwogen in unserem Kreis zunächst die Bedenken. Aber in einer Zeit, in der zwar immer weniger Menschen hierzulande zur Kirche gehen, aber doch viele ein neues Interesse am »Heiligen« verspüren – selbst der Hausverlag der Frankfurter Schule hat jüngst ein Buch eines lebenden deutschen Soziologen mit dem Titel *Die Macht des Heiligen* veröffentlicht –, setzten sich am Ende diejenigen durch, die diesen Punkt nicht unerwähnt lassen wollten. Schriften können nämlich für manche Menschen nicht nur Dokumente früherer Gottesbegegnung sein, sondern selbst eine solche Begegnung eröffnen oder manifestieren. Thora und Koran sind Gottes Wort, und im katholischen Gottesdienst wird das Buch mit dem Evangelium als Wort Gottes feierlich getragen, mit Weihrauch und Leuchtern geehrt. Manche finden dies lächerlich. Andere aber räumen ein, dass hier

das Lesen Teil eines gemeinschaftlichen Rituals ist, der Gemeinschaft der an einem Ort Versammelten und weit darüber hinaus aller Menschen, die diesen Glauben teilen. An das Buch, das die »Heilige Schrift« enthält, reicht für diese Menschen dann kein anderes heran, selbst wenn sie sich ihm außerhalb der Gemeinschaft und nur für sich zuwenden.

Sie sehen, dass Sie mit Ihrer Frage vielerlei Überlegungen ausgelöst haben. Dafür danken wir Ihnen ausdrücklich. Wahrscheinlich geht es Ihnen so wie den meisten von uns: Ganz eindeutig können Sie Ihre Leseinteressen keinem der aufgeführten Typen zuordnen. Aber vielleicht ist schon etwas gewonnen, wenn sie alle allgemein akzeptiert werden – einschließlich des letztgenannten.

HANS JOAS

22 John Jeremiah Sullivan
Im Kiefernwald

Wenn ich ans Lesen denke, kommt mir sofort eine Nacht in den Sinn, die ich vor etwa sieben Jahren mit meiner jüngeren Tochter, Maria, in einem Zweierzelt verbracht habe. Sie war damals sieben. Es war ein von der Schule organisiertes Zeltlager, hier im Südosten von North Carolina, auf einem Zeltplatz in einem geschützten Kiefernwald außerhalb der Stadt, wo der Fluss auf das Meer trifft. Ich war als begleitender Elternteil dabei. Wir stellten das Zelt auf weichen Kiefernnadeln auf.

Keine Angst. Dies ist keine Geschichte über den Zauber des Vorlesens. Maria und ich hatten sogar vergessen, Bücher oder Zeitschriften mitzunehmen. Auf den letzten Drücker gepackt usw.

Der Abend lief gut. In meiner Erinnerung sogar ganz wunderbar. Die Kinder rannten gemeinsam im Wald umher. Wir machten ein Lagerfeuer und aßen Hot Dogs. Es wurde gesungen. Karen, eine der Lehrerinnen, spielte Gitarre. Sie kannte sich auch in der Natur aus. Als es dunkel wurde, führte sie uns zu einer Lichtung, richtete ihre Taschenlampe auf den Boden, und wir sahen Hunderte kleine Spinnenaugen, die uns entgegenleuchteten.

Die Kinder gähnten und wurden langsamer, und so zogen wir uns in unsere Zelte zurück. Maria schlief auf der Stelle in ihrem Schlafsack ein. Ich habe ihren kleinen Kopf vor Augen, mit dem Topfschnitt auf dem komprimierbaren Campingkissen neben mir. Sie hatte stundenlang ausgelassen gespielt. Die anderen Kinder müssen genauso erschöpft gewesen sein, denn es wurde sehr schnell still.

Ich schlafe nie viel, und für meinen Körper war es noch nicht annähernd spät. Da fiel es mir auf: kein Buch. Aber ich hatte mein Smartphone. Wir alle waren zu Beginn des Zeltlagers gebeten worden, unsere Telefone wegzupacken. Es steckte in meiner Tasche und hatte noch genügend Batterie. Ich holte es raus und fing an, nach etwas zum Lesen zu suchen.

Jemand hatte mir kurz zuvor empfohlen, mir einmal den russischen Schriftsteller Leskow anzusehen. Nikolai Semjonowitsch Leskow – er war Teil der Generation (grob betrachtet), die Tolstoi, Turgenjew und Dostojewski hervorbrachte, und stand immer in ihrem Schatten. Doch Tolstoi verehrte ihn, und Dostojewski veröffent-

　　　　　　JOHN JEREMIAH SULLIVAN

lichte Leskows Texte in einer der Zeitschriften, die er herausgab. Tschechow zählte Leskow zu seinen »Mentoren«. Es gab immer schon Vertreter der russischen Literaturwissenschaft, die ihm den höchsten Rang zuwiesen, doch er bleibt halb vergessen. Er hat keine großen Romane hinterlassen. Politisch war er nicht einzuordnen, auch wenn er die sogenannten »einfachen Leute« besser verstand als andere Schriftsteller. Er neigte zu Lügen, wenn es um seine Vergangenheit ging. In »Einführungen« zu seinem Werk liest man oft von seiner Tante, einer englischen Quäkerin namens Polly, die seinen jugendlichen Intellekt geformt habe, doch diese Person hat es offenbar nie gegeben.

Der Titel von Leskows bekanntester Geschichte ist in verschiedenen Versionen überliefert – Leskows eigene Formulierung lässt sich als »Der linkshändige Mann (Legende vom schielenden, linkshändigen Mann und dem stählernen Floh)« übersetzen – doch in der Version, die ich an diesem Abend in einem Onlinearchiv fand, hieß sie einfach »Der stählerne Floh«. Sie gehört, so heißt es, zur Gattung des *skaz*, einer nur in Russland gebräuchlichen Form, irgendwo zwischen Kurzgeschichte und Novelle, und mit einer idiomatischen Stimme erzählt, die der gesprochenen Sprache ähnlich, aber keine gesprochene Sprache ist. Russen sagen, dass wir anderen es nicht wirklich verstehen können, und das glaube ich ihnen, doch beim Lesen nehmen wir ja immer nur bestimmte

Frequenzen wahr, und für andere sind wir taub. Die sich durch die Übersetzung vergrößernde Distanz kann sogar eine nützliche Form der »Verfremdung« darstellen, um den Begriff zu verwenden, den der russische formalistische Kritiker Viktor Schklowski berühmt machte, der zufälligerweise ein großer Bewunderer Lewskows war, insbesondere von »Der stählerne Floh«. Er lobte an Leskows Prosa den »neuen kolloquialen Sprachgebrauch«, der vom »Gebrauch von Dialekt« geprägt, aber »dennoch literarisch« sei.

»Der stählerne Floh« handelt von einem kosakischen Diener, der den Zaren auf einer Reise nach England begleitet. Ihr englischer Reiseführer bemüht sich, sie mit den genialen Manufakturen seines Landes zu beeindrucken. Der Diener versichert dem Zaren immerzu, dass die Russen es noch besser könnten. Schließlich bringt sie der Reiseführer in ein Museum, wo dem Zaren ein Teller präsentiert wird, auf dem ein einzelnes, winziges Staubkorn liegt. Er kann es mit bloßem Auge kaum erkennen. Die Kuratoren des Museums bringen ihm ein Mikroskop. Als er hindurch blickt, sieht er, dass das Staubkorn in Wirklichkeit ein vollkommen lebensechter und beweglicher Floh ist, aus reinem englischem Stahl. Neben dem Floh liegt ein winziger Schlüssel. Als der Schlüssel eingesteckt und siebenmal gedreht wird, tanzt der Floh eine Quadrille. Der Zar kehrt mit dem Floh nach Sankt Petersburg zurück und stirbt dort deprimiert, überzeugt, dass kein russischer Handwerker etwas Besseres erschaffen könnte.

Der Kosake wird zum Diener des nächsten Zaren, der ein rätselhaftes Kästchen mit dem Staubkorn darin erbt und neugierig wird. Er fragt den Kosaken danach, der ihm das Mikroskop bringt und ihn in die Geheimnisse des Objekts einweiht. Der neue Zar staunt entsprechend. Gemeinsam entscheiden er und der Kosake, die englische Überlegenheit in Sachen Handwerkskunst nicht einfach demütig anzuerkennen, sondern diesen Stahlfloh den besten Waffenschmieden Russlands zu zeigen und sie zu beauftragen, etwas noch Phantastischeres zu erschaffen.

Der Kosake reist nach Tula, dem Zentrum der Waffenfertigung. Er findet dort drei Schmiede, von denen es heißt, sie seien die Besten, und die sich der Herausforderung stellen. Ihr Anführer ist ein »schielender, linkshändiger Schmied mit einem Muttermal auf der Wange«. Nachdem sie um Beistand gebetet haben, schließen sie sich für zwei Wochen in einem Haus ein und arbeiten wie die Teufel. Als der Kosake kommt, um das Meisterstück abzuholen, überreichen sie ihm etwas, das wie ein identisches Staubkorn aussieht. Er untersucht es unter einem Mikroskop und glaubt denselben Floh zu erkennen. Er probiert den Schlüssel einzustecken, doch es will ihm nicht gelingen. Überzeugt, hereingelegt worden zu sein, gerät er in Wut. Er lässt den linkshändigen Mann packen und erklärt ihm, er werde ihn vor den Zaren bringen lassen.

Als der arme Schmied Tage später seiner Kaiserlichen Hoheit vorgeführt wird, wirkt er seltsam zuversichtlich. Er versichert dem Zaren, er und seine Kollegen hätten den Auftrag erfolgreich ausgeführt. Seine Majestät müsse nur genauer durch das Mikroskop schauen. Der Zar geht näher heran und erkennt, dass die Kreatur nun winzig kleine Hufeisen trägt. Nicht einmal die Engländer hatten es geschafft, einen Floh zu beschlagen! Erfreut fragt der Zar den linkshändigen Mann, ob er diese Hufeisen angefertigt habe. Nein, antwortet der Schmied, ich habe die Nägel gemacht. Später bricht der Schmied seinerseits zu einer Reise nach England auf, doch auf der Rückreise betrinkt er sich, gerät in eine Auseinandersetzung und stirbt in einem Armenkrankenhaus an einer Kopfverletzung.

Eine wunderbare und irgendwie wunderbar russische Geschichte. Ich lag bereits eine halbe Stunde da und las. Hätten Sie mich sehen können, hätten Sie das unverwechselbare Licht des Smartphone-Displays mein Gesicht beleuchten sehen. Meine Tochter schlief.

Das Gewitter begann mit dem leichten Prasseln von Regen auf das Dach unseres Zeltes und wurde innerhalb von Minuten zum gewaltigsten Wetterereignis, das ich je erlebt habe. Der Regen trommelte unablässig, der Donner ließ den Boden erbeben. Alle paar Sekunden wurde es in unserem Zelt taghell. Es war so laut. Hätte ich etwas gesagt, hätte ich mich selbst nicht hören können. Nach etwa fünfzehn Minuten ertönte ein Nebelhorn vom Fluss

JOHN JEREMIAH SULLIVAN

her. Ein Boot der Küstenwache, denke ich, das ein bekanntes Warnsignal aussandte.

Ich kann es nicht erklären, doch ich fühlte mich zu keinem Zeitpunkt in Gefahr. Ich lag da und genoss die Eindrücke des Gewitters, und ich las über den stählernen Floh. Kein Tropfen Regen drang in unser billiges Zelt ein. Maria schlief. Ich kam nie auf die Idee, sie von dort wegzubringen oder Deckung zu suchen (es gab keine). Am Morgen erfuhr ich, dass es andere Familien härter erwischt hatte. Ein Zelt war angehoben und etwa sechs Meter davongetragen worden, von einem Bach, der sich in der Mitte des Zeltplatzes gebildet hatte. Kinder, die in den Zelten von Freunden übernachten wollten, kletterten nach draußen und suchten panisch nach ihren Eltern, doch manche fanden das richtige Zelt nicht und begannen zu schreien. Eine Mutter, die zugleich als Lehrerin dort war, öffnete den Reißverschluss ihres Zeltes, warf sich ihren schlafenden Sohn über die Schulter und rannte in Richtung Parkplatz, weil sie glaubte, im Auto wäre es sicherer. Doch der Parkplatz war vierhundert Meter entfernt und die Sicht gleich null. Sie verirrte sich im Wald. Sie rief um Hilfe, doch niemand hörte sie. Kurze Zeit später kündigte sie ihre Stelle an der Schule.

Ich lag da, während alledem. Wahrscheinlich hätte ich aufstehen sollen, um Hilfe anzubieten, die ich gar nicht leisten konnte. Doch Maria wachte nicht auf. Oder vielmehr nur einmal, und das sehr kurz. Ganz abrupt, ohne sich vorher geregt zu haben. Sie setzte sich auf und sah mich an. »Dad«, sagte sie, »ich hab Angst.« »Alles gut«, erklärte ich ihr. »Das ist ein Gewitter.« Sie nickte und sagte: »Okay.« Dann sank ihr Kopf wieder aufs Kissen und sie schlief durch bis zum Morgen.

Das Gewitter dauerte vielleicht eine Stunde, und danach regnete es noch zwei Stunden weiter. Als es vorbei war, hatte ich die Leskow-Erzählung gelesen und war bereit zum Schlafen. Beim Eindämmern dachte ich an den Autor, einen Mann, dessen Leben ich mir kaum vorstellen konnte, dessen Phantasie mich jedoch erreicht hatte, zuerst durch Buchstaben, dann durch Übersetzung, dann durch die kleinen Pixel Licht auf meinem Telefon, und schließlich durch die Eigenarten und Schwächen meines eigenen Kopfes hindurch, in dem diese Geschichte so lebendig bleibt wie nur wenige andere, als hätten die Blitze beides miteinander verschmolzen.

Diese Nacht war der Anfang einer zwei Jahre dauernden Phase, in der ich nichts als »die anderen Russen« las, die Schriftsteller des neunzehnten Jahrhunderts, die nie den Status von Göttern erreichten, wie es Tolstoi und anderen und später Tschechow gelang, doch deren Werk beinahe genauso bewegend und, stellenweise, genauso durchdringend ist. Ich las Leskows andere Texte. Ich las ein wenig von Gontscharow. Ich las Puschkins Prosa zum ersten Mal. Ich hatte gar nicht gewusst, dass es sie gab – hatte gedacht, er sei ausschließlich Dichter gewesen.

JOHN JEREMIAH SULLIVAN

Bewusstseinsverändernd. Das ganze nachfolgende Jahrhundert der russischen Literatur geht aus seinem Beispiel hervor. Ich versuchte noch einmal, Gogol zu lesen, doch wieder konnte ich es nicht genießen. Irgendetwas an den pikaresken Elementen stieß mich ab. Meine Schuld.

Keiner dieser Schriftsteller rüttelte mich so sehr auf wie Michail Lermontow – nicht Leskow, sondern Lermontow –, und insbesondere seine Novelle »Die Prinzessin Mary«. Lermontow starb jung, bei einem Duell, das auf bizarre Weise einem in dieser Erzählung ähnelte, und er schrieb nur wenig, doch liest man sein Werk, weiß man, dass man gerade einem Anfang beiwohnt. Im Jahre 1839 unternahm er einen ersten mutigen, unverschämten Schritt in Richtung Romantik. *Ein Held unserer Zeit*, das Buch, in dem »Die Prinzessin Mary« enthalten ist, hat meine Vorstellungen von der Geschichte des europäischen Romans durcheinandergebracht. Hat man die satanisch scharfe Psychologie dieser Erzählung erlebt, in der ein russischer Offizier eine schöne junge Frau in einem Ferienort zunächst verführt und dann verlässt – und all das nur, weil er ihren Freund verachtet –, kann man Flaubert – oder sogar Tolstoi! – in manchen Hinsichten nur als Rückschritt ansehen, wenn es etwa um die undurchsichtigen Mechanismen der menschlichen Natur geht. Ein so scharfer Blick wie Lermontows war nicht durchzuhalten.

Die Metaphorik ist nicht sehr subtil. Das Zelt muss

das Lesen und Schreiben sein, das ich immer geliebt und an dem ich mich festgehalten habe. Der Regen und die Blitze und die winzigen Spinnenaugen, das ist das Leben selbst. Doch das Leben ist auch das gemeinsame Singen und das Lagerfeuer. Irgendwann schwimmt das Zelt davon. Meine Tochter ist kein Symbol, sie ist einfach. Ich lese, weil das Leben zu viel ist.

Aus dem amerikanischen Englisch von Tobias Schnettler

23 Oliver Nachtwey
Lesen in der regressiven Moderne

Die Realität ist ins Rutschen geraten, die soziale Integration erodiert. Gleichwohl gibt es durchaus Fortschritte. So sind die alten Plagen traditioneller Gesellschaften auf dem Rückzug, auch wenn die tödlichen Seuchen gerade wiederkehren. Gewalt, Hunger oder Kindersterblichkeit sind zwar nicht gänzlich verschwunden, aber erscheinen als Relikte aus vergangenen Zeiten. Der Analphabetismus nimmt ab, immer mehr Menschen können sich nun Strafzettel und die Werke von Shakespeare oder von Dan Brown zu Gemüte führen. Andererseits werden unsere Gesellschaften wieder ungleicher, und die Entfremdung von der Demokratie nimmt zu, weil die Lebenswelten der Bevölkerungsgruppen auseinanderdriften. Der Fortschritt trägt immer häufiger den Rückschritt in sich, es vollzieht sich eine regressive Modernisierung.[1]

Eine regressive Entwicklung lässt sich auch im Bereich der Literatur und des Lesens beobachten. Diesem Thema widme ich mich in drei Abschnitten. Zunächst diskutiere ich die Annahme, dass Lesen an sich eine Emanzipationskraft in sich trägt. Dann frage ich, was wir soziologisch über die Welt erfahren können, wenn wir Literatur lesen. Und schließlich versuche ich zu zeigen, dass Lektüre auch deshalb nicht zwangsläufig etwas Gutes für die Leser*innen bedeuten muss, da antimoderne und rechte Literatur eine Welt der Reaktion imaginiert.

I.

Der Prozess der regressiven Modernisierung trifft auch auf das Lesen zu. Es fängt schon bei den Büchern an; immer mehr Titel werden gedruckt, aber es werden zugleich immer weniger gekauft und gelesen. Während die Zahl veröffentlichter Titel steigt, konzentrieren die Verlage sich paradoxerweise auf wenige Bestseller, so dass auch der Buchmarkt Züge eines *The winner takes it all*-Geschäfts annimmt.[2] Das anspruchsvolle, *das gute Buch* verschwindet zwar nicht aus den Verlagsprogrammen, aber Verleger sind in der Regel allenfalls dann Idealisten, wenn sie es sich auch leisten können oder aus Gründen der Markenführung sein müssen. Auf den Büchertischen liegen vor allem Dan Brown und Hera Lind, obgleich kein Mangel an guter Literatur besteht.

Der Wandel des Buchmarkts ist allerdings kein hinreichendes Argument für Gegenwartsdeutungen, in welchen typischerweise der nachlassende Lesehunger der Menschen, die nachlassende Fähigkeit zum *deep reading* beklagt wird. Natürlich, Bücher und Periodika haben mit den digitalen Technologien starke Konkurrenz erhalten, das steht außer Frage. Die kulturpessimistische Schlussfolgerung lautet dabei, dass mit dem Lesen auch die Aufklärung Schiffbruch erleidet. Diese Sorge ist nicht zur Gänze unberechtigt, lässt aber in ihrer Einseitigkeit außer Acht, dass absolvierte Lektüre nicht gleichbedeutend mit emanzipatorischer Aufklärung und handlungsleitendem Wissen sein muss. Nachlesbar sind ja beispielsweise die Klimaprognosen – heute virulenter denn je – schon seit den 1970er Jahren.

Der öffentlich gepflegte Kulturpessimismus wird zudem mit einer ordentlichen Portion bildungsbürgerlichem Klassendünkel verbrämt. In einem Deutschlandfunk-Beitrag heißt es: »Jeder halbwegs interessierte Affe kann ein Smartphone bedienen. Aber kein Affe kann lesen [...] Schon in naher Zukunft werden wir einerseits jene Menschen haben, die sich noch konzentrieren, die urteilen, sich einfühlen und selbständig denken können – und andererseits die, die sich mit Piktogrammen und Spracherkennungssoftware durch ihren gänzlich antiintellektuellen Alltag schlagen.«[3]

Deep reading ist sicherlich eine wichtige kognitive Fähigkeit, aber seine Betonung unterschlägt, dass auch das literarische Feld und der Lesekonsum den Bedingungen einer kapitalistischen Gesellschaft unterliegen, die verschiedene Geschmäcker und Lesepraktiken hervorbringt. Junge Menschen lesen sehr viel – nur eben eher Textnachrichten oder kurze Storys. Dabei werden jedenfalls auch Argumente ausgetauscht, entstehen Narrative und eigene Poetiken. In einem gewissen Sinne findet eine Demokratisierung der Autor*innen- und Leser*innenschaft statt: Beispielsweise schreiben Fans der Serie *Buffy – the Vampire Slayer* – eines frühen popkulturellen Serienmeisterwerkes, in dem Ungleichheit, Identität, Sexualität, Gewalt und Mobbing verhandelt werden – im Internet die Storys ihrer Heldin weiter, bekommen Feedback von anderen Fans und erreichen damit mehr Leser*innen als mancher sogenannte Großschriftsteller. Das Internet ermöglicht neue kreative und kollaborative Formen der Poesie; es wird gereimt, als sei der Jambus ein zu erreichender High Score. Die Qualität solcher Lyrik weist selbstredend eine beachtliche Bandbreite auf, aber es mag auch gute Gründe dafür geben, sich der Erich-Fried-Leidenschaft in der eigenen Jugend zu schämen.

Immer wieder wird die Behauptung vorgebracht, dass Lesen Empathie fördere. Jan Ross schilderte erst kürzlich in *Die Zeit*, wie ihn die Lektüre eines Romans dazu brachte, die Bettler, denen er zuvor in großer Achtlosigkeit begegnet war, mit anderen Augen zu sehen: »Ein

     OLIVER NACHTWEY

fiktiver Charakter aus einem mehr als 150 Jahre alten Buch war für mich wirklicher als die tatsächlichen Leute vor meiner Haustür [...] Ein Kunstwerk, ein klassischer Roman [...] zwang mich unerbittlicher, die Realität der Armut zur Kenntnis zu nehmen, als es die Realität selbst vermochte.«[4] Die konkrete Armut, der auch ein prominenter Journalist im Alltag begegnet, reichte für die Ausbildung derartiger Sensibilitäten offenbar nicht aus. Ebenso wenig die vielen Bücher, die er zuvor in seinem Leben gelesen hatte. Der Bildungsbürger imaginiert sich so selbst als Protagonist eines Bildungsromans und offenbart unfreiwillig, warum der eigene Stand weniger hilfreich für den gesellschaftlichen Zusammenhalt ist, als er es sich zuschreiben möchte.

Was uns gleich zur Neuen Rechten führen soll. Übersehen wird nämlich gern, dass nicht nur aufgeklärte, bürgerliche Menschen gerne lesen, sondern auch reaktionäre oder reaktionär gewordene. Ingo Schulze greift diese Frage in seinem Roman *Die rechtschaffenen Mörder* auf, wenn er eine Lektorin im Buch sagen lässt: es sei eine »Falle für den bildungsbeflissenen, die Buchmenschen per se anhimmelnden Leser, der am Ende bestürzt erkennen muss, wohin ihn sein kontextloser Ästhetizismus geführt habe«. Lesen kann ein Vehikel der Aufklärung sein, und gewiss war es das immer. Es kann aber genauso gut ein Motor der Gegenaufklärung sein. In entsprechenden Milieus werden nur keine Bücher aus den Häusern

Matthes & Seitz, diaphanes oder Suhrkamp gelesen – was in der Regel doch ein wenig helfen würde –, sondern aus den Verlagen Antaios oder Kopp. Die Neue Rechte ist gerade stark, weil sie sich auf ein eigenes intellektuelles Erbe stützt und einen eigenen Kanon von Intellektuellen hervorgebracht hat, die ausgesprochen eifrig gelesen werden.

II.

Bevor wir uns dem gegenaufklärerischen Lesen widmen können, müssen wir uns das Verhältnis von Gesellschaft, Soziologie und Literatur vor Augen führen. Denn es ist zwar von Interesse, welche Bücher produziert und ob und von wem sie gelesen werden, gleichwohl auch, wie die Welt in der Literatur stattfindet.

Aufschlussreicherweise teilen Literatur und Soziologie einen ähnlichen Anspruch: die soziale Welt zu verstehen. Balzac wurde von Marx und Engels, Flaubert von Bourdieu bewundert, weil der eine wie der andere das moderne kapitalistische Subjekt in präziser Nüchternheit aufschlüsselte. Der vielzitierte Aufsatz eines Wirtschaftssoziologen nahm mit dem »kollektiven Buddenbrooks-Effekt«[5] einen Thomas Mann'schen Topos auf, während wiederum Mann zahlreiche Motive der Soziologie Max Webers in seinen Werken verarbeitete. Literatur sagt uns etwas über den Zustand der Welt, den

Ort, wie Hegel es nannte, in dem sich »Ordnung und Prosa der Wirklichkeit« wiederfinden.[6] Literatur zeigt nie ein Abbild der Gesellschaft, sie entwirft sehr wohl aber ein Bild von ihr.[7] Damit wurde sie zu einem zentralen Reflexionsmedium der Moderne.

Dabei sind auch die Unterschiede unübersehbar. Die Literatur kreiert die symbolische Ordnung einer fiktiven Welt. Die Soziologie wiederum ist als »Disziplin kalter Vernunft« der Rekonstruktion der Realität verpflichtet.[8] Doch um welche Realität handelt es sich? Wenn Terry Eagleton schreibt, dass Soziologen und Stalinisten gemein hätten, sich nicht für Einzelschicksale zu interessieren, ist das nicht ganz richtig. Stalin hat sich für Einzelschicksale, etwa dasjenige Trotzkis, sehr wohl interessiert. Die Soziologie geht zwar häufig vom Individuum aus, trotzdem beschäftigt sie sich vor allem mit den Mustern, die der Totalität der Einzelhandlungen zugrunde liegen.

Der amerikanische Soziologe C. Wright Mills forderte deshalb eine »soziologische Phantasie« ein: Geschichte, Biographie und Gesellschaft sollten in der soziologischen Behandlung in einen Zusammenhang gestellt werden. Die Perspektive der soziologischen Phantasie fasste Mills schließlich in der Formel zusammen, dass »private Schwierigkeiten« immer auch Ausdruck »öffentlicher Probleme«[9] seien. Eine vergleichbare Haltung wurde auch von der Literatur, namentlich von George Eliot, mit Blick auf Romanfiguren eingenommen: »Es gibt kein

Privatleben, das nicht von einem weiter gefassten öffentlichen Leben beeinflusst wäre.«[10]

Es ist indes nicht nur die Haltung zur Welt, die Literatur für die Soziologie interessant macht, es ist auch ihre Form der Weltaneignung. Literatur ist der Ort der hypothetischen Reflexion über besondere Einzelne und ihre Verstrickung in gesellschaftliche Prozesse, Verunsicherungen und Dilemmata. Eine Perspektive, die der Soziologie durch ihre Kategorien und Methoden tendenziell verschlossen bleibt. Man könnte Schriftsteller*innen also gewissermaßen als *as if*-Soziolog*innen verstehen, die durch ihre schöpferische Imagination die Welt erschließen. Ihre Literatur ist keine Soziologie, aber sie folgen den Regeln und Intuitionen des Realen (sofern es sich nicht um fantastische Literatur handelt).[11] Max Webers Ansatz, das Handeln der Menschen aus dem Sinn, dem sie ihm geben, zu verstehen sei, ist im Grunde das Basisprinzip moderner Gesellschaftsromane.[12] Soziologen wiederum können als Beobachter zweiter Ordnung die Werke der Schriftsteller als Quellen der symbolischen Welterschließung begreifen und fruchtbar machen. Als Beispiele für gelungene symbolische Welterschließungen mögen eine Reihe von Romanen gelten, die zeitgenössische Verhältnisse im Lichte der Globalisierung, durch Ökonomisierung und Gentrifizierung veränderter Lebenswelten und sich wandelnder Familien- und Geschlechterarrangements in den Blick genommen haben. Verfasst wurden sie von herausragenden anglophonen Autor*innen wie Zadie Smith, Jonathan Franzen, Chimamanda Ngozi Adichie, Sally Rooney oder John Lanchester. In Deutschland leuchtet Clemens Meyer die Randzonen der Gesellschaft aus, Anke Stelling nimmt die Lebenslügen der akademischen Mittelschicht ins Visier und Juli Zeh und Saša Stanišić wählen brandenburgische Dörfer als Schauplatz für die Aushandlung gesellschaftlicher Konflikte.[13] Viele dieser Gesellschaftsromane zeichnen sich gerade dadurch aus, dass sie auch die dunkle, die Kehrseite der Emanzipation in den Blick nehmen und die Pathologien der Moderne mit erzählerischen Mitteln untersuchen.

III.

Die genannten Autor*innen eröffnen mit ihren Büchern einen neuen Blick auf die Welt. Aber das Lesen ihrer Bücher macht uns nicht zwangsläufig zu »besseren« Menschen. In Interviews mit AfD-Unterstützern, die wir geführt haben, verfügten diese über eine höhere Bildung als der Durchschnitt der Bevölkerung und waren häufig leidenschaftliche Leser*innen. Nur lasen sie eben Bücher aus dem Kopp-Verlag und Zeitungen wie die *Junge Freiheit*. Lesen kann als Kulturtechnik ebenso von Rechten gebraucht werden. So heißt es beispielsweise in einem Bericht über die einflussreiche Nazi-Homepage *Iron March*: »Liest man nur einen Teil der privaten Meldungen, wähnt man sich in einem Bücherclub. Gerade die älteren Community-Moderatoren verbringen viel Zeit damit, jüngere Nutzer mit Lesematerial zu versorgen [...] In den Chats werden für wissbegierige, jüngere Nutzer via Skype sogar Buchbesprechungstermine angeboten.«[14] Im Verlag Antaios haben im letzten Jahr Ellen Kositza und Caroline Sommerfeld das Buch *Vorlesen* herausgebracht, in der die – laut Verlagsankündigung – »großartige Kulturtechnik« gepriesen wird und dabei aber ein Kanon frei von »schäbiger, zersetzender« Literatur erstellt wird. Lesen wird hier zu einem zentralen Moment rechter Subjektformung.

Die rechte Aneignung der Welt kommt jedoch meistens in bürgerlichem Gewand daher. In der Literatur werden gesellschaftliche Modernisierungsschübe immer wieder antimodern behandelt – gerade in den 20er und 30er Jahren des letzten Jahrhunderts. Und antimoderne Schriftsteller wie Ernst Jünger fanden auch in der alten Bundesrepublik leidenschaftliche Leser, die von der Neugeburt einer Nation träumten, während die alte dekadente Gesellschaft untergeht. Jüngers häufig bewunderte Ästhetik stand jedoch nicht im Gegensatz zu seiner antidemokratischen Haltung, sondern war ein Ausdruck ihrer.

Die neoreaktionären Autoren lassen sich mit dem französischen Soziologen Luc Boltanski verstehen, der untersucht hat, welche Rolle Ressentiments in modernen Gesellschaften spielen und wie sie in der Literatur verarbeitet werden. Für ihn sind Vorurteile und Verschwörungsparanoia Folgen einer vermeintlich rationalen Ordnung, in der viele Entscheidungen rätselhaft erscheinen und sich im Verborgenen abspielen. Ursprünglich resultierte die Paranoia aus der Geburt des Nationalstaats, der die Gesellschaft sichtbar und unsichtbar regierte. Für die neuen Konservativen und Rechten ist es jedoch gerade die Erosion des tradierten Nationalstaats, die ihre politische Entfremdung vorantrieb.

Ihnen gelten der Liberalismus und seine (amerikanische) Kultur als Nivellierungsmaschinen, die die Welt immer weiter öffnen, rationalisieren und entzaubern. Die gewachsene Ungleichheit der letzten Dekaden ist für sie kein Thema, es schmerzt sie die Erosion von Nation, Religion, kultureller Tradition und Familie. Ihre Romane betreiben allerdings keine sentimentale Vergangenheitsverklärung, sondern üben sich eher in mythischer, dystopischer oder phantastischer Transzendierung der liberalen Gesellschaft. Sie beanstanden die Moderne und ihre Kultur, nicht aber den Kapitalismus. Die selbstgewisse Fortschrittserzählung konfrontieren sie mit deren Erschöpfung.

Im Gegensatz dazu kritisierte die linke Kulturkritik, als es sie noch gab, den Kapitalismus. Doch sie räumte schon vor langer Zeit das Feld; heute steht dort nur noch Slavoj Žižek. Während die Linke mit keinerlei handfesten Utopien mehr aufwarten kann (außer man liest

Dietmar Dath) und sich ihre utopische Ambition in der Affirmation der liberalen Aufklärung und der Aversion gegen eine kalte Marktlogik aufbraucht, sind es die Neoreaktionäre, die ihnen ihre Pathologien und Bigotterie vorhalten und Gegenwelten entwerfen. Und sei es in den Narrativen der Katastrophe, des Zerfalls, der Dystopie oder der Apokalypse.

Die rechtskonservative Publizistik und Literatur war seit den 1990er Jahren deutlich auf dem Vormarsch. »Anschwellender Bocksgesang« hieß ein Essay von Botho Strauß aus dem Jahr 1993, der, liest man ihn im Jahr 2020 wieder, wie das Skript zum autoritären Aufbegehren anmutet. Er wendet sich »gegen die Totalherrschaft der Gegenwart, die dem Individuum jede Anwesenheit von unaufgeklärter Vergangenheit, von geschichtlichem Gewordensein, von mythischer Zeit rauben und ausmerzen will«.[15] Rechtskonservative Autoren gefallen sich als Kassandra, die im einsetzenden Zerfall bereits den kommenden Untergang sieht – und sie tragen performativ dazu bei. So auch Strauß, er schrieb damals: »Zwischen den Kräften des Hergebrachten und denen des ständigen Fortbringens, Aberservierens und Auslöschens wird es Krieg geben.«[16] Zumindest ein Kulturkampf ist es geworden.

Die neoreaktionären Schriftsteller der Gegenwart sind nicht marginalisiert, fühlen sich aber auch recht wohl in ihrem Gestus als literarische Rebellen, die am Rande des Literaturbetriebs ihr treues Publikum gefunden haben. Die Traverse zwischen neoreaktionärer Ästhetik und liberaler Leser*innenschaft bilden die sogenannten Popliteraten. Die erfreuten sich Ende der 1990er breiten Zuspruchs, indem sie der ästhetischen Affirmation von Oberfläche, der zur Schau getragenen Langeweile, dem ideologischen Konsumismus als ironischer Abrechnung mit der alten Bundesrepublik eine literarische Form gaben. Sie stilisierten sich als harmlose Nihilisten. So harmlos waren sie freilich nicht. Liest man diese Autoren (meist sind es ja Männer), erfährt man zwar etwas über die Gesellschaft – ihre Texte sind literarisch nicht unergiebig –, aber zwischen den Zeilen werden eben auch immer wieder geringe Dosen von jenem Gift verabreicht, das ebenso zu ihrer Geisteshaltung gehört. Die popkulturellen Gesten der Distinktion verdeckten nur den immanenten Chauvinismus.

Im April 1999 trafen sich einige der bekanntesten Popliteraten auf Kosten ihres Verlags im Berliner Hotel Adlon und sinnierten über den Zustand der Welt, über die eigene Übersättigung und Eintönigkeit, ihre – so der Titel des Buches – *Tristesse Royale.* Sie diskutierten auch den vitalistischen Ausweg, den Jünger einst beschritten und Strauß erneut geebnet hatte: den Krieg. Dessen existenzielle Dimension sollte ihrem artistisch zelebrierten Desinteresse ein Ende machen. Eine ähnliche Grundhaltung wie bei den Popliteraten findet sich auch bei Simon Strauß, einem der vieldiskutierten Autoren der letzten

Jahre. Er hat keine lebenserneuernde Erwartung an Jünger'sche Stahlgewitter, aber er begegnet der Banalität und dem Konformismus der Gegenwart, die ihm erlahmt und entartet erscheint, mit dem Pathos eines jungen Antimodernisten.

Einer der Teilnehmer des »popkulturellen Quintetts« im Adlon war Christian Kracht, der seit seinem Debüt *Faserland* (1995) als wichtigster Vertreter einer neuen literarischen Richtung galt. Sein Protagonist lässt seiner Abscheu gegenüber dem Inventar einer sozial-liberalen Gesellschaft freien Lauf – etwa gegenüber Betriebsräten und »SPD-Faschisten«. Krachts spätere Werke waren vor allem von einer Faszination für nichtliberale Ordnungen außerhalb der westlichen Globalisierungssphären getragen, einer Faszination für den Kolonialstaat (*Imperium*), den Iran (*1979*), eine kommunistische Schweiz (*Ich werde hier sein im Sonnenschein und im Schatten*). Kracht ist kein Faschist, wahrscheinlich nicht einmal ein Rechter. Aber er ist ein Symptom. Er fand Gefallen an der Diktatur in Nordkorea oder gab in Interviews zu verlauten, dass er »ständig an Krieg denke«. Durch die Taliban sah er »bald eine große Reinigung kommen«.[17]

Während sich Kracht vor allem ästhetisch äußert und sich mit Ironie panzert, ist der französische Autor Michel Houellebecq politisch explizit, seine Romane verhandeln die Pathologie traditioneller Mittelschichtsmännlichkeit, Identitätskrisen und Sexualität. In *Unterwerfung* zeichnet

OLIVER NACHTWEY

er eine französische Republik, die vor lauter Liberalismus
so erschlafft ist, dass eine islamische Partei an die Macht
kommen konnte. Zwischenzeitlich brechen Unruhen aus,
die Gesellschaft droht in einen Bürgerkrieg zu geraten.
Houellebecq ist, anders als die Popliteraten, ein beken-
nender Reaktionär. Aber seine kalten Imaginationen von
Anomie und Ausnahmezuständen machen ihn eben auch
zu einem Autor der Stunde, in einem Land zumal, das
durch eine Reihe islamistischer Anschläge erschüttert
wurde und dessen Altparteien in den letzten Jahren quasi
implodiert sind. Der neue Staatspräsident sieht sich als de
Gaulle'schen Gesamtliberalen, dazu berufen, die sozialen
Institutionen des Landes gründlich umzubauen, und er
ist deshalb von Gelbwesten und Gewerkschaften mit mo-
natelangen, häufig gewalttätigen Auseinandersetzungen
konfrontiert worden.

Gerade in Frankreich erscheinen jedoch zugleich ganz
andere Lesarten gesellschaftlicher Krisen. Von einer Reihe
sehr unterschiedlicher Autor*innen werden die Pathologien des Kapitalismus, wird die Gewalt der Klassen-
gesellschaft aufgegriffen. Éduard Louis oder Virginie
Despentes stellen in ihren Romanen nicht das Versagen
der Moderne in den Mittelpunkt, sondern thematisieren,
wie im Kapitalismus Ungleichheit, Homophobie, Ras-
sismus und Sexismus einander bedingen. Es sind harte
Bücher, sie handeln von Abstürzen, Unsicherheit, Hass,
Gewalt und Exzessen. Aber in ihrem lakonischen Hu-

manismus führen sie auch implizit die Möglichkeit einer Gesellschaft der Solidarität mit.

Beim Lesen imaginieren wir eine andere Welt, aber unsere Welt wird dadurch nicht verbessert. Ebenso wenig macht das Lesen uns zwangsläufig zu aufgeklärteren Menschen. Deshalb kommt es immer noch darauf an, nicht nur – lesend – eine andere Welt zu imaginieren, sondern die unsere zu verändern.

OLIVER NACHTWEY

Enis Maci
EXIT DOES NOT EXIST

Nennt mich Ismael, so beginnt *Moby-Dick*.

Nennt mich Gert, so beginnt mein Kurzprosaseminar. Ich versuche es, und ersticke fast. Es fällt mir schwer, Gert zu duzen. Zwischen uns: Dekaden.

Jeder soll einen Text mitbringen. Der ihm gefällt, nehme ich an. Das wird nicht erklärt. Gert ist der ideale Lehrer, nein: Lehrende. Lehrend, das ist lieb, Lehrer, das ist: Beamtismus, Engstirnigkeit, die Lust am Quälen. Jelinek schreibt: In die Schule gehen ist wie in den Tod gehen. Vom Tod kann man hinterher auch nichts mehr erzählen.

(Ich versuche über eine Erfahrung als Studentin zu schreiben, und schwupps: schon schreibe ich wieder wie als

Studentin. Ist das schon Mimesis, Naturalismus, Net-flix-Tauglichkeit? Ich schweife ab. Dabei geht es ja, na-türlich, ohnehin: ums Abschweifen. Ich versuche, die Anderen von mir erzählen zu lassen, die vor mir erzählt haben. Ich versuche in letzter Zeit viel zu wenig. Jetzt versuche ich mich am: Ausplaudern.)

Gert fängt an. *Todesanzeige* von Heiner Müller. Er liest vor: »Sie war tot, als ich nach Hause kam«

Die Zeit dehnt sich, schleichend, aus. Vor dem Erker-fenster des Seminarraums rauschen die ledrigen Blätter eines Baumes, den ich Buche nennen will.

Es geht um einen Mann, der nach Hause kommt, und seine Frau hat den Kopf in den Ofen gesteckt, und seine Frau ist tot. Später lese ich, Heiner Müllers zweite Frau Inge hat den Kopf in den Ofen gesteckt und ist so ge-storben. Ich weiß nicht, ob es mir lieber wäre, das nicht gelesen zu haben.

Wer auch den Kopf in den Ofen gesteckt hat: Sylvia Plath. It is a queer, sultry summer und wir schauen den Wellen in der Bucht von Lalzi zu. Ich lese *Otto* von Dana von Suffrin, es geht um einen Vater, dem sich keine Grenzen setzen lassen, um Verfolgungswahn und Verfolgung. Ab-solute Strandlektüre. Ich lache mich halb tot. Pascal liest

Die Glasglocke. Es geht um eine Frau, die Krabbensalat in einer halben Avocado drin isst, und dann passiert ein Horror, der hauptsächlich in ihr stattfindet, wie's ja oft ist. Ich weiß das schon, er liest noch: »Oh yes. I was going to kill myself, mind you. I said ›If this doctor doesn't do the trick, that's the end.‹« Kichernd sauge ich am Strohhalm. Pascal wirft mir böse Blicke zu. Das Strandcafé spielt Dua Lipa, Mozzik, Azet und Loredana. Pascal liest: »Give us a smile. At last, obediently, like the mouth of a ventriloquist's dummy, my own mouth started to quirk up.« Kinderlachen. Ein kleiner Junge singt: »das Geld, die Rolle, alles meins«, so wie wir als Kinder zu Britney gesungen haben, selbstbewusst und falsch. Was mir die Haarbürste war (ein Mikrofon), ist ihm ein kleiner grüner Plastikspaten. Pascal liest: »I am, I am, I am.« Auf seiner Schläfe pocht die Vene. Eine Wespe landet auf der Bierflasche und nimmt einen Schluck Kondenswasser.

Das Gefährt, das Gerts Stimme ist, rollt weiter, über Wüsten, Meere und Maisfelder: »SIND SIE WAHNSINNIG MACHEN SIE SOFORT DIE ZIGARETTE AUS TOT SIND SIE SICHER JA SEIT MINDESTENS ZWEI STUNDEN ALKOHOL DAS HERZ HABEN SIE NICHT GEMERKT DASS IHRE FRAU WO IST DER BRIEF WAS FÜR EIN BRIEF HAT SIE KEINEN BRIEF HINTERLASSEN«

Meine Lieblingssailorkriegerin ist immer Sailor Pluto gewesen, Hüterin des Raum-Zeit-Tors, und im bürgerlichen Leben: Physikerin.

Vor dem Fenster rauscht das Laub noch immer. Die Krokusse verdorren in der Erde. Die Narzissen neigen ihre Häupter. Es wird Sommer. Wir schwitzen. Manche im Raum riechen besser als andere. Man könnte sich verlieben. Oder einen Stinkenden totschlagen. Jemand schiebt sich ein Kaugummi in den Mund. Wassereis wird herumgereicht. Ich nehme Kirsch. Im Park der Bärlauch: längst verblüht. Jemand schließt ein Fenster. Trotzdem kühlt es ab. Es wird Herbst. Wir frösteln. Die sandsteinerne Kunsthochschule gegenüber strahlt im grellen Winterlicht, das von Tag zu Tag länger, wärmer leuchtet, bis es wieder Frühling wird.

Pascal schreibt: »Call me Ishmael liegt am Anfang des Romans wie eine umgefallene Acht. *Exit Does Not Exist,* alles wird immer wieder von vorn anfangen, Überleben heißt Anheuern, Repeat und Playtaste.«

Gert liest: »Mein erster Gedanke an den eigenen Tod (es gibt keinen andern) in dem kleinen Haus in Sachsen.«

Als ich Aushilfsbibliothekarin war, kam jede Woche ein Mann in blauer Funktionsjacke und legte eine Liste mit

Neuerscheinungen auf den Tisch. Bestseller, Kleinstverlage. Wenn es etwas nicht gab, machte er ein Ausrufezeichen hinter den Titel auf seinem Papier. Zum Schrank mit den Hörbüchern hatte ich keinen Schlüssel, was er Woche um Woche bedauerte. Er stapelte das Gewünschte vor meinem Monitor auf und ging in den Keller. Ich blätterte durch Schernikaus *Legende* – damals eine der wenigen öffentlich zugänglichen Ausgaben – und achtete darauf, das dünne Papier nicht zu zerreißen. Viel verstand ich nicht, aber vermutlich genug. Zurück kam der Blaue mit holländischer, südafrikanischer oder russischer Literatur. Der Keller gehörte den Ausländern. Einmal wurde im amerikanischen Konsulat nebenan eine Katastrophenübung durchgeführt. Die Sirene war so laut, dass ich Schlimmes vermutete, die Bibliothek von innen zusperrte und mich zwischen Limonow und Gogol versteckte. Schwer atmend hielt ich mir *Krieg und Frieden* vor die Brust, als Schild, als Knoblauchzehe oder als Schmiergeld. Nichts geschah. Ausplaudern, schön.

Gert liest: »ICH WARF DEN SIEBENTEN STEIN NACH DEM SCHWALBENNEST UND DER SIEBENTE WAR DER DER TRAF«

Ich sitze im Zug. Und kann nicht lesen. Es geht nichts in mich hinein, und das beunruhigt mich. Mein Telefon vibriert. Ich erhalte eine Nachricht. Da steht: »Sitze im

Bordbistro, und mir gegenüber ein Typ, der liest Mark Fisher. Und schluchzt. Die ganze Zeit!« Wir machen uns über den Typen lustig, aber eigentlich bin ich neidisch.

Gert liest: »Ich erstach ihn mit dem Seitengewehr, das er aus den Tiefen seines Militärmantels geklaubt hatte, um sein letztes Büchsenfleisch mit mir zu teilen«

Es geht um Ekel, vor der einmal Geliebten, die sich in den Tod hineinverraten hat. Es geht um Ekel vor den Schwachen. Es geht um Ekel vor allem Fleisch, außer: dem, das satt macht. Und darum, dass alles, was man im Traum tut, echt ist.

Gert liest: »Über mir die ungeheuren Schenkel, aufge-klappt wie eine Schere«

Der Text: eine Ansammlung von Falltüren. Durch deren letzte sacke ich: zurück auf meinen Birkenfurnierstuhl mit den freischwingenden Beinen.

Gert liest immer noch. *Todesanzeige* hat zwei papierne Seiten DIN-A4. Oder zwei Stunden, Wochen, Jahre – unnormiert.

Katharina Raabe & Frank Wegner
Einladung ins Freie

Lesen ist eine Überlebenstechnik. In Krisenzeiten sind Menschen, die lesen, im Vorteil. Sie können sich, zumal über digitale Medien, schnell und umfassend informieren, sich umstandslos über Gelesenes austauschen und einander auf dem Laufenden halten. Sie lernen unentwegt dazu. Ihrer Verunsicherung begegnen sie mit einer Rezeptionswut, der dank Internet keine Grenzen gesetzt scheinen. Aber brauchen sie auch Bücher (ob in elektronischer oder physischer Gestalt)? Was macht das Bücherlesen zu einer besonderen Tätigkeit? Gibt es Formen des Erkennens, des Verstehens, des Glücks, die unauflöslich an die Lektüre von Büchern gebunden sind?

Im Sommer 2019 haben wir unsere Autorinnen und Autoren gebeten, zu diesen Fragen Auskunft zu geben. Die vorliegende Anthologie, die ihre Antworten versammelt, war als Geschenk zum siebzigsten Geburtstag des Suhrkamp Verlags geplant und erscheint in seiner ältesten Reihe, der 1951 gegründeten Bibliothek Suhrkamp. Die Idee, für die diese Reihe einstand, dass so etwas wie die Unumgänglichkeit bestimmter Werke der literarischen und geisteswissenschaftlichen Moderne behauptet werden könne, erscheint heute obsolet, während der Gedanke, es müsse dergleichen eben doch geben, mit jedem neuen Buch bekräftigt und verteidigt wird. Warum ist das so?

Die Frage berührt das Selbstverständnis des Verlags. Sosehr sich die Zeiten geändert haben, dem Anspruch, sich gewissen Fragen der Gegenwart gewachsen zu zeigen und das Publikum mit reflektierter, relevanter Literatur zu versorgen, ist man bei Suhrkamp treu geblieben. Einige von denen, deren Werk diesen Anspruch zweifellos einlöst, haben nun über das Lesen nachgedacht.

Autorinnen und Autoren sind nicht nur begabte, sondern auch trainierte Leser, und wer wäre berufener, neben kulturkritischen Diagnosen vor allem Erfahrungen zu beschreiben: Wie es war, lesen zu lernen. Warum es ein sinnliches Leseglück gibt, warum Lesezwang und Lesesucht. Wann es schlimm ist, beim Lesen gestört zu werden, und wann nicht. Wie wichtig oder unwichtig die Gestaltung eines Buches ist und ob es in der Hand, auf dem Tisch oder neben dem Bett liegt.

Wir wollten wissen, welches ihre prägenden Lektüren

KATHARINA RAABE & FRANK WEGNER

waren und wie sich das Schreiben aufs Lesen auswirkt. Wie sie gegen den Verlust der Konzentrationsfähigkeit im digitalen Leben angehen und was sie über *deep reading* denken. Wie müssen wir unser Leben ändern, um wieder lang und ausdauernd lesen zu können – ist das überhaupt noch möglich? Lassen sich Techniken erlernen?

Wer, wenn nicht sie, könnte uns etwas über die »Kunst des inspirierten Lesens« verraten. Wie eine Leserin, ein Leser sich in ein geglücktes Gespräch mit einem Buch verstricken lässt. Gespräch – oder nicht eher Hingabe? Selbstbegegnung oder Selbstverlust?

Das Lesen bleibt ein geheimnisvoller Vorgang. »Lesen heißt, gelesen haben«, schrieb der Romanist Leo Spitzer. Die lesende Person ist versucht zu sagen: Ich bin das, was ich gelesen habe. Wie aber kommt es dazu? Müssen die unersättlichen Leser erst viel vergessen, damit sich bestimmte Lektüren sedimentieren?

Ist die Sorge berechtigt, dass eine Gesellschaft, in der immer weniger Zeit für versunkenes, das Gedächtnis beanspruchendes Lesen bleibt, sich irgendwann auch nicht mehr über sich selbst verständigen kann?

Könnte es sein, dass die abnehmende Bereitschaft oder Fähigkeit, sich lesend zu versenken, sich in komplexere Texte zu vertiefen, zwangsläufig dazu führt, dass Menschen weniger kritikfähig, verführbarer sind? Wer liest, weiß, was es bedeutet, Widersprüche auszuhalten, und dass Lesen in besonderem Maße dazu befähigt, die Position des anderen einzunehmen, Phantasie und Empathie auszubilden.

Krisenzeiten könnten sich als Ernstfall für die verändernde Kraft des Lesens erweisen. Dabei ist es nachrangig, ob philosophische oder literarische Texte, Märchen oder Romane gelesen werden. Das Erzählen wie das Denken erfordern Zeit und Konzentration. Kraft, sich etwas vorzustellen und zu vergegenwärtigen. Komplexe Gebilde brauchen Leserinnen und Leser, die mitziehen, die nicht alle zehn Minuten Mails checken oder Newsfeeds verfolgen. Wie jemand liest, sagt etwas darüber aus, wie sie oder er lebt.

Vielleicht sortiert sich gerade etwas neu. Die Corona-Pandemie lehrt uns, wie verwundbar wir sind als Bürgerinnen und Bürger einer globalisierten Welt. Während gesellschaftliches Leben und die Wirtschaft stillstehen und täglich Tausende Menschen an einem Virus sterben, mancherorts unter unvorstellbaren Qualen, lernen wir, dass das gestern noch Unausdenkbare heute bereits Realität ist. Wir sind wie Figuren eines Skripts, an dem wir mitgeschrieben haben, ohne es zu wissen.

Die Pest von Albert Camus ist das Buch der Stunde. Alle sitzen zu Hause. Wer wird jetzt lesen? Wieder nur diejenigen, die ihre Existenzsorgen beiseiteschieben können? Doch wie soll man sich auf eine unvorhersehbare Zukunft einstellen, ohne die Freiheit, all die Fähigkeiten wieder zu aktivieren, die wir uns mit dem Lesen erworben

KATHARINA RAABE & FRANK WEGNER

haben. Es hilft, sich Bilder in Erinnerung zu rufen: ein Kind, in sein Buch vertieft, ein Radfahrer frühmorgens im menschenleeren Park auf einer Bank – Lesende, »die ganz bei sich sind, denen gerade nichts passieren kann. Sie sind wie von Engeln behütet.«[1]

Die mindestens 24 Gründe, die gegen das Nichtlesen sprechen, erweisen sich als Variationen eines einzigen Themas: als Einladung ins Freie.

Berlin, den 15. April 2020

Anmerkungen

Andreas Reckwitz Kleine Genealogie des Lesens als kulturelle Praxis

1 Zu einer solchen praxeologischen Sichtweise vgl. Andreas Reckwitz, »Grundelemente einer Theorie sozialer Praktiken. Eine sozialtheoretische Perspektive«, in: *Zeitschrift für Soziologie* 32/4 (2003), S. 282-301; ders., »Doing Subjects. Die praxeologische Analyse von Subjektivierungsformen«, in: ders., *Kreativität und soziale Praxis. Studien zur Sozial- und Gesellschaftstheorie*, Bielefeld 2016, S. 67–81.

2 Vgl. Walter J. Ong, *Orality and Literacy. The Technologizing of the Word*, London 1982; Jack Goody, *The Logic of Writing and the Organisation of Society*, Cambridge 1986.

3 Vgl. Friedrich Kittler, *Aufschreibesysteme 1800/1900*, München 1985/1995, 3., vollständig überarbeitete Neuauflage; Jürgen Habermas, *Strukturwandel der Öffentlichkeit. Untersuchungen zu einer Kategorie der bürgerlichen Gesellschaft*, Frankfurt/Main 1962/1990; Marshall McLuhan, *The Gutenberg Galaxy. The Making of Typographic Man*, Toronto 1962.

4 Vgl. Rolf Engelsing, *Der Bürger als Leser. Lesergeschichte in Deutschland 1500–1800*, Stuttgart 1974.

5 Vgl. Maryanne Wolf, *Reader, Come Home. The Reading Brain in a Digital World*, New York 2018, S. 35–68.

6 Marshall McLuhan, *Understanding Media. The Extensions of Man*, Cambridge (Mass.)/London 1964/1994.

7 Maryanne Wolf, *Reader, Come Home*; Naomi S. Baron, *Words Onscreen. The Fate of Reading in a Digital World*, Oxford 2015.

8 Vgl. zu diesem Begriff James Sosnoski, »Hyper-Readers and

their Reading Engines«, in: Gail E. Hawisher / Canythia L. Selfe (Hg.), *Passions, Politics, and 21st Century Technologies*, Logan 1999, S. 161–177. Zu den empirischen Untersuchungen vgl. Baron, *Words Onscreen*, S. 157–184.

9   Maryanne Wolf, *Reader, Come Home*, S. 69–104.

10 Vgl. zu einer solchen Perspektive Andreas Reckwitz, *Das hybride Subjekt. Eine Theorie der Subjektkulturen von der bürgerlichen Moderne zur Postmoderne*, Berlin 2020, überarbeitete Neuauflage.

11 Maryanne Wolf, *Reader, Come Home*, S. 168–205.

12 Raymond Williams, *Marxism and Literature*, Oxford 1977, S. 121 ff.

13 Vgl. dazu nur Guido Zurstiege, *Taktiken der Entnetzung. Die Sehnsucht nach Stille im digitalen Zeitalter*, Berlin 2019; Wendy Parkins, Geoffrey Craig, *Slow Living*, Oxford 2006; Frank Kelleter (Hg.), *Populäre Serialität. Narration – Evolution – Distinktion*, Bielefeld 2012; Dominik Bartmanski, Ian Woodward, *Vinyl. The Analogue Record in the Digital Age*, London 2015.

14 Als Indiz dafür kann man die internationale Popularität von Autoren sehr umfangreicher Bücher wie Ferrante und Knausgard werten. Vgl. dazu Julika Griem, »Nahkampf auf der Langstrecke. Elena Ferrante und Karl Ove Knausgard«, in: *Merkur* 70 / 2016, Heft November 2016, S. 62–69.

15 Andreas Reckwitz, *Die Gesellschaft der Singularitäten. Zum Strukturwandel der Moderne*, Berlin 2017. Das *deep reading* hat wie die anderen genannten Gegenstrategien dabei sozialstrukturell einen präzisen Ort: Es handelt sich um Praktiken der neuen Mittelklasse mit hohem kulturellem Kapital. Anstelle des vielbeschworenen *digital divide* könnte damit für die spätmoderne Gesellschaft eher ein *reading divide* charakteristisch werden: zwischen jenen, die allein *hyper reading* betreiben, und jenen, die auch *deep reading* einsetzen.

Eva Illouz Dreimal Lesen

1   Gustave Flaubert, *Madame Bovary* [1857], übers. von
     Elisabeth Edl, München 2014, S. 54 f.
2   Ebd., S. 215 f. (Hervorh. E. I.).
3   Ebd., S. 148.
4   Ebd., S. 377.
5   John Williams, *Stoner* [1965], übers. von Bernhard Robben,
     München 2019, S. 226.
6   Ebd., S. 26 (Hervorh. E. I.).
7   Ebd., S. 241.
8   Jean-Paul Sartre, *Die Wörter* [1964], übers. von Hans Mayer,
     Reinbek bei Hamburg 2009, S. 25.
9   Ebd.
10   Ebd., S. 73 f.

Jürgen Habermas Warum nicht lesen?

1   Interessanterweise hat die Verunsicherung der Bevölkerung
     während der ersten Zeit der Corona-Krise ein verstärktes
     Interesse an zuverlässiger Berichterstattung und diskursiv
     geprüfter Meinungsbildung geweckt: die Presse erfährt
     eine gesteigerte Nachfrage, auch wenn die Zeitungsverlage
     wegen einbrechender Werbeeinnahmen ökonomisch ähnlich
     leiden wie die Literaturverlage.

Hartmut Rosa Vom Wunder narrativer Resonanz

1   Siehe dazu ausführlich: Hartmut Rosa, *Resonanz. Eine Sozio-
     logie der Weltbeziehung*, Berlin 2016, S. 246–268.

2   Der ›Klassiker‹ zu dieser Diskussion ist immer noch Giacomo
    Rizzolatti und Corrado Sinigaglia, *Empathie und Spiegelneurone.
    Die biologische Basis des Mitgefühls*, Frankfurt/M. 2008.
3   J.L. Austin, *How to Do Things with Words*, Oxford 1975.
4   Fritz Breithaupt, *Kulturen der Empathie*, Frankfurt/M. 2009.
5   Dazu Hartmut Rosa, *Resonanz*, S. 255.
6   Vgl. Peter Carruthers, Peter K. Smith, (Hg.), *Theories of Theories
    of Mind*, Cambridge 1996.

Michael Hagner Lionel, der Leser

1   Timm Starl, *Im Prisma des Fortschritts. Zur Fotografie des
    19. Jahrhunderts*, Marburg 1991, S. 33.
2   Franz Kafka, Ein Bericht für eine Akademie, in: ders., *Drucke
    zu Lebzeiten*, Frankfurt a. M. 1994, S. 301, 312.
3   Felix von Luschan, Hr. v. Luschan stellt einen Haarmenschen vor,
    in: *Zeitschrift für Ethnologie* 39, 1907, S. 425–429.
4   Franz Kafka, op. cit., S. 300.
5   *Lebensbeschreibung des Löwenmenschen Lionel*, o. O., ca. 1920,
    nicht paginiert. Ich danke Stefan Nagel, dass er mir diese außer-
    ordentlich seltene Broschüre zugänglich gemacht hat.
6   Ulf Stolterfoht, *fachsprachen XIX–XXVII*, Basel/Weil am Rhein
    2005, S. 82.
7   Augustinus, *Bekenntnisse*, Düsseldorf/Köln 1958, S. 185.
8   Albert Manguel, *Eine Geschichte des Lesens*, Frankfurt a. M. 2012,
    S. 84–85.
9   Jacques Derrida, Das kommende Buch, in: ders., *Maschinen
    Papier*, Wien 2006, S. 17–33, S. 31.

Sibylle Lewitscharoff Das wild schlagende Leseherz

1   Edmond Jabès, *Vom Buch zum Buch,* München und Wien 1989,
    S. 20.
2   Ebd. S. 131.
3   Szilárd Borbély, *Berlin Hamlet. Gedichte,* Berlin 2019, S. 59.
4   Christine Lavant, *Gedichte aus dem Nachlass,* Göttingen
    2017, S. 212

Oliver Nachtwey Lesen in der regressiven Moderne

1   Zu den Mechanismen siehe Kapitel 3. Regressive Modernisierung,
    in: Oliver Nachtwey: *Die Abstiegsgesellschaft: Über das Auf-*
    begehren in der regressiven Moderne, Berlin 2016.
2   Vgl. André Schiffrin: *Verlage ohne Verleger: Über die Zukunft der*
    Bücher, Berlin 2000.
3   Susanne Gaschke: *Lesen ist eine unverzichtbare Kulturtechnik:*
    Für eine Bildungspolitik im Geist der Aufklärung, Deutschland-
    funk, 23. 7. 2018.
4   Jan Ross: »Macht mich Bildung zum besseren Menschen?«,
    Die Zeit, 16. 1. 2020, S. 35–36.
5   Christoph Deutschmann: *Der kollektive ›Buddenbrooks-Effekt‹:*
    Die Finanzmärkte und die Mittelschichten. Nr. 08/5. Max-Planck-
    Institut für Gesellschaftsforschung, 2008.
6   Zitiert nach Wolf Lepenies: *Die drei Kulturen: Soziologie zwischen*
    Literatur und Wissenschaft, Frankfurt a. M. 2002, S. XV.
7   Adorno und Horkheimer schrieben die *Dialektik der Aufklärung*
    auf der Basis einer geistesgeschichtlichen Rekonstruktion anhand
    literarischer Texte, insbesondere der *Odyssee.*
8   Wolf Lepenies, a. a. O., S. XVI.
9   C. Wright Mills: *Die soziologische Imagination,* Wiesbaden 2016,
    S. 27, 30 und 31.

10 Zitiert nach Terry Eagleton: *Literatur lesen – Eine Einladung*, Stuttgart 2016, S. 80.

11 Boltanski nennt die »Welt«, das, was ist, und »Realität« die Regelmäßigkeiten, denen die Welt unterworfen ist. Deshalb können im realistischen Roman Menschen nicht fliegen und keine Gedanken lesen. Vgl. hierzu: Luc Boltanski: *Rätsel und Komplotte: Kriminalliteratur, Paranoia, moderne Gesellschaft*, Berlin 2013.

12 Hypermoderne oder postmoderne Literatur hält den Zugriff auf die Gesellschaft allerdings für eine erzählerische Anmaßung und hat sich formal und ästhetisch der Dezentrierung des Erzählens oder gar der radikalen Introspektion gewidmet.

13 Ein wichtiges, hier nicht behandeltes Genre ist das der soziologischen (Auto-)biographie: Annie Ernaux, Didier Eribon oder in Deutschland Christian Baron wären hier exemplarisch zu nennen.

14 Skinner, Barnaby: »Im Neonazi-Chat tummelt sich auch ein Schweizer ›Volksgrenadier‹«, in: *Tagesanzeiger*, 20. 2. 2020, S. 43.

15 Botho Strauß: »Anschwellender Bocksgesang«, *Der Spiegel* 6/1993, S. 202–207, hier: S. 204.

16 Ebd., S. 203

17 Christian Kracht: »Ich denke immer an Krieg«, in: *Neon*, 1. 10. 2008, S. 130–34.

Katharina Raabe & Frank Wegner Einladung ins Freie

1 Michael Hagner, *Die Lust am Buch*, Berlin 2019, S. 96.

Biographien

Marcel Beyer, geboren 1965 in Tailfingen/Württemberg, Lyriker, Prosaautor und Essayist. Sein Werk wurde u. a. mit dem Georg-Büchner-Preis 2016 ausgezeichnet. Zuletzt erschien *Das blindgeweinte Jahrhundert. Bild und Ton* (2017). Er lebt in Dresden.

Rachel Cusk, geboren 1967 in Sasktoon/Kanada, schreibt Romane und Sachbücher, für die sie vielfach ausgezeichnet wurde. Mit *Outline* (dt. 2016), *In Transit* (dt. 2017), *Kudos* (dt. 2018) gelang ihr der internationale Durchbruch. 2020 erschien ihr Buch *Danach. Über Ehe und Trennung.* Sie lebt in Norfolk.

Annie Ernaux, geboren 1940 in Lillebonne, bezeichnet sich als »Ethnologin ihrer selbst«. Ihre zwanzig Bücher wurden von Kritik und Publikum gefeiert. 2019 erhielt sie den Prix de l'Académie de Berlin. Zuletzt erschienen *Der Platz* und *Eine Frau* (beide dt. 2019). Sie lebt in Cergy.

Jürgen Habermas, geboren 1929 in Düsseldorf, lehrte Philosophie in Heidelberg, Berkeley und Frankfurt am Main und war Direktor des Max-Planck-Instituts zur Erforschung der Lebensbedingungen der wissenschaftlich-technischen Welt in Starnberg. Er erhielt u. a. den Friedenspreis des Deutschen Buchhandels (2001) und den Kyoto-Preis (2004). 2019 erschien sein Opus Magnum *Auch eine Geschichte der Philosophie.* Er lebt in Starnberg.

Michael Hagner, geboren 1960 in Bochum, Mediziner und Wissenschaftshistoriker, Professor für Wissenschaftsforschung an der

ETH Zürich, wurde u. a. mit dem Sigmund-Freud-Preis 2008 ausgezeichnet. Zuletzt erschienen *Zur Sache des Buches* (2015) und *Die Lust am Buch* (2019). Er lebt in Zürich.

Eva Illouz, geboren 1961 in Fès, ist Professorin für Soziologie an der Hebräischen Universität Jerusalem sowie Studiendirektorin am Centre européen de sociologie et de science politique, CSE-EHESS in Paris. Zuletzt erschienen *Warum Liebe wehtut* (dt. 2018) und *Das Glücksdiktat. Und wie es unser Leben beherrscht* (mit Edgar Cabanas; dt. 2019). Sie lebt in Jerusalem.

Hans Joas, geboren 1948 in München, ist Ernst-Troeltsch-Honorarprofessor an der Theologischen Fakultät der Humboldt-Universität zu Berlin sowie Professor für Soziologie an der Universität Chicago. Für sein Werk wurde er vielfach ausgezeichnet, u. a. mit dem Max-Planck-Forschungspreis. Zuletzt erschien *Die Macht des Heiligen.* Er lebt in Berlin.

Dževad Karahasan, geboren 1953 in Duvno / Jugoslawien, Romanautor, Dramatiker und Essayist, wurde u. a. mit dem Leipziger Buchpreis zur Europäischen Verständigung 2004 ausgezeichnet. Zuletzt erschienen *Der Trost des Nachthimmels* (dt. 2016) und *Ein Haus für die Müden* (dt. 2019). Er lebt in Graz und Sarajevo.

Esther Kinsky, geboren 1956 in Engelskirchen, Autorin von Lyrik, Prosa und Essays und Übersetzerin aus dem Polnischen und Englischen, ausgezeichnet mit dem Düsseldorfer Literaturpreis und dem Preis der Leipziger Buchmesse 2018. Zuletzt erschienen: *Hain. Ein Geländeroman* und der Gedichtband *Schiefern* (2020). Sie lebt in Berlin und im Friaul.

Thomas Köck, geboren 1986 in Steyr / Oberösterreich, studierte Philosophie in Wien und Szenisches Schreiben und Film an der Universität der Künste Berlin. 2017 erschien seine Klimatrilogie *paradies fluten / paradies hungern / paradies spielen*. 2018 und 2019 wurde er mit dem Mülheimer Dramatikerpreis ausgezeichnet. Er lebt in Berlin.

Sibylle Lewitscharoff, geboren 1954 in Stuttgart, wurde 2013 mit dem Georg-Büchner-Preis ausgezeichnet. Sie ist Mitglied der Deutschen Akademie für Sprache und Dichtung sowie der Berliner Akademie der Künste. Zuletzt erschienen ihre Romane *Das Pfingstwunder* (2016) und *Von oben* (2019). Sie lebt in Berlin.

Enis Maci, geboren 1993 in Gelsenkirchen, studierte Literarisches Schreiben in Leipzig und Kultursoziologie in London und debütierte mit *Lebendfallen* 2018 am Schauspiel Leipzig. 2018 und 2019 wurde sie von *Theater heute* zur »Nachwuchsdramatikerin des Jahres« gewählt. Ebenfalls 2018 erschien ihr Essayband *Eiscafé Europa*. Sie lebt in Leipzig.

Nicolas Mahler, geboren 1969 in Wien, Comiczeichner und Illustrator. Seine Comics und Cartoons erscheinen in Zeitungen und Magazinen wie *Die Zeit, NZZ am Sonntag, Frankfurter Allgemeine Sonntagszeitung* und in der *Titanic*. Für sein Werk wurde er vielfach ausgezeichnet. 2020 erschien seine Comicadaption des *Ulysses*. Er lebt in Wien.

Friederike Mayröcker, geboren 1924 in Wien, schreibt Lyrik und Prosa, Erzählungen und Hörspiele, Kinderbücher und Bühnentexte. Sie wurde u. a. mit dem Georg-Büchner-Preis 2001 und dem Günter-Eich-Preis 2017 ausgezeichnet. Zuletzt erschienen *cahiers* (2014), *fleurs* (2016) und *Pathos und Schwalbe* (2018). Sie lebt in Wien.

Oliver Nachtwey, geboren 1975 in Unna, Soziologe, Professor für Sozialstrukturanalyse an der Universität Basel. Er wurde u. a. mit dem Hans-Matthöfer-Preis für Wirtschaftspublizistik ausgezeichnet.

2016 erschien *Die Abstiegsgesellschaft. Über das Aufbegehren in der regressiven Moderne.* Er lebt in Basel.

Katja Petrowskaja, geboren 1970 in Kiew, studierte Literaturwissenschaften in Tartu und promovierte in Moskau. Seit 2011 ist sie Kolumnistin der *Frankfurter Allgemeinen Sonntagszeitung.* Ihr Debüt *Vielleicht Esther* (2014) wurde mit nationalen und internationalen Preisen ausgezeichnet und erschien in mehr als zwanzig Ländern. Sie lebt in Berlin.

Andreas Reckwitz, geboren 1970 in Witten, ist Professor für Allgemeine Soziologie und Kultursoziologie an der Humboldt-Universität zu Berlin. Seine vielbeachtete Studie *Die Gesellschaft der Singularitäten* wurde mit dem Bayerischen Buchpreis 2017 ausgezeichnet. 2019 erhielt er den Leibniz-Preis der DFG. Zuletzt erschien *Das Ende der Illusionen* (2019) Er lebt in Berlin.

Hartmut Rosa, geboren 1965 in Lörrach, ist Professor für Allgemeine und Theoretische Soziologie an der Friedrich-Schiller-Universität Jena sowie Direktor des Max-Weber-Kollegs in Erfurt. Er wurde u. a. mit dem Erich Fromm-Preis 2018 ausgezeichnet. 2016 erschien *Resonanz. Eine Soziologie der Weltbeziehung.* Er lebt in Jena.

Clemens J. Setz, geboren 1982 in Graz, studierte Mathematik und Germanistik. 2011 wurde sein Erzählband *Die Liebe zur Zeit des Mahlstädter Kindes* mit dem Preis der Leipziger Buchmesse ausgezeichnet. Für den Roman *Die Stunde zwischen Frau und Gitarre* erhielt er den Wilhelm-Raabe-Literaturpreis 2015. Zuletzt erschien *Der Trost runder Dinge* (2019). Er lebt in Wien.

Wolf Singer, geboren 1943 in München, Neurophysiologe und Hirnforscher, wurde 1981 zum Direktor der Abteilung Neurophysiologie ans Max-Planck-Institut für Hirnforschung in Frankfurt am Main berufen. 2004 Mitbegründer des Frankfurt Institute for Advanced Studies und des Brain Imaging Center. 2017 erschien *Jenseits des Selbst. Dialoge zwischen einem Hirnforscher und einem buddhistischen Mönch* (mit Matthieu Ricard). Er lebt in Frankfurt am Main.

Maria Stepanova, geboren 1972 in Moskau, wurde für ihr umfangreiches lyrisches und essayistisches Werk vielfach ausgezeichnet. Sie ist Chefredakteurin der Internetzeitschrift *colta.ru*. Ihr Prosadebüt *Nach dem Gedächtnis* (dt. 2018) wurde in vierzehn Sprachen übersetzt. 2020 erscheint ihr Gedichtband *Der Körper kehrt wieder* auf Deutsch. Sie lebt in Moskau.

John Jeremiah Sullivan, geboren 1974 in Louisville / Kentucky, arbeitet als Reporter u. a. für *The New York Times Magazine*. Er wurde u. a. mit dem Windham Campell Prize ausgezeichnet. 2013 erschienen seine Essays *Pulphead. Vom Ende Amerikas* auf Deutsch. Er lebt in North Carolina.

Alejandro Zambra, geboren 1975 in Santiago de Chile, arbeitet als Kritiker für namhafte Tageszeitungen und Magazine. Seine Romane, Erzählungen und Gedichte erscheinen in über zwanzig Ländern und erhielten zahlreiche nationale und internationale Preise. Zuletzt erschien *Multiple Choice* (dt. 2018). Er lebt in Mexiko-Stadt.

Serhij Zhadan, geboren 1974 im Gebiet Luhansk / Ostukraine, ist Musiker, Übersetzer, Lyriker und Romanautor. Sein in zahlreiche Sprachen übersetztes Werk wurde u. a. mit dem Jan-Michalski-Preis 2014 und dem Preis der Leipziger Buchmesse 2018 ausgezeichnet. Zuletzt erschien *Internat* (dt. 2018). 2020 erscheint sein Gedichtband *Die Antenne*. Er lebt in Charkiw.

Nachweise

Eva Illouz' Text stützt sich in Teilen auf ihren Aufsatz
»Stoner oder: Was ist eine Berufung?«, in: WestEnd 2/2015